石晓芸 著

广州市教育研究院重点项目：
新结构教学评范式研究应用成果

故事 点亮课堂

——基于核心素养的道德与法治教学实践

七年级

 **S**PM **南方传媒**

全国优秀出版社　　广东教育出版社
全国百佳图书出版单位

·广　州·

图书在版编目（CIP）数据

故事点亮课堂：基于核心素养的道德与法治教学实践.
七年级 / 石晓芸著. — 广州：广东教育出版社，2024.3
ISBN 978-7-5548-5348-1

Ⅰ. ①故…　Ⅱ. ①石…　Ⅲ. ①政治课—初中—教学参
考资料　Ⅳ. ① G633.203

中国版本图书馆CIP数据核字（2022）第254935号

故事点亮课堂——基于核心素养的道德与法治教学实践　七年级
GUSHI DIANLIANG KETANG——JIYU HEXIN SUYANG DE DAODE YU FAZHI
JIAOXUE SHIJIAN QI NIANJI

出　版　人：朱文清
责任编辑：唐俊杰　赵亚敏　朱丽芳
责任技编：许泽璇
装帧设计：何　维
责任校对：朱　琳
出　　　版：广东教育出版社
　　　　　（广州市环市东路472号12-15楼　邮政编码：510075）
销售热线：020-87615809
网　　　址：http://www.gjs.cn
E-mail：gjs-quality@nfcb.com.cn
发　　　行：广东新华发行集团股份有限公司
印　　　刷：广州小明数码印刷有限公司
　　　　　（广州市天河区高普路83号B栋C5号）
规　　　格：787 mm×1092 mm　1/16
印　　　张：19.75
字　　　数：390千
版　　　次：2024年3月第1版
　　　　　2024年3月第1次印刷
定　　　价：52.00元

推荐语

　　"扣好人生第一粒扣子。"习近平总书记多次使用"扣好人生第一粒扣子"来比喻引导青少年价值观、帮助青少年迈好人生第一个台阶的重要性。初中阶段是青少年正确价值观形成和健康成长的关键阶段。

　　《义务教育道德与法治课程标准（2022年版）》对学科核心素养以及大单元、大概念教学等都提出了很高的要求。石晓芸老师的新作《故事点亮课堂——基于核心素养的道德与法治教学实践》应运而生，以丰富、切合的故事素材，结合具体的课堂教学实践进行了深入的研究和探索。

　　本书撰写思路清晰、结构体例严谨、内容翔实，富有启发性，对新课标在课堂教学中的有效落实做了较好的示范。基于育人目标和课程的单元主题提炼、单元大目标的明确、单元大概念的聚焦使初中道德与法治学科的核心素养落实和培养得到了很好的保障。具体教学设计整体意识和逻辑性较强，依循新课标、关注学情、突出核心概念、细化学习目标，通过具有生活气息的素材，围绕知识、情境、育人三条主线，层层推进，环环相扣，非常翔实地展示了有效课堂引领和促进学习进阶的全过程。

　　相信这本书一定能够为初中道德与法治学科新课标的有效探索和深入落实起到很好的推动和促进作用。

——广州市教育研究院副院长　陈坪

　　习近平总书记在党的二十大报告中指出，讲好中国故事、传播好中国声音，展现可信、可爱、可敬的中国形象。可见，创新性地讲好中国故事，培育时代新人，是当前中学教师面临的一个时代命题。而这本书，给出了一个范例。

——华南师范大学副教授　刘石成

讲好中国故事，是时代命题，是每一名思政人都要修炼的教学基本功，是实现中华民族伟大复兴，落实"为谁培养人、培养什么人、怎样培养人"的中国表达。

——《中小学德育》主编　王清平

在精彩的中国故事中立德树人，在生动的思政课教学中铸魂育人；让我们一起讲好中国故事，培育时代新人。

——广东省教育研究院教研员　陈式华

广东实验中学石晓芸老师编写的《故事点亮课堂——基于核心素养的道德与法治教学实践》，基于长期丰富的教学实践和育人经验，为解决"为谁培养人、培养什么人、怎样培养人"这个教育的根本问题，从学科本质出发，追求培育学生核心素养，强调培育正确价值观、必备品格与关键能力，勇于探索，敢于创新，创立了讲好中国故事的"树人"教学法体系，落实了素养导向的可操作的教学实践，使"看得见的风景"既能对标"想得到的美丽"，又能落实"走得到的景点"，为"落细、落小、落实"立德树人根本任务提供了清晰的路径和实践的凭依。

《故事点亮课堂——基于核心素养的道德与法治教学实践》一书通过大单元教学设计，提炼学科教学大概念，教学过程的主题化、情境化、结构化设计，生动体现了新课标提倡的学科实践，有利于师生怀着共享的愿景与价值观，在学习榜样故事过程中，运用该学科的概念、思想与工具，整合心理过程与操控技能，解决真实情境中的问题，通过学科实践获取、理解、评价与运用知识，逐步形成正确价值观、必备品格和关键能力，培育核心素养。

本书明确展现义务教育新课标的精神和要求，依据先进的教育教学观念，理论依据充分，案例设计充实，教学逻辑科学，上接课标、下联课堂，是不可多得的初中道德与法治课程与教法研究的杰作，非常值得中学思政课教师阅读学习。

——广州市黄埔区教育研究院教研员　毛义涛

石晓芸老师长期在教学一线从事学科实践，最近推出自己的力作《故事点亮课堂——基于核心素养的道德与法治教学实践》，阐述了一名道德与法治教师为什么要讲好中国故事，要讲好哪些中国故事，怎样讲好中国故事。

初中学生处于身心迅速发展和学习参与社会公共生活的重要阶段，处于思想品德和价值观念形成的关键时期，迫切需要学校在其思想品德的发展上给予正确引导和有效帮助。因此，作为一名道德与法治学科教师，要通过课堂教学塑造学生心灵，引导学生树立正确的是非观，用自己的语言解读党和国家重大方针政策、用自己的理解和认识分析时政热点，帮助学生树立正确价值判断，健全初中学生道德与法治学科核心素养。

《故事点亮课堂——基于核心素养的道德与法治教学实践》一书依据《义务教育道德与法治课程标准（2022年版）》，分析教材的单元结构，指出单元大目标和大概念，明确单元总的教学内容和需要把握的核心要点。按照各单元每节课的具体内容，分析该课的课标依据、学习对象、核心概念、学习目标，教学为要，德育为首，形成自己的教学设计，既有自己选择的典型性教学资源，又体现教材学习目标要求。 对于一线道德与法治教师来说，这是一套新课标概念具体化认识的教学参考书。

——广东省教育研究院原教研员　沈林

故事趋形象而寓抽象。

道法趋抽象而乘形象。

当下的抽象需要当今的形象。

当下的道法需要当今的故事。

将当今的故事与当下的道法融为一体的教育，将使我们的道法课堂成为可感、有趣、好用的闪亮课堂。

——广东省督学，广东实验中学正高级教师　罗易石晓芸老师的《故事点亮课堂——基于核心素养的道德与法治教学实践》一书给初中道德与法治教师们提供了一个新的教学视角，从中国好故事的角度，利用大单元设计，回归道德与法治学科的培根铸魂学科价值，实现了思政教育的入脑、入心、入魂。

——广东实验中学科教中心主任　胡正勇

中学生喜欢听故事，尤其喜欢看视频故事。作为思政课老师，我们要学会讲故事，用讲故事的方式开展教学，可以化抽象为生动，有效激发课堂活力，提升"铸魂育人"实效。石晓芸老师不仅为我们讲好中国故事提供了生动的素材，还指引了方法。让我们一起讲好中国故事，点亮道德与法治课堂。

——广东实验中学政治科科长　李云

目 录

1

序一

国无德不兴，人无德不立；法治兴则国兴，法治强则国强。提高公民道德修养和法治素养，是促进人全面发展、社会全面进步的必然要求。党和人民的事业需要一代代中国共产党人接续奋斗，必须抓好后继有人这个根本大计。青少年阶段是人生的"拔节孕穗期"，最需要精心引导和栽培。

思政课是落实立德树人根本任务的关键课程，是意识形态领域坚守马克思主义指导思想地位的重要阵地，是解决"为谁培养人、培养什么人、怎样培养人"这个教育的根本问题的核心课程。上好思政课，关键在于教师。习近平总书记指出："要注重启发式教育，引导学生发现问题、分析问题、思考问题，在不断启发中让学生水到渠成得出结论。这里面，会讲故事、讲好故事十分重要……"思政课上讲哪些中国故事、如何讲好中国故事，对于提升思政课的有效性至关重要。

故事是文化传播的重要载体，承担着记录人类生活轨迹、传承文明的重任，也是青少年价值观养成的重要途径。因此，思政教师要讲好中国特色社会主义的故事，讲好中国梦的故事，讲好中国榜样的故事，讲好中华优秀传统文化的故事，讲好中国和平发展的故事。讲故事就是讲事实、讲形象、讲情感、讲道理，讲事实才能说服人，讲形象才能打动人，讲情感才能感染人，讲道理才能影响人。

石晓芸老师主编的这套图书是从广东实验中学课堂实践中走出来的，以中国故事为载体，用中国故事激兴趣，引中国故事强素养，讲中国故事育新人，讲出了广东实验中学思政课的特色。她针对当前初中思政课的教学实际，奋力破解新时代初中思政课育人模式创新的难题，将教学内容与中国好故事深度融合，探索在新课标指导下利用信息化技术讲好初中思政课的教学模式，取得了很好的效果。

具体来说，全书有以下几个特点：

首先，本书专业性强，学术价值高。本书通过大单元教学设计，分析单元大目标，提炼单元大概念。从新课标出发，分析学情，提炼核心概念，确定学习目标，设计教学思路，选择案例故事，在"学习过程"中，分环节，作小结，建构知识框架，使教学过程主题化、情境化、结构化，生动体现了新课标提倡的学科实践。

本书将思政课教学内容与中国好故事有机融合起来，发挥教师主导作用，晓之以理、动之以情、导之以行。突出学生主体地位，充分考虑学生的生活经验，通过议题设置，创设多样化的学习情境，引导学生开展自主、合作的实践探究和体验活动，有效破解传统教学中存在的诸多问题，丰富和发展道德与法治的教学路径和教学策略。

其次，本书条理清晰，可读性强。在解读中国故事的实践路径时，本书并非单纯地进行理论说教，而是选取贴近教学、生活与时政的典型具体事例，将独特的教学模式应用到实际操作中，方便读者理解。例如，作者在每一课的"设计思路"栏目中，利用简洁明了的流程图来展示故事教学模式，使人一目了然；在"学习过程"栏目中增加了"设计意图""知识归纳"，力求突出对材料、设问的选择和对课本知识的回归。同时，作者还辅之以教学操作实例，整合教案、课件等资源以提供具体的教学示范，兼具知识讲解与实用技能分享的功能。

最后，本书可借鉴性强，应用价值高。本书作者石晓芸老师是广东实验中学的一线教师，有着21年从事道德与法治教学的丰富经验。她结合自身教学实践，利用中国故事讲好道德与法治课，提高育人实效，使道德与法治教学能够紧跟时代发展步伐。本书所提出的教学模式和具体实施的有效途径，应用性强，适用范围广，为广大一线初中道德与法治教师提供具有可操作性、可行性的实践方案，方便读者借鉴参考，具有较强的实用价值。

本书适用于初中道德与法治教师学习参考、自主阅读，是一本值得推荐的好读物。

全汉炎

广东实验中学党委书记

2023年4月于广州

序二

　　义务教育阶段是国民教育的重要基础，是重中之重，对立德树人起关键作用。研究证明，初中阶段的孩子青春期各项特征逐步凸显，自我意识在成长，独立意识在发展，责任意识在增强，充满朝气，让人欣喜，但常常又表现为自我性格纠结，角色多变，反复无常，如何教育初中阶段的孩子是家长和教师不得不面对的非常重要和棘手的问题。

　　思政课是落实立德树人根本任务的关键课程，但讲好思政课，尤其是能让道德与法治课程的内容入脑入心，发挥铸魂育人、启智增慧的关键作用，却非常不容易。

　　思政课改革创新发展的路在何方？广东实验中学石晓芸老师创新运用"故事教学法"，用讲好中国故事点亮思政课堂，给了我们一个很好的答案。她不忘教育初心，以中国故事为载体，用中国故事激兴趣、强素养、育新人，不断激励青少年奋发有为、报效祖国，引领他们扣好人生的第一粒扣子，点亮"拔节孕穗期"的成长路。

　　石晓芸老师是广州市思政课教研团队的骨干成员，多年来持续参与广州市思政课建设创新研究项目，是位教研"达人"，从广州市中学思政课"学业质量评价标准"研制，到学习应用"新结构教学评框架"于教学探索，再到探索运用"四维一体"技术创新教学设计和课堂实践，她都主动积极参与其中；石晓芸老师还是广州市思政课优秀教师代表，是位教学的"有心人"，为了短短几十分钟思政课的实效性和亲和力，她坚持寻找中国的改革故事、中国的红色故事、中国的榜样故事、中国的新时代故事，用心琢磨讲好中国故事。在广州市教研赋能"双减"提质增效的活动中，她执教的"坚持国家利益至上"优秀教学课例在中国教研网直播，这是基于"新结构教学评框架"下的"四维一体"教学范式的探索，该教学设计在核心期刊《思想政治课教学》发表，可见其扎实的教学功底。

石晓芸老师教如其人，充满激情，善于激发情感，巧于创设真实故事情境，妙于把小故事升华为大道理、传递出大能量，挖掘出故事蕴含的道理，把讲道理转化为生动的叙事话语，让抽象的理论变得具体可视，增强了学生学习思政课的兴趣和热情，让思政课有温度、有吸引力，从而助力学生丰富社会知识、扩展视野，赋能学生透彻理解和内化认同思政课教学内容，激发学生向上向善的情感共鸣和思想共振，真正实现思政课教学"灌输性和启发性的统一""知识性和价值性的统一"，更好地发挥思政课"立德树人"的作用。

石晓芸老师用穿越时空、富有力量和温度的故事点亮了她的道德与法治课堂，让我们看到了如何把思政课上得有意思、有意义，相信她集腋成裘的这本书能启发更多思政课教师用故事点亮属于自己的课堂！

张云平

广州市教育研究院

2023年11月15日

上编

七年级上册

第一单元　成长的节拍

☀ 单元主题分析

　　本单元作为初中生活开端的理性阐述，具有统领全套教材的意义，既是初中道德与法治课程的学习起点，也是全套教材建构的逻辑起点。这个起点孕育了道德与法治课程核心价值观的萌芽，之后各册各单元的内容设计，都是在此基础上的展开和深化。

☀ 单元大目标

　　对于刚刚步入中学校门的学生而言，中学阶段是一个全新人生阶段的开始。此时的他们，内心是积极丰富的，也是复杂多变的，既有共性的情感，也有明显的个体差异。

　　这一单元旨在帮助学生积极适应新的学习生活，编织好自己新的梦想，用自己的努力拉近梦想与现实之间的距离，理解个人理想要与国家发展、时代进步紧密相连，与中国梦密不可分，相信中国梦能够实现，自觉成为担当民族复兴大任的时代新人；以乐观、积极的心态享受学习带来的乐趣，引导学生在清晰认识自己的基础上，接纳自己、欣赏自己，不断完善自己，做一个更好的自己，从而享受成长带来的一切，感受生命的充实和丰盈。本单元目标在于落实政治认同、道德修养、健全人格、责任意识等核心素养。

☀ 单元大概念

　　少年有梦，学习伴成长，正确认识自己。

第一课　中学时代

◈ **课标依据** ·············

课程目标	第四学段目标	健全人格：养成自尊自信的人生态度，在生活中磨炼意志，形成良好的抗挫折能力。
课程内容	第四学段	生命安全与健康教育：客观认识和对待自己，形成正确的自我认同，提高自我管理能力。 中华优秀传统文化教育：践行中华民族自强不息、敬业乐群、脚踏实地、实事求是的思想。感悟天下兴亡，匹夫有责的担当意识，厚植爱国主义情怀。

摘自《义务教育道德与法治课程标准（2022年版）》

◈ **学情分析** ·············

　　对于刚升入七年级的学生而言，中学阶段是一个全新人生阶段的开始。此时的学生具有既幼稚又成熟、半儿童半成人的特点，内心活动丰富且复杂多变。从客观现实来看，面对逐步扩展的社会生活，学生需要学会处理日益复杂的关系。面对成长中的问题，有的学生能够积极应对，有的学生却会产生担心、害怕、不安甚至紧张等复杂情绪。从主观愿望来看，学生对新生活充满新奇和期待，内心拥有自己的梦想。初中新生的梦想具有如下特点：一是有梦想但不明确，二是有梦想却没方法。进入中学以后，随着学业压力的增大，一些学生不能充分思考梦想的意义和价值实现的途径等问题，即使有思考，也缺乏实现梦想的有效方法。

◈ **核心概念** ·············

　　中学时代是人生的重要阶段。少年梦和中国梦紧密相连。有梦就有希望，努力就有改变。

◈ 学习目标 ·······················

1. 概述中学时代对于人的一生的独特价值和意义。

2. 结合自身的中学生活体验，体味角色的变化，知道中学生活面临着诸多机遇与挑战，积极适应中学新的学习生活。

3. 知道梦想的重要性，认识少年梦和中国梦的关系，感知新时代少年的使命担当，懂得努力就有改变的道理。

4. 积极融入新的中学生活，把握中学生活的机遇和挑战，激发个人梦想，并为实现梦想而努力。

◈ 设计思路 ·······················

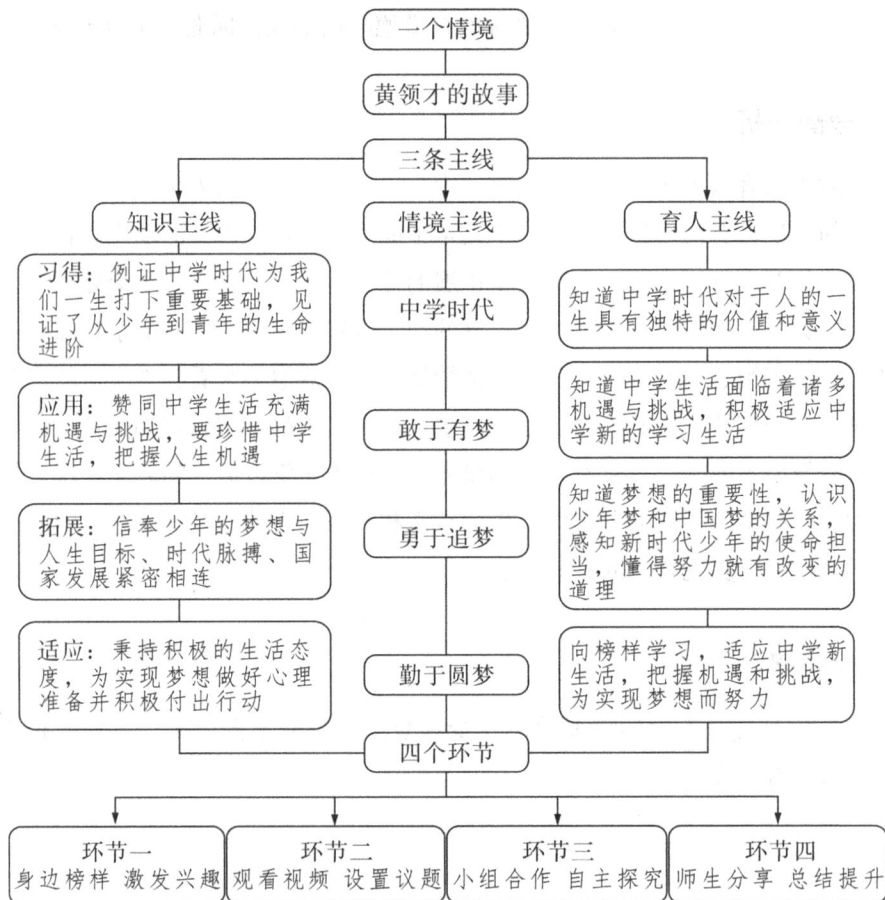

根据七年级学生身心发展特点以及教学目标要求，用四个环节完成新课教学。环节一：身边榜样 激发兴趣——教师首先邀请学生分享中学生活和小学生活的区别，在此基础上引出本课榜样人物黄领才。环节二：观看视频 设置议题——播放黄领才的演讲视频，学生结合情境议题自主探究学习。环节三：小组合作 自主探究——学生看完视频后，以小组的形式进行讨论，自主、合作探究。环节四：师生分享 总结提升——学生分享，教师引导，生成本课知识，达成本课学习目标。

◆ **榜样故事** ··················

黄领才：梦想是一个人终生奋斗的动力

"上天为鲲鹏，入海为蛟龙"，我国自主研制的首款大型水陆两栖飞机——"鲲龙"AG600因而得名。2018年，"鲲龙"实现水上首飞。"鲲龙"AG600是目前世界上最大的水陆两栖飞机，拥有执行应急救援、森林灭火、海洋巡察等多项特种任务的功能。它与我国自主研制的大型运输机运-20和大型客机C919一道，并称国产大飞机"三剑客"，让中国迈向航空强国的轮廓更为清晰。

"鲲龙"AG600飞机总设计师黄领才，他的航空梦想在少年时就已经种下。8岁那年，黄领才家乡附近的一片原始森林发生火灾，火烧了一个多星期，树木全部烧掉了。看到浓烟滚滚的大火奔袭而来的时候，黄领才心里的那种恐惧、无助是无法用言语来描述的。在灭火的过程中，飞机每天都要过来侦察、巡逻、勘查火情。黄领才发现：原来灭火飞机可以有这样大的作用。也许当时的一些场景在他幼小的心灵中，埋下了一颗种子，在报考大学时，他选择了四所航空院校，填报的专业全是飞机设计。这个梦想让他在航空领域奋斗了三十年。

"一个人应该有梦想，因为梦想将会是你终生为之奋斗的一种动力。""其实我只是我们这个团队、这个行业的一个代表，它反映的是这一代人、几代人的一个经历，为之而奋斗的一种精神，当我们把自己的命运和国家的命运联系在一起的时候，才能真正地体现出我们自身的价值，值得我们用一生去追求、去奋斗。"

　　——摘编自《开讲啦》"鲲龙"AG600 的总设计师黄领才：上天入海 有我"鲲龙"

◈ 学习过程 ··················

环节一：身边榜样　激发兴趣

　　师：同学们从小学进入中学，你们觉得中学跟小学有什么不同呢？

　　（课程多、作业多、难度大、活动多、机会多；比小学自由，有更多机会去探索；中学的学习时间更紧张……）

　　师：这是大家眼中的中学新生活，它是一个不同于小学生活的新天地。教育是国家和民族的未来。这里就关系到一个人，他的一生是否能扣好人生的第一粒扣子的问题。读书时代、中学时代是一个黄金期，青春岂能长少年？所以要珍惜时光。《院士的中学时代》一书采访的院士不止一次公开表示："中学是人生中最好的时光。"我国农业机械化工程专家、华南农业大学教授罗锡文院士这样回忆自己的科学起航原点："小学印象模糊，大学印象不深刻，唯独中学在我的人生中留下抹不去的记忆。我后来能做点事情，与中学时代打下的基础密不可分。"

　　师：我们现在站在新的起点上展望中学时代。这节课让我们走进"鲲龙"AG600总设计师黄领才，看看他的中学时代有着怎样的特殊经历，这对他的人生发展带来了哪些影响。

　　展示材料，介绍榜样：黄领才，"鲲龙"AG600总设计师。AG600是我国自主研制的大型灭火水上救援水陆两栖飞机，它的诞生满足了我国森林灭火、水上救援等方面的迫切需求。

【设计意图】

　　学生结合自身的中学生活体验，畅谈中学和小学的区别，不仅能拉近课堂与学生的距离，同时也有利于学生体味角色的变化，知道中学生活面临着诸多机遇与挑战，积极适应中学新的学习生活。选取走进学生内心、触动学生心灵的榜样故事，吸引学生的学习兴趣，为后续课堂教学展开奠定情感基础。

环节二：观看视频　设置议题

　　师：请同学们带着对以下情境议题的思考观看《开讲啦》中黄领才的演讲视频，结合视频信息进行自主探究学习。

　　情境议题1：黄领才的梦想是什么，源于何时，有何影响？

　　情境议题2：黄领才的梦想具有哪些特点？

　　情境议题3：黄领才是如何实现自己的梦想的？

【设计意图】

　　观看视频，设置议题，有利于培养学生的阅读素养；围绕视频内容和学习内容，创设有效情境议题，可以为后面知识点的生成奠定基础；透过榜样人物分享的中学时代故事，启思导行，坚持了理论性与实践性相统一，有利于启迪学生心灵，引发学生共鸣。

环节三：小组合作　自主探究

　　学生分小组对三个情境议题进行讨论，自主、合作探究，配背景音乐，教师巡堂，适当指点。

【设计意图】

　　观看视频之后，基于结构化情境议题，小组合作讨论，自主探究，有利于培养学生的团结合作意识，提高其语言表达能力、理性思考能力，以及发现问题、分析问题和解决问题的能力。

环节四：师生分享　总结提升

【活动一】学生分享汇报合作学习成果：黄领才的梦想是什么，来源于何时？

【设计意图】

　　通过对黄领才梦想起源的探析，概述中学时代的独特价值和意义，将对中学时代的认识上升到理性层面。

师：黄领才的梦想是什么？

（在航空领域奋斗，制造飞机/成为飞机设计师/成为工程师……）

师（追问）：那他制造的飞机和普通飞机有区别吗？

（"上天为鲲鹏，入海为蛟龙"，他希望能为国家研发水陆两栖大飞机。）

师："鲲龙"AG600是目前世界上最大的水陆两栖飞机，拥有执行应急救援、森林灭火、海洋巡查等多项特种任务的功能。它与我国自主研制的大型运输机运–20和大型客机C919一道，并称国产大飞机"三剑客"，让中国迈向航空强国的轮廓更为清晰。那他制造大飞机的梦想来源于何时？

（8岁那年，他家乡不远处的一片原始森林发生火灾，火烧了一个多星期，浓烟滚滚，火光越来越近，当时他心里恐惧又无助。每天都有勘查火情的飞机，他盯着飞机，梦想的种子在心里埋下。）

师（追问）：黄领才在8岁时，即上小学时就有了制造飞机的梦想，那之后真正涉及这个专业是在什么时候？

（高考填报志愿时，他报的志愿全是飞机设计，最终顺利进入航空领域工作。）

师：黄领才在青少年时期就敢于有梦，青少年时期实际上也就是我们的中学时代，这一时期对黄领才的一生都有着重要的影响。说说中学时代对我们整个人生有何特殊的意义和价值。

（指引我们的人生方向，帮我们树立远大的理想……）

> **知识归纳**
>
> 　　中学时代是人生发展的一个新阶段，为我们一生奠定重要基础，见证着一个人从少年到青年的生命进阶。

　　师（追问）：中学时代具有独特的意义和价值，它还是生命馈赠给我们的成长礼物。中学时代给黄领才带来了哪些成长礼物？

　　（他有了新的目标和要求，它们激发了他的潜能，激励着他不断努力学习，实现自我超越，为日后水陆两栖大飞机的研发奠定坚实基础。）

　　师（追问）：中学时代是一个积累沉淀自我的时代，对你们日后走上社会有很大的帮助，具体还有哪些？

　　（中学生活为我们将来步入社会做一个铺垫，在中学里我们可以参加社团去锻炼自己各方面的能力。在新的环境中，我们有机会改变自己在父母、教师和同学心中那些不够完美的形象，重新塑造一个"我"。）

　　师：中学时代为大家塑造一个全新的自我提供了新平台、新环境、新机遇。机遇往往与挑战并存，中学时代会遇到各种新挑战，这也是生命成长馈赠给我们的礼物。希望大家能满怀信心去迎接挑战，珍惜中学生活，把握人生机遇。

> **知识归纳**
>
> 　　接受成长馈赠给我们的礼物——机遇与挑战，珍惜中学生活，把握人生机遇。

　　【活动二】学生分享汇报合作学习成果：黄领才的梦想具有哪些特点？

　　【设计意图】

　　通过探析黄领才敢于有梦、勇于追梦的人生经历，知道梦想的重要性，相信有梦想就有希望，认识少年梦和中国梦的关系，感知新时代少年的使命担当，把对梦想的认识由感性认识上升到理性认识。

　　师：中学时代是生命馈赠给我们的成长礼物，我们在中学时代要像黄领才一样敢于有梦。黄领才的梦想是做一个大型飞机设计师，而且是要设计出水陆两栖的大飞机。在他的演讲中，他8岁就萌发了要设计大飞机的想法，到高考填报飞机设计相关专业的志愿，再到目前30多年都一直从事这项研究工作，可见梦想对个人的成长有重要影响。

（梦想能为一个人的奋斗提供目标，一个人的奋斗要是没有目标，将会变得毫无意义。梦想能为一个人提供前进的方向，一个人拥有梦想，他就会知道自己该往哪个方向发展，该往哪个地方奋斗。）

师： 因此，编织人生梦想，是青少年时期的重要生命主题，是对未来美好生活的愿望，它能够不断激发我们生命的热情和勇气，有梦想我们才会不断进步和发展，有梦想才会有希望。青少年时期必须要有梦想，黄领才在8岁时就想做飞机设计师，勇于追梦让他真正成为一名飞机设计师。人类需要少年的梦想，因为有了这样的梦想，我们才能找到前进的方向，才能激发生命的热情和勇气，才能不断进步和发展。或许有人会认为一些少年的梦想不切实际，但是梦想的力量是无穷的，人类文明的进步与发展尤其需要少年的梦想。

知识归纳

编织人生梦想，是青少年时期的重要生命主题。梦想是对未来美好生活的愿望，能不断激发生命的热情和勇气，让生活更有色彩。有梦想，就有希望。人类需要少年的梦想，因为有了这样的梦想，才能不断地进步和发展。

师： 黄领才的梦想有什么鲜明的特点？

（他选择当飞机设计师源于小时候看到飞机森林灭火的场景，他高考填报飞机设计专业的志愿，工作后成为一名飞机设计师。可见，他梦想的种子萌芽于维护社会公共利益，造福于民。而且，对于一个大国来说，大型水陆两栖飞机的研制成功比一个普通产品的诞生有着更深远的意义，是一种能力的象征和综合国力的体现。所以，他的梦想还与国家的发展紧密相连，他积极投身国家大飞机研发事业，为国铸重器。）

师：诚如他在演讲中说道："设计水陆两栖大飞机不仅是完成国家的任务，更是为了满足人民的一种需求，当一个人把自己的命运和国家的命运联系在一起的时候，才能真正体现出自身价值，值得用一生去追求。"

┌─ **知识归纳** ─────────────────────────────────

　　少年的梦想，与个人的人生目标紧密相连；少年的梦想，与时代的脉搏紧密相连，与中国梦密不可分。

└──

┌─ **知 识 拓 展** ──────────────────────────────

　　中国梦的具体内涵。

└──

　　中国梦，核心内涵是中华民族伟大复兴，具体来说就是要实现国家富强、民族振兴、人民幸福。当前，我国已经全面建成小康社会、实现第一个百年奋斗目标，迈上全面建设社会主义现代化国家新征程。党的二十大报告明确提出，新时代新征程中国共产党的中心任务就是"团结带领全国各族人民全面建成社会主义现代化强国、实现第二个百年奋斗目标，以中国式现代化全面推进中华民族伟大复兴"。从时间维度上来说，综合分析国际国内形势和我国发展条件，从2020年到本世纪中叶可以分两个阶段。第一个阶段，从2020年到2035年，在全面建成小康社会的基础上，基本实现社会主义现代化。第二个阶段，从2035年到本世纪中叶，在基本实现现代化的基础上，把我国建成富强民主文明和谐美丽的社会主义现代化强国。中国梦归根到底是人民的梦，需要我们每个人艰苦奋斗。我们要厚植爱国主义情怀，坚定理想信念，练就过硬本领，感党恩、听党话、跟党走，有理想、敢担当、能吃苦、肯奋斗，在全面建设社会主义现代化国家、实现中华民族伟大复兴的壮阔征程中书写新时代中国青年的光辉篇章！

　　【活动三】学生分享汇报合作学习成果：黄领才是如何实现他的梦想的？

【设计意图】

在榜样力量的熏陶下激发学生敢于追梦、圆梦的热情和勇气，引导学生知晓实现梦想的途径和方法，并且在日常生活中付诸实践，积极融入新的中学生活，把握中学生活的机遇和挑战，激发个人梦想，为实现梦想而努力。

师： 黄领才是如何实现他的梦想的呢？

（从8岁确立要当飞机设计师的想法起，黄领才在高考填报志愿时填报飞机设计专业，之后一直在航空领域奋斗、刻苦钻研。）

师： 实现梦想需要努力奋斗。少年有梦，不应止于心动，更要付诸行动，努力是梦想和现实之间的桥梁。

（黄领才想要研发水陆两栖大飞机，填补我国这个领域的空白，在这个过程中，他遇到许多困难并且不断攻克难关，所以实现梦想还要有不服输的勇气并且坚持不懈。）

师： 国产大型水陆两栖飞机，强调的几个词语是"国产""自主""创新"，跟国外比我们确实有差距，但是我们不服输，最终建造出国产水陆两栖大飞机。所以，努力是一种态度，是一种永不服输的坚韧和失败后从头再来的勇气，努力还要坚持不懈。

（黄领才成功建造国产水陆两栖大飞机，启发我们个人理想要跟国家、人民紧密联系在一起。）

师： 因此，努力需要立志，我们要把个人志向与国家、人民联系在一起。除此以外，努力还要掌握科学的方法。

知 识 拓 展

"努力"要有方法，如：分清轻重缓急，合理规划和管理时间；劳逸结合，学会科学用脑；"不积跬步，无以至千里"，每天进步一点点；珍视团队合作；"学而不思则罔，思而不学则殆"，学思并进。

知识归纳

　　不懈地追梦、圆梦，才能改变自己、改变生活。努力，是梦想与现实之间的桥梁。努力是一种态度，是一种坚持，努力需要目标和方向，也需要方法。

◈ **课堂小结**

　　中学生活已经扬帆起航，梦想是灯塔，指引着人生前进的方向。本课我们学习了中学时代的重要性，感知中学生活是生命馈赠给我们成长的一份礼物，以及学习了梦想的特点、如何实现梦想等知识，希望同学们学以致用，在中学生活中脚踏实地、坚持不懈地实现自己的梦想，到达成功的彼岸！

◈ **知识整合**

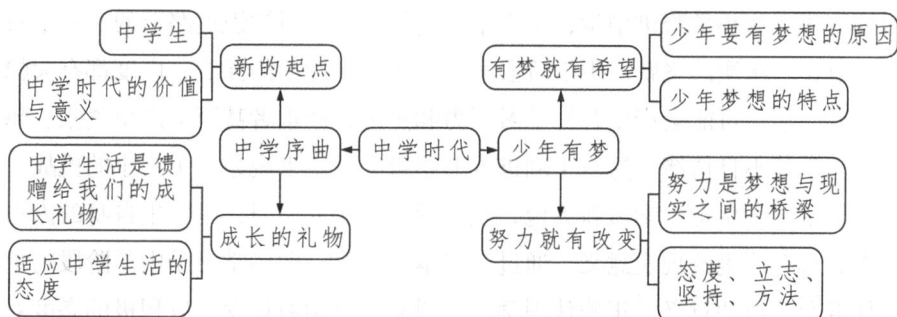

第二课　学习伴成长

◈ **课标依据** ·················

课程目标	第四学段目标	健全人格：养成自尊自信的人生态度，在生活中磨炼意志，形成良好的抗挫折能力。
课程内容	第四学段	生命安全与健康教育：客观认识和对待自己，形成正确的自我认同，提高自我管理能力。 中华优秀传统文化教育：践行中华民族自强不息、敬业乐群、脚踏实地、实事求是的思想。

摘自《义务教育道德与法治课程标准（2022年版）》

◈ **学情分析** ·················

　　从学生实际来看，学习是学生的天职，不论在何时何地，都不应停下学习的脚步。从小学跨进中学，是学生接受教育、学习知识道路上的又一个重要起点，一次质的飞跃。中学阶段学习的难度和知识的深度、广度都有大幅度提升，学生可能会产生各种学习压力和焦虑，严重者甚至会产生紧张、恐惧、厌学等不良情绪，这对于刚进入七年级的学生来说是一个不小的挑战。因此，带领学生走进学习新天地，全面深入地探究学习，是学生自身的内在需求，具有深刻的现实意义。通过学习本课内容，明确学习是中学阶段的重要任务及学习的意义，正确认识学习，树立终身学习理念，以积极的态度对待学习，热爱学习、学会学习、享受学习。

◈ **核心概念** ·················

　　正确认识学习，学会享受学习。

◈ **学习目标** ·················

　　1. 通过故事情境探析，明白学习对个体成长的作用，以积极的态度对待学习，培养正确的学习观念。

2. 正确对待学习中的苦与乐，调节学习中的不良情绪，分享学习的美妙感受。

3. 学会结合自己的实际分析，选择科学的、有效的、适合自己的学习方法与方式。

4. 运用自己的经验，学会激发学习兴趣，热爱学习，提高管理学习的能力，享受学习。

◆ 设计思路 ⋯⋯⋯⋯⋯⋯⋯⋯⋯⋯

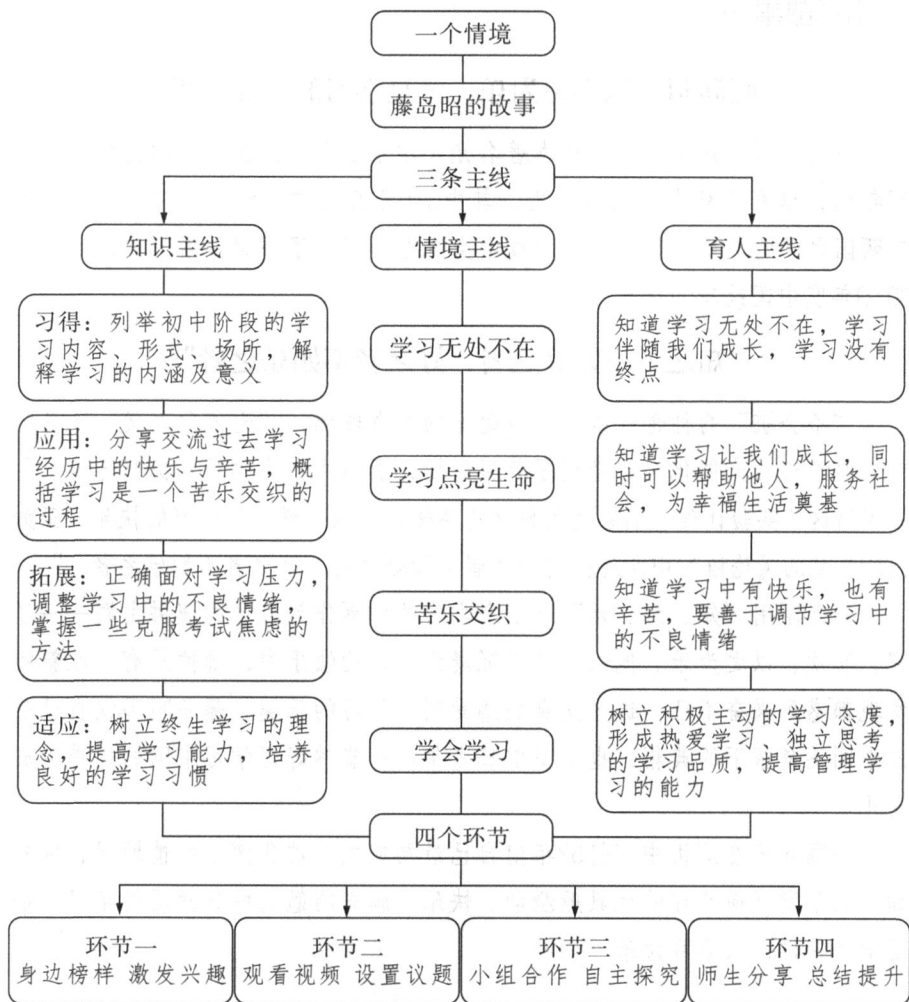

根据七年级学生身心发展特点以及教学目标要求，用四个环节完成新课教学。环节一：身边榜样　激发兴趣——教师首先邀请学生分享中学生活，引出本课榜样人物藤岛昭。环节二：观看视频　设置议题——播放《开讲啦》中藤岛昭的演讲视频，学生结合情境议题自主探究学习。环节三：小组合作　自主探究——学生看完视频后，以小组的形式进行讨论，自主、合作探究。环节四：师生分享　总结提升——学生分享，教师引导，生成本课知识，实现本课学习目标。

◆ **榜样故事** ·····················

藤岛昭：以学习为乐，才是学习的最高境界

中国工程院外籍院士、日本著名光化学家藤岛昭，在与中国持续交流的40年间，培育了38名中国留学生，其中3名已经是中国科学院院士。他在中日两国之间的文化、教育、科学技术交流方面起到了桥梁作用，更因此荣获2019年度中国政府友谊奖。

"知之者不如好之者，好之者不如乐之者"

"不会脏"的神奇纤维，不会起雾的神奇玻璃，"光催化之父"藤岛昭将这些神奇的光催化实验带到了节目现场，引得主持人和观众惊叹连连。他希望借这些实验让观众们感受到科学的趣味，并从中感受到研究的快乐，正如他所喜爱的《论语》中所述："知之者不如好之者，好之者不如乐之者。"

藤岛昭用"知、好、乐"这三个学习的境界作为自己的演讲主题——了解、喜欢、以之为乐。他认为只有沉浸到学习的快乐中，哪怕是有一丝新的发现都感到兴奋不已，这才是真的感受到了学习的乐趣。藤岛昭不仅自己热爱中国圣贤留下的典籍，也希望中日青年们都能够好好学习中国的优秀古典文化。

当藤岛昭在演讲中回忆52年前自己最初完成光催化实验的情境时，依然如同孩子发现最有趣的玩具般激动、快乐。藤岛昭勉励中日两国的年轻人都要像他一样，以学习为乐。

"研究的目的，是要通过研究成果让大家感到幸福"

作为前沿科技光催化的权威人物，藤岛昭也在节目中给大家分享了光催化的应用，如中国国家大剧院所使用的光催化自洁玻璃可以让其表面永远保持清洁、透明，光催化涂层则可以使镜子不产生雾气，光催化还可以用在空调过滤器中来分解甲醛等有害气体。而光催化最新的应用竟然是用于疾病治疗，并且藤岛昭研发的光催化捕蚊器更是已经在疟疾肆虐的地区开始使用。

从最初发现光催化时的不被认可，到现在光催化技术被广泛应用于各领域。藤岛昭说他不断研究的目的和动力，就是希望能够通过他的研究，来缓解能源问题、洁净空气水质、减少疾病发生，让大家生活得更幸福！

藤岛昭说，在研究的过程中需要所有的研究人员齐心协力，才能发现科技宝藏，为社会造福，而这也是他对于自己最爱的文句"物华天宝""人杰地灵"的解读。

"一门三院士，桃李满天下"

藤岛昭最初与中国结缘已经是40年前的事情了。这40年间，他培育出了38名中国留学生，每一名留学生都取得了出色的成就，其中3名已成为中国科学院院士。藤岛昭在学生们毕业以后依然给予全力支持，如资助实验器材、鼓励学生回国研究。而为了帮助学生取得更进一步的发展，藤岛昭更是促成了一年一度的中日双边光电智能材料和分子电子学讨论会，讨论会自1994年一直延续至今。藤岛昭的高徒之一——姚建年院士，在回忆其在日求学期间的点滴时，感叹藤岛昭不仅是自己学术上的指路人，更在生活上给予了像自己这样的中国留学生们无微不至的照顾，学生们都称藤岛教授为"恩师"。

"中日青年都是一样的，最重要的是要永远抱持积极的态度"

作为舞台上中日交流的纽带，藤岛昭在被问及如何评价中日青年时说："在我眼里大家都是一样的，和国籍没有关系。"他希望所有年轻人都能始终积极进取，对有限的时间加以有效使用，就像77岁的他一样，回首自己的岁月，不留任何遗憾！

——摘编自《开讲啦》藤岛昭教授：知之者不如好之者，好之者不如乐之者

◆ 学习过程 ·······················

环节一：身边榜样 激发兴趣

师： 同学们从小学进入中学，你们觉得学习生活有什么新变化？

（学习的学科更多，随之而来的学业压力更大……）

师： 这是大家眼中的中学学习新生活，它带领我们走进学习新天地。进入中学，学习依然是我们的重要任务，包括知识的获取和各种能力的培养，学习不仅局限于课堂、学校，还在生活的点点滴滴中。中学时代是学习黄金时期，"中学是人生中最好的时光"。

让我们打开学习之窗，走近藤岛昭，看看他的学习生活有着怎样的特殊经历，这对他的人生发展又带来了哪些特别的意义。

展示材料，介绍榜样：藤岛昭，中国工程院外籍院士，日本著名光化学家。他在中日两国之间的文化、教育、科学技术交流方面起到了桥梁作用，更因此荣获2019年度中国政府友谊奖。

【设计意图】

　　学生结合自身的中学生活体验分享，不仅能拉近课堂与学生的距离，同时也有利于学生感受学习生活的变化，知道学习生活面临着诸多机遇与挑战，积极适应中学新的学习生活。选取走进学生内心、触动学生心灵的榜样人物故事，吸引学生的学习兴趣，为后续课堂教学展开奠定情感基础。

环节二：观看视频 设置议题

师： 请同学们带着以下情境议题的思考去观看藤岛昭院士的经历，结合视频信息进行自主探究学习。

情境议题1：藤岛昭院士最喜欢的关于学习的名言是什么？

情境议题2：藤岛昭院士坚持学习研究的目的是什么？

情境议题3：藤岛昭院士在研究的过程中曾遇到哪些困难？

情境议题4：你从藤岛昭院士的事迹中得到哪些启发？

【设计意图】

观看视频，设置议题，有利于培养学生的阅读素养；围绕视频内容和学习内容，创设有效情境议题，可以为后面知识点的生成奠定基础；透过榜样人物分享的学习故事，启思导行，坚持了理论性与实践性相统一，有利于启迪学生心灵，引发学生共鸣，引导学生提升自己对学习的认知，学会享受学习。

环节三：小组合作　自主探究

学生分小组对四个情境议题进行讨论，自主、合作探究，配背景音乐，教师巡堂，适当指点。

【设计意图】

观看视频之后，基于结构化情境议题，小组合作讨论，自主探究，有利于培养学生的团结合作意识，提高其语言表达能力、理性思考能力，以及发现问题、分析问题和解决问题的能力。

环节四：师生分享　总结提升

【活动一】学生分享汇报合作学习成果：藤岛昭院士最喜欢的关于学习的名言是什么？

【设计意图】

基于对藤岛昭故事的探讨，学生加深对"知之者不如好之者，好之者不如乐之者"深层意涵的理解，拓宽对学习的认识，树立正确的学习观念；同时将中华优秀传统文化融入思政课堂，强化课堂情感浸润力，坚定文化自信，使显性教育与隐性教育相统一。

师：藤岛昭院士最喜欢的关于学习的名言是什么？

（知之者不如好之者，好之者不如乐之者。）

师（追问）：可以对这句名言解释一下吗？

（指的是不仅要知道知识，还要对知识感兴趣，喜欢学习，在学习中体会快乐。学习知识重要的是培养学习兴趣，兴趣是学习最好的老师。）

师：进入中学，成为一名中学生，我们的身份和环境都有所改变，我们不仅要对学习有新的认识，而且要对学习有新态度，学会享受学习。刚才在视频里，藤岛昭院士说学习的方式有哪些呢？

（看书和思考。我们除了课本里的知识可以学习，还有一些技能可以学习。除了学校里面的学习，平时的所看、所听、所尝、所触、所做，都可以是学习。）

师：学习不仅学课本里的知识，还有各种能力的培养，比如参加社团，学会怎么与人相处。我们会发现我们要学的东西非常多。学习不仅仅是在学校里，我们平时看到的、听到的、接触到的，都可以是学习。

师：请举例跟学习相关的名言。

（学如逆水行舟，不进则退。——《增广贤文》

学而不思则罔，思而不学则殆。——孔子

三人行，必有我师焉。择其善者而从之，其不善者而改之。——孔子

业精于勤，荒于嬉；行成于思，毁于随。——韩愈

立志宜思真品格，读书须尽苦功夫。——阮元）

师：我们对待学习需要有自觉、主动的态度，否则即使我们在教室里，真正收获到的东西可能也不多。在信息化时代，各类信息和知识更新迭代非常迅速，作为老师，我们每天也要坚持学习。学习是一个不断进步和发展的过程，学习没有终点。在这个信息获取非常便捷的时代，更要抓住各种机会去学习我们过去不曾掌握的知识，提高自己各方面的能力。

知识归纳

中学阶段，学习是我们的重要任务。学习包括知识的获取，还包括能力、态度的培养。学习不仅局限在学校，学习伴随我们成长，学习没有终点。

【活动二】学生分享汇报合作学习成果：藤岛昭院士坚持学习研究的目的是什么？

【设计意图】

　　基于对藤岛昭院士做研究目的的探析，让学生确信学习对个人发展和社会进步的重要意义，强化正确价值引领和明理导行力，进一步激励学生向榜样看齐，提升热爱学习、勤奋学习的实践内驱力，促进知识素养与情感态度的有机融合统一，提升育人实效。

　　师：藤岛昭院士坚持学习研究的目的是什么？

　　（造福社会、造福人类。通过运用科技手段，聚集人类的力量，为人类造福。研究也是一种学习，藤岛先生通过学习造福了全人类。要知天下事，须读古人书。学习不仅可以造福世界，而且能促进自身发展。）

　　师：藤岛昭院士研究的目的是造福人类，对我们来说，学习有什么重要的意义？

　　（为了以后自己考上好的大学，找到好的工作，不断提升自己。通过学习让自己更加充实，提高自己的物质生活质量，也丰盈我们的精神世界。）

　　师：同学们都非常有远见。通过学习，我们可以找到好的工作，有好的物质生活，有更多选择的权利，这对个人而言是最基本的生存需求。当然，这只是学习所带来的物质层面的意义。像藤岛昭院士，他的人生因为不断地进行学习和研究而变得非常充实，说明学习能为我们的生命添加养料，不仅让我们能够生存，而且让我们拥有充实的生活。

　　藤岛昭院士更重要的贡献在于帮助了他人，服务了社会，造福了全人类。因此，我们学习的第二个意义就在于能够帮助他人，服务社会。在防控新冠肺炎疫情的关键时刻，抗击疫情的医生、专家、学者等也是在不断学习关于新型冠状病毒的知识，学习怎么防范病毒感染、怎么治疗感染的病人，他们都是通过艰苦的学习来告诉社会大众最有效的应对方法，正因为他们的艰苦奋斗，我们国家的疫情才能够快速得到遏制，我们才能够复工复产复学，回到我们的校园继续学习。因此，我们也要向他们看齐，不断地进行学习。

21

知识归纳

　　学习，不仅让我们能够生存，而且可以让我们有更充实的生活。学习点亮我们内心不熄的明灯，激发我们前进的持续动力，也增益他人，服务社会，为幸福生活奠基。

【活动三】学生分享汇报合作学习成果：藤岛昭院士在研究的过程中曾遇到哪些困难？

【设计意图】

　　课堂是立德树人的主阵地，活动是教化育人的大舞台。实现思政课"化人与育人"效能的最大化，就要设置真实的情境，让学生真正融入其中。基于藤岛昭院士的真实经历，引导学生正确认识学习中的苦与乐，进一步提高理性思辨能力，认同经历辛苦之后收获学习成果的愉悦，体验学习的美好，享受学习过程的美妙。

　　师：藤岛昭院士在视频中说有一次在宾馆开研究会的时候非常冷，拿着宾馆的毛毯来研究这个问题，说明在研究的过程中他们会遇到很多的困难，但也享受研究带来的快乐。所以，如果用一个词语来形容学习的过程，你会怎么形容？

　　（苦乐交织。）

　　师（追问）：学习是苦乐交织的过程，其中的"苦"是什么意思呢？

　　（有困难，有挫折。）

　　师：人们常说"学海无涯苦作舟"，"苦"是指学习上可能会遇到一些困难、挫折，比如学习成绩的下滑，遇到难题无法解决等。"学而时习之，不亦说乎？"学习也充满快乐，这些快乐可能来自我们对某方面的知识有强烈的兴趣，又或者经过自己的努力，成功解决了一个难题，学习成绩取得了进步，也可能来自和同学一起奋斗、一起努力、一起拼搏的快乐……所以说学习是苦乐交织的。

知识归纳

　　学习中有辛苦，也有快乐，需要凭借坚强的意志作出努力，调节不良情绪。苦乐交织的学习，经历过辛苦，收获成果时，更能体会学习的美妙。

　　【活动四】学生分享汇报合作学习成果：你从藤岛昭院士的事迹中得到哪些启发？

【设计意图】

　　通过探析藤岛昭院士的事迹，让学生总结榜样的学习方法，引发学生的理性思考，学以致用，知行合一。进一步引导学生运用所学知识反思、评价自己的学习方法，并做出改进措施，形成适合自己的学习方法，增强学习效果。

　　师：学习是苦乐交织的。为什么藤岛昭院士可以走在时代的前沿，他到底是怎么学习的？他的故事给了我们什么启发？

　　（保持对学习的好奇心，保持对学习的兴趣。）

　　师（追问）：没错，我们对待学习首先要有兴趣。产生兴趣之后还需要做什么？

　　（要有明确的目标，要有主动、自觉学习的态度。）

　　师（追问）：要主动、自觉地学习，就像藤岛昭院士，他在不断地积极思考，如玻璃怎样才能不起雾，大剧院那么高怎样方便搞清洁，同学们还有其他要补充的吗？

　　（还需要科学学习，掌握方法。）

　　师：很好，学习要讲究方法，要善于安排自己的学习时间，学会有效学习，还要善于运用不同的方式进行学习。例如，有些同学不仅自己会做题，还能当小老师给同学们讲解题目。当我们将学到的知识教会他人，这时就真正掌握了这些知识。同学们可以主动给身边的同学当小老师，以这种方式去检验自己的学习成果，不仅可以巩固知识，也可以帮助他人，促进共同进步。

知识归纳

学会学习，需要发现并保持对学习的兴趣；学会学习，需要掌握科学的学习方法；学会学习，要善于运用不同的学习方式达成目标。

◆ **课堂小结**

我们通过藤岛昭院士的演讲重新认识了学习，知道了应该如何享受学习。学习而有所成就的人是我们的榜样，他们的学习经历和学习方法值得我们细细揣摩和学习。面对初中学习生活，我们常常会感到手足无措。但当我们了解并掌握一些方法和策略，做好学习上的管理，自然就会应付自如。希望同学们能以积极的心态适应新的学习，珍惜每一个珍贵的学习机会，养成自觉主动学习的好习惯，享受学习带来的快乐。

◆ **知识整合**

```
                    ┌── 学习内容：知识的获取、能力的培养以及学
                    │        会如何做人
                    │
          学习伴成长 ─┤── 学习态度：自觉、主动学习
              ↕       │
                    ├── 学习观念：学习没有终点，要终身学习
                    │
 才              ┌── 意义：学习点亮生命，让我们成长，同时可
 能   学习新天地 ─┤      以帮助他人、服务社会，为幸福生活奠基
              ↕
                    ┌── 体味学习：学习是苦乐交织的
          享受学习 ──┤
                    │           ┌── 发现并保持对学习的兴趣
                    └── 学会学习 ─┤── 掌握科学的学习方法
                                └── 善于运用不同的学习方式
```

第三课　发现自己

◆ **课标依据** ·········

课程目标	第四学段目标	健全人格：正确认识自己，能够自我反思，不断完善自我，保持乐观的态度；能够清楚表达自己的感受和见解，善于倾听他人的意见，自我改进。
课程内容	第四学段	生命安全与健康教育：客观认识和对待自己，形成正确的自我认同，提高自我管理能力。 中华优秀传统文化教育：践行中华民族自强不息、敬业乐群、脚踏实地、实事求是的思想。

摘自《义务教育道德与法治课程标准（2022年版）》

◆ **学情分析** ·········

　　进入初中，学生的自我意识不断增强，认识自我是他们极感兴趣的事情。但由于年龄、阅历、学识等的限制，他们在自我认识方面会出现某些偏差，例如对自己的评价过高或过低、不能正确对待他人的评价等，所以不能全面、客观地评价自我。而且，初中学生十分注重自我形象，往往过度在意他人对自己的评价。本课从正确认识自己谈起，以接纳自己、完善自己为最终的落脚点。

　　"潜能"这一话题往往令人感到遥远、神秘，而事实上每个人身上都有巨大的潜能，要引导学生认识、发掘自己的潜能直至走向成功，学会用发展的眼光看待自己，对未来充满信心。

◆ **核心概念** ·········

　　正确认识自己，做更好的自己。

◆ **学习目标** ·········

　　1. 概述正确认识自己的重要性。

2. 学会多角度认识自己，通过自我评价、他人评价等途径正确认识自己，正确对待他人评价，形成全面、客观的自我认知。

3. 保持乐观的态度，学会接纳与欣赏自己。形成正确的自我认知，落实做更好的自己的行动，不断完善自己。

◇ 设计思路 ··················

```
                        ┌──────────┐
                        │ 一个情境 │
                        └────┬─────┘
                        ┌────┴─────┐
                        │廖智的故事│
                        └────┬─────┘
                        ┌────┴─────┐
                        │ 三条主线 │
                        └────┬─────┘
          ┌──────────────────┼──────────────────┐
    ┌─────┴─────┐      ┌─────┴─────┐      ┌─────┴─────┐
    │ 知识主线  │      │ 情境主线  │      │ 育人主线  │
    └─────┬─────┘      └─────┬─────┘      └─────┬─────┘
```

知识主线	情境主线	育人主线
习得：概述正确认识自己的重要性	人贵自知	懂得认识自己很难，认识自己也很重要，认识、探索自己是一个不断深化的过程
应用：掌握正确认识自己的途径，明确认识自己是一个过程	认识自己	学会用理性的态度面对他人的评价
拓展：坚持积极接纳与欣赏自己，形成客观、完整的自我概念	接纳与欣赏自己	要以积极的态度接纳自己、欣赏自己
适应：明确做更好的自己可以落实的行动，掌握改正缺点、激发潜能的方法	做更好的自己	分析接纳自己与做更好的自己的关系，掌握改正缺点的方法，做更好的自己

```
                        ┌──────────┐
                        │ 四个环节 │
                        └────┬─────┘
```

环节一	环节二	环节三	环节四
身边榜样 激发兴趣	观看视频 设置议题	小组合作 自主探究	师生分享 总结提升

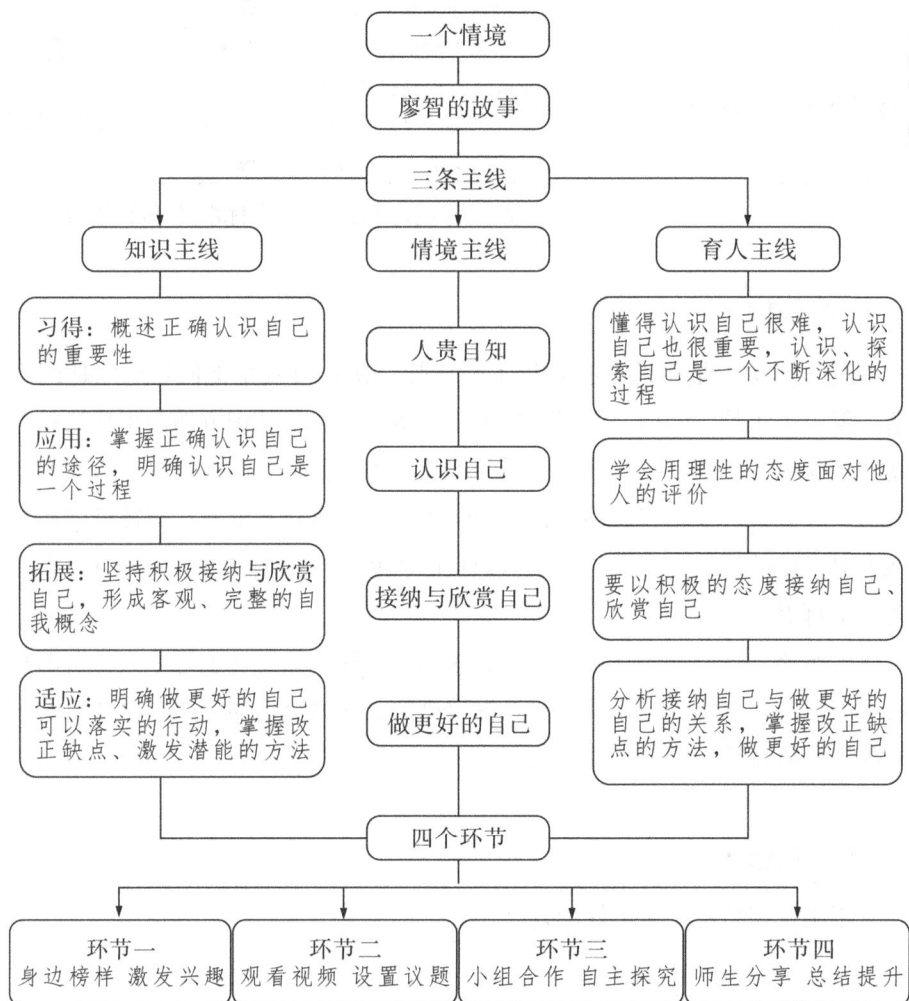

根据七年级学生身心发展特点以及教学目标要求，用四个环节完成新课教学。环节一：身边榜样 激发兴趣——教师首先邀请学生分享关于自

我的认识，在此基础上引出本课榜样人物廖智。环节二：观看视频 设置议题——播放《开讲啦》中廖智演讲视频，学生结合情境议题自主探究学习。环节三：小组合作 自主探究——学生看完视频后，以小组的形式进行讨论，自主、合作探究。环节四：师生分享 总结提升——学生分享，教师引导，生成本课知识，实现本课学习目标。

◆ 榜样故事 ·····················

廖智：不抵抗，就能盛放！

2008年5月12日汶川地震，廖智在废墟中被埋26个小时，失去双腿，失去最爱的女儿，失去婆婆，但是廖智没有因此而放弃。两个月后，她用残缺的肢体在鼓上演绎力与美。2017年雅安地震发生后，她前往抢险救灾一线当志愿者。

廖智说："刚刚装上假肢的时候，我站在那里，浑身都痛得没有办法，痛得我连手都不知道怎么摆。我刚站起来，衣服就湿透了。我站在那里，脑子里面想着，我要走到对面去。我想了很久很久，回过神来发现自己还是站在原地，靠我的腿根本走不动。我只能靠手撑着身体悬在那往前，于是我选择一种最方便的做法——坐轮椅。但我不得不像个废人一样每天依靠父母。有一天早上，我很想去厕所，就在房间一直叫我爸妈，但是很久都没有人回应我。我只能从床上爬下去，在爬的过程中，甚至看见有蟑螂从我的面前爬过去，我觉得我跟它们没有什么两样。我爬到外面去找我的假肢，装上假肢，扶着墙跌跌撞撞地到了洗手间。右腿还没有弯下来，整个人直挺挺地摔了下去，头就摔在了坐便器的边缘，头发也全部掉进了马桶里面，我看着镜子里面的自己，整个人就像个馒头，发酵的馒头。我有一肚子的怨气，但是我发现我没有什么可埋怨的，因为选择放弃的是我自己。我知道我没得选，我真的没得选，不面临身体的疼痛，我的余生根本没有任何幸福可言，没有任何尊严和自由可言。

"当想明白这件事情的时候，我就每天扶着穿衣镜和门把手，练习各种踢腿、抬腿，各种手臂、身体摇晃的动作。在我还没有学会走路的时候，我就开始练习舞蹈，我很庆幸我热爱舞蹈，在那个时候，它就像救命稻草。我把自己反锁在家里跳舞。我以为要练10年、20年，我才能够像以前一样自由地行走，但往往困难不是我们想象的样子，我只练了十几天。有一天，我们家开水壶突然响了，我就跑出来把水灌到热水瓶里面，我爸爸跑出来看着我，他眼眶红红的，说你怎么做到的。那时候我才反应过来，我做到了。所以，我发现，人是好容易满足的，我能够坐起来，能够站起来，能够走走路，能够倒开水，我就很感恩、就很满足了。

"那时候我就发现，接纳有时候可能比抵抗会更加有力量，一个人的生命就像一朵花一样，可能它会遭受很多的风吹雨打，可能它今天没有得到足够的营养会枯萎，但是我觉得只要能够接受自己，保持自己本身的颜色，它就一定会盛放，甚至盛放出独一无二的颜色来。"

——摘编自《开讲啦》廖智：不抵抗，就能盛放！

◆ 学习过程 ·······················

环节一：身边榜样　激发兴趣

师： 步入中学时代，我们的自我意识不断增强，越来越关注自我，开始思考以前不曾思考或不曾深入思考的问题。例如，我是谁，我能干什么，我的能力、价值如何，我为什么来到这个世界上，我怎样做才能成为更好的自己，别人如何看待我。这些都是非常值得我们探讨的问题。

师： 今天，老师带来一位特殊舞者——廖智的故事。作为一名舞蹈教师，她在地震中失去双腿，两个月后重新跳舞，她用自己的微笑给身边的人带去希望。

展示材料，介绍榜样：廖智，经历了汶川地震，她幸存下来，然而，她的女儿却不幸离开了人世。她，是一位舞者，然而，就在那场灾难中，她失去了双腿。从那时起，她便开始试着使用假肢走路，慢慢地，她能做出一些高难度的舞蹈动作；接下来，她能做出连贯的动作；最后，她能用假肢跳舞，并完成了失去双腿前都没有尝试过的事。她的生活，从此不一样！

【设计意图】

开门见山，选取走进学生内心、触动学生心灵的榜样人物故事，激发学生情感共鸣，为后续课堂教学奠定情感基础，同时能调动学生参与课堂学习的热情和积极性，快速高效地导入新课。

环节二：观看视频 设置议题

师：接下来，就让我们一起走进故事的主人公——廖智，请同学们结合视频信息进行自主探究学习。

情境议题1：廖智遇到了什么困难？她在废墟中是如何坚持下来的？

情境议题2：廖智是怎样重新认识自己的？

情境议题3：廖智发言中的"不抵抗"是指什么？她是怎么做的？

情境议题4：廖智怎样更好地盛放自己？

【设计意图】

观看视频，设置议题。学生带着情境议题观看廖智的演讲视频，全面深入了解廖智的故事，在充分的感性认知基础上进一步正确认识自己，做更好的自己，助力健全人格这一学科核心素养的发展。

环节三：小组合作 自主探究

学生分小组对四个情境议题进行讨论，自主、合作探究，配背景音乐，教师巡堂，适当指点。

【设计意图】

观看视频之后，基于结构化情境议题，小组合作讨论，自主探究，有利于培养学生的团结合作意识，提高其语言表达能力、理性思考能力，以及发现问题、分析问题和解决问题的能力。

环节四：师生分享 总结提升

【活动一】学生分享汇报合作学习成果：廖智遇到了什么困难？她在废墟中是如何坚持下来的？

【设计意图】

　　情感熏陶，体验深刻。基于对廖智遇到的挫折的探析，让学生感同身受，引发学生情感共鸣，使学生更能深刻理解廖智自强不息的精神，更能深刻领会到廖智在一系列悲惨遭遇后，浴火重生，重塑自我形象，有了活下去的勇气，有力地促进了个人的自我发展，促进了与他人的交往。

　　师：廖智遇到了什么困难？她在废墟中是如何坚持下来的？

　　（她在地震中被埋26个小时，失去婆婆、女儿及自己的双腿。因为她的父亲坚信自己的女儿还活着，一直在外面呼喊她，她认为自己不能辜负父亲这种不抛弃、不放弃的精神，所以她坚持下来了。）

　　师：父亲的坚持、不放弃让被埋在废墟中26小时的廖智最终被成功救出。人在绝境中，最不会放弃他的人是谁？

　　（亲人。）

　　师：对，亲人，尤其是父母。在生活中，会有与父母产生矛盾的时候，但不管怎么样，父母都会竭尽全力去帮助我们。在任何时候都不放弃你的只有你的父母。正是父亲的不放弃再加上自己内心的觉醒，廖智抱有一种信念，她必须为了她的父亲好好地活下去。在她活下来之后，又遇到什么困难呢？

　　（她的双腿被截肢，需要坐在轮椅上，生活不能自理，必须依靠父母的帮助。有一次，她要去上厕所的时候父母不在，她只能自己去，当时她摔倒了，摔得很严重。）

　　师：在她摔倒的那一刻，她突然发现自己是活下来了，但这样活着没有意义。这一刻，她突然觉醒要重新认识自己，改变现状，也是这一刻对她未来产生巨大的影响。从她的故事里面，我们可以知道认识自己有多重要。

　　（正确认识自己，可以促进自我发展，增强信心，发展能力。）

　　师：诚然，对廖智来说，认识自己后，她开始白天黑夜都拼命地锻炼，两个月后就勇敢地站在舞台上跳舞。所以，认识自己非常重要。第一，人贵自知，正确认识自己可以促进自我发展，能够增强自己的信心，能够认识到每个人都是独一无二的个体，从而更好地发展自己的能力，这样你才能笑对未来。第二，正确认识自己，还可以促进与他人的交往。廖智虽然失去双腿，但她正确认识自己、建立起自信，所以能促进自己的发展，促进与他人的交往。

知识归纳

正确认识自己，可以促进自我发展，可以促进与他人的交往。

【活动二】学生分享汇报合作学习成果：廖智怎样重新认识自己？

【设计意图】

通过这一情境议题的探讨，引发学生的理性思考，把对廖智重新认识自己经历的感性认识上升到学科知识的理性认识，提升了学生的学科思维能力，让学生可以从生理、心理和社会等方面认识自己，还可以从他人评价和自我评价来认识自己，做到了知识性与价值性的统一。

师：廖智是通过什么方式来认识自己的？

（首先，她能接受自己生理上的残缺，认识到自己与别人不一样。其次，当她获救后，她做到了发自内心地去感恩，这是从心理上认识自己。）

师（追问）：除了可以从生理、心理等方面来认识自己，还有其他方式吗？

（当廖智终于被救出来的时候，人们跑上去抱着她哭着说，你一定要好好活下去，你是这座楼里唯一一个被救出来的。这是通过他人的评价来认识自己。回头来看自己的经历，廖智觉得自己不是英雄，而是一个特别女人的女人。面对命运，她的选择是勇敢乐观地面对。这是通过自我评价来认识自己。）

师：通过评价，认识自己的方式有两种。第一种，通过自我评价来认识自己，一方面是自我观察和分析，每隔一段时间，我们可以通过自省来评价一下自己；另一方面是通过和别人对比来评价自己、认识自己。第二种是通过他人评价来认识自己。

在我们身边，有些同学评价他人可能没有基于客观事实，我们对于他人的评价要客观；还有一些同学特别在意别人的评价，因为一点负面评价就闷闷不乐，这时候就要调整自己，客观冷静地分析，如果你认为他人的评价是不对的，你可以拒绝接受。所以，我们要正确认识和对待他人的评价。那他人的正确评价有什么好处呢？有助于我们对自己形成更为客观、完整、清晰的认识。认识自己是一个过程，人要用一辈子的时间来认识自己，随着年龄、学识、生活阅历的增长，我们不断发现自己、探索自己、发展自己，不断朝着成为更好的自己方向发展。

知识归纳

　　认识自己是一个过程，可以通过生理、心理、社会等方面认识自己，也可以通过自我评价、他人评价来认识自己，要学会以理性态度客观冷静地分析自己。

【活动三】学生分享汇报合作学习成果：廖智发言中的"不抵抗"是指什么？她是怎么做的？

【设计意图】

　　从榜样人物故事设计，挖掘情境的启思作用。在廖智的动人演讲中，深刻、真诚的美好情感在不断浸润着学生的心田，学生得以在情感熏陶中体验，在体验中明确如何接纳自己和欣赏自己，从而有效解决自己成长中遇到的困惑与问题。

师：廖智演讲的主题是"不抵抗，就能盛放！"，这里的"不抵抗"是指什么？

（接纳自己。）

师：没错，她说的"不抵抗"就是接纳自己。当她面对残缺的自己时，为了能够好好地活下去，余生才能活得有意义、有价值，她必须接纳自己。我们说一个人首先要接纳自己，才能欣赏自己。那我们为什么要接纳自己呢？

（因为每个人都是独一无二的，所以我们应该学会接纳自己的全部。）

师：很好，每个人都是独一无二的个体。世界上没有两片完全相同的树叶，也没有完全相同的两个人，每个人都是独一无二的，每个人都会有自己的特点，当我们不断认识自己、接纳自己的时候，我们的自我形象也会越来越清晰。廖智又是如何做到接纳自己的？

（在廖智看来，痛苦是一种良药，接纳比抵抗更有力量，真正的坚强，是从深刻的爱中盛放。廖智从苦难中站起来，她开始学习接纳命运，接纳亲人的离世，接纳自己失去了双腿成为残疾人，她以积极乐观的心态和勇气，适应假肢带来的剧痛，重拾舞蹈梦想，重建人生，重获自由和尊严。她不仅接纳自己，还懂得肯定和珍惜自我价值，欣赏自己。）

师： 我们看到廖智接纳了自己残缺的身体，带着对地震中失去的亲人的爱，继续前行。如今的廖智，以一种勇敢而漂亮的姿态拥抱了新生活。所以，我们要向廖智学习，确信每个人都是独特的，学会接纳自己、欣赏自己，活出自己的风采。

> **知识归纳**
>
> 　　每个人都是独特的，懂得欣赏自己是在接纳自己的基础上对自我独特价值的肯定和珍惜，我们要学会接纳自己、欣赏自己。

【活动四】学生分享汇报合作学习成果：廖智怎样更好地盛放自己？

【设计意图】
　　以螺旋式上升的情境议题帮助学生认知感悟，升华情感，生成知识。通过对榜样人物的真实经历入情入理地理性思辨，懂得做更好的自己要扬长避短，主动改正缺点，不断激发自己的潜能。做更好的自己，能在和他人共同生活的过程中不断成长，能为他人、社会带来福祉，不仅让课堂教学立意得到了应有的适度升华，也让深度学习活动不断得到生动体现。

师： 现在的廖智非常自信阳光，她是怎样绽放自己的？她都做了哪些事情？

（比如去参加《开讲啦》、去作演讲、去雅安地震灾区做志愿者、开办舞蹈学校教孩子们跳舞……）

师： 那我们应该怎样向她学习，成就更好的自己呢？

（截肢仅两个月后，廖智强忍痛苦练习舞蹈，重新站到了舞台上，开始鼓足勇气拥抱新的生活。所以，做更好的自己，就要扬长避短，主动改正缺点，不断激发自己的潜能。）

师：失去双腿后，廖智在坚持梦想的同时也投身公益。在雅安地震发生后第一时间赶到现场，从最小的事情做起，赢得灾民和队友的信任，成为地震中有名的"假肢队长"。在她看来，在地震中哪怕只能做很小的一件事情也有意义，也可以做到最好。此后，她开办舞蹈学校，在学校里教残疾孩子跳舞，带领健康的孩子和残疾孩子一起演短剧，借此告诉孩子们，生命都是平等的。所以，做更好的自己，是在和他人共同生活的过程中不断成长的，更是在为他人、为社会带来福祉的过程中实现的。

有人曾这样评价她："廖智的每一种感受都富于人性，在她身上能找到我们自己，她的生命美得让人流泪。"她用大爱、坚持、乐观、勇气、自信、奉献成就了更好的自己！希望同学们以廖智为榜样，不断成就更好的自己！

知识归纳

我们期待做更好的自己，做更好的自己是一个过程。做更好的自己要扬长避短，主动改正缺点，不断激发自己的潜能。做更好的自己，是在和他人共同生活的过程中不断成长的，更是在为他人、为社会带来福祉的过程中实现的。

◆ **课堂小结**

我们今天通过廖智的故事重新认识了自己，知道了应该如何客观认识自己、探索自己，确信接纳、欣赏自己，方能成就更好的自己。认识自己是生命中的一个重要话题，值得我们用一生去探寻，希望同学们学会用发展的眼光看待自己，对自己的未来充满信心，努力成就更好的自己！

◆ **知识整合** ••••••••••••••••••••

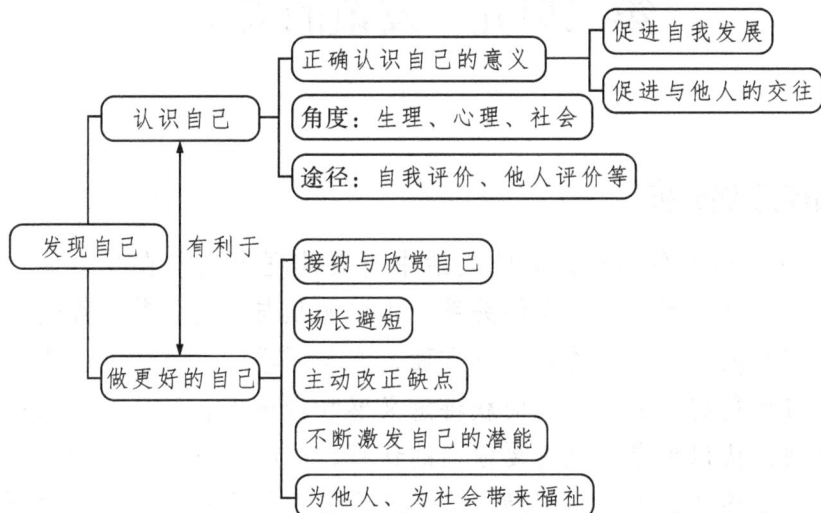

第二单元　友谊的天空

☀ 单元主题分析

　　初中学生在不断扩展的生活中需要处理个人与自我、他人、集体、社会和国家等方面的关系。本单元从与朋友交往方面使学生体会相互依存的生命关系：一方面，在与同学、朋友的交往中，体验到自己是被需要的，从而获得意义感和价值感，增强自信心；另一方面，认识到自己也需要他人的认可、关心和支持，从而体悟到人人需要接纳、支持和帮助，这有助于初中学生在生活中学会理解他人、欣赏他人，学会与他人共同生活。

☀ 单元大目标

　　交往能力和良好的交往品质是学生发展的核心素养。相比儿童时期的同伴关系，青少年时期的同伴关系发生了质的变化，友谊的主题由"以活动为中心"转变为"以谈话为中心"，活动范围进一步扩大，友谊成为自我探索和情感支持的重要场所，朋友之间的亲密感也进一步增强。这些变化一方面提高了中学生友谊的质量，另一方面也对学生的交友态度和能力提出了更高的要求。

　　通过对本单元的学习，帮助学生直面成长中的困惑与问题，正确认识和处理自己与同学、朋友的关系，培养良好的交往品质和交往能力，帮助学生适应终身发展和社会发展的需要。

☀ 单元大概念

　　友谊与成长同行，交友的智慧。

第四课 友谊与成长同行

◈ 课标依据

课程内容	第四学段	生命安全与健康教育：能正确认识和处理自己与同学、朋友的关系。

摘自《义务教育道德与法治课程标准（2022年版）》

◈ 学情分析

青少年时期，学生逐步离开父母的怀抱，更多地寻求同龄人的认同，从同龄人的眼睛里寻找自己，与同龄人密切交往、建立真挚的友谊成为其迫切的内心需要。让学生看到自己和他人对友谊的渴望，可以帮助学生更深刻地理解自己和他人的交往动机与交往行为，从而拉近彼此的关系。

同伴交往和友谊对学生成长的意义重大，青少年时期的同伴关系，对学生的社会性和情感发展具有不可替代的独特作用，与同伴交往的经验是发展成功的社会交往所需要的重要条件，也对亲密感的获得以及自我概念的发展具有同样重要的作用。对于朋友在生活中的重要性，学生只有一些模糊的体验，把学生的感悟体验上升到理性认识，可以帮助学生进一步感受友谊的力量，明确交往和友谊在成长中的价值和意义，从而珍惜友情、善待朋友，引导学生认真梳理自己的交友现状，澄清对友谊认识的误区，形成正确的友谊观。

◈ 核心概念

友谊的力量，友谊的特质，友谊的澄清。

◈ 学习目标

1. 感受友谊的力量和美好。
2. 认同友谊的一些重要特质。

3. 接受友谊的改变，体悟到竞争并不必然伤害友谊，认同友谊必须坚持原则。

◆ 设计思路 ·······················

```
                    ┌──────────────┐
                    │   一个情境    │
                    └──────────────┘
                ┌──────────────────────┐
                │ 电影《中国合伙人》的故事 │
                └──────────────────────┘
                    ┌──────────────┐
                    │   三条主线    │
                    └──────────────┘
```

知识主线	情境主线	育人主线
习得：了解自己的交友状况，感受并接纳自己和他人对友谊的渴望	我的朋友圈	觉察交友的特点及变化，认同朋友成为生命中越来越重要的部分
应用：赞同交往和友谊在生命成长中的价值和意义	友谊的力量	感受友谊的力量和美好
拓展：识别友谊最重要的一些特质	友谊的特质	认同友谊的一些重要特质
适应：澄清对友谊认识的误区，与朋友相处时能坚持原则	友谊的澄清	认识对友谊的理解会存在的一些误区，提高辨别能力

```
                    ┌──────────────┐
                    │   四个环节    │
                    └──────────────┘
```

环节一	环节二	环节三	环节四
树立榜样 激发兴趣	观看视频 设置议题	小组合作 自主探究	师生分享 总结提升

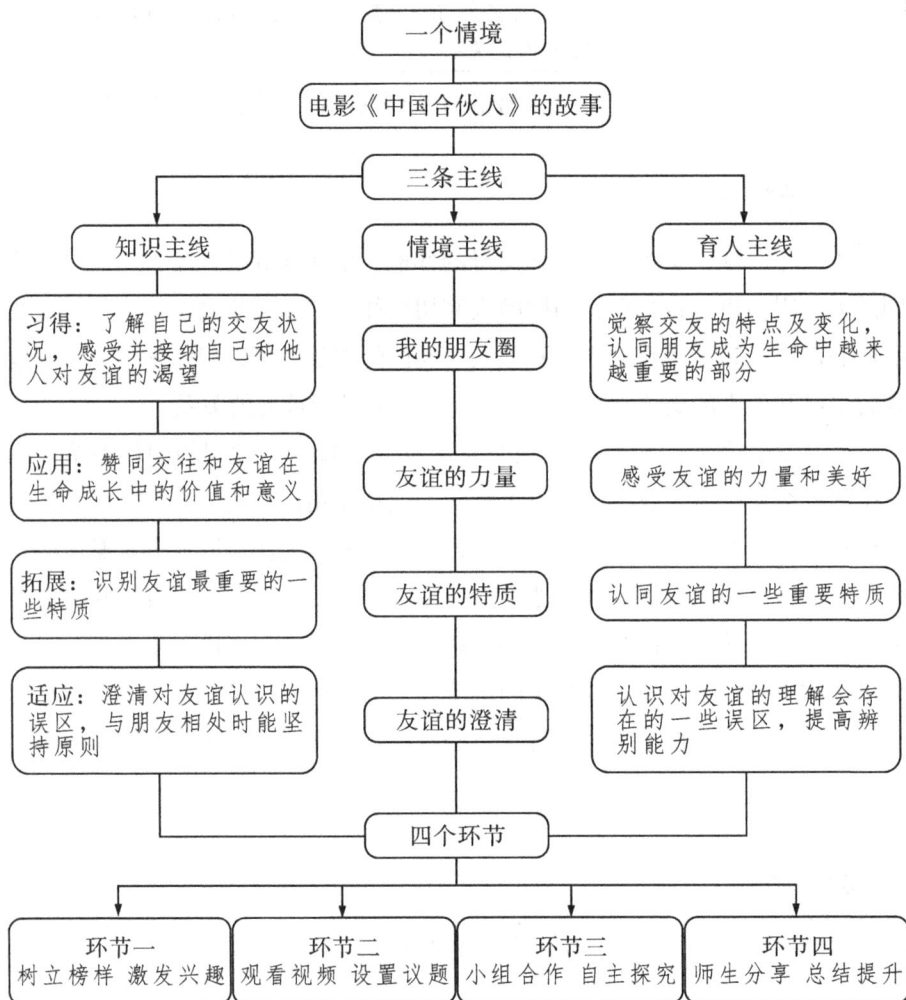

根据七年级学生身心发展特点以及教学目标要求，用四个环节完成新课教学。环节一：树立榜样　激发兴趣——教师首先邀请学生分享自己的学习生活，在此基础上引出本课榜样故事《中国合伙人》。环节二：观看视频

设置议题——播放《中国合伙人》视频片段，学生结合情境议题自主探究学习。环节三：小组合作　自主探究——学生看完视频后，以小组的形式进行讨论，自主、合作探究。环节四：师生分享　总结提升——学生分享，教师引导，生成本课知识，实现本课学习目标。

◆ **榜样故事** ·······················

《中国合伙人》——建立友谊　友谊受挫　失而复得

故事始于20世纪80年代，讲创业梦想，也讲真挚友谊。

成东青，农村出身，两次高考落榜，家里的条件明显不能让他再复读一年，但他最后拼命一搏，背下整本英语词典，从明眸变成近视眼，第三次高考，考上燕京大学。孟晓骏，精英知识分子，强烈自信，内心认定自己永远是最优秀的那个。王阳，浪漫派，外形俊朗，热爱文学，一生梦想是当个诗人。

这三个性格迥异的人在燕大相遇，戏剧性地建立友谊。友谊是这样开始的：孟晓骏和王阳不愿浪费青春，听那没出过国的老师纸上谈兵，打算弃课而去时，一群看不惯他们的同学蜂拥而至，要为老师讨公道。两人夺门而逃，正奇怪没有同学追赶他们，才发现是成东青用身体堵住了同学。大学期间，成东青视孟晓骏为偶像，从不对他说"不"。为了追赶偶像，成东青在大学里读了八百本书；为了在别人问自己单词的时候不被问倒，他背了市面上所有的英语词典。

20世纪80年代，他们跟其他大学生一样，怀抱着一个美国梦。三人申请签证的结果是：两个成功，一个被拒。成东青延续高考失败的命运，眼看两个好友出国圆梦，他失望透顶，只好留在燕大任教，却又因在外私自授课被校方发现而被除名，毫无余地地成为一个真正的"失败者"。

美国那边，孟晓骏正要一展抱负，却未料堂堂燕大高材生，在美国根本找不着工作，落得在餐馆当侍应助理的命运；王阳签证成功，却因爱上一个女孩放弃出国，贯彻其浪漫派个性；成东青一无所有，只得偷偷在快餐店办补习班，其独特的自嘲教学法，却渐渐吸引不少学生。这是命运的安排，成东青从没想过，被拒签这个人生最失败的挫折，也是成就他人生中最成功的契机。

成东青请王阳加入一起办补习班，也不忘孟晓骏，让他回国强势加盟，正式开办"新梦想"学校。三人凭借个人魅力，包括成东青的自嘲式幽默教学法、孟晓骏的美国经验和签证技巧，以及王阳的创新电影教学，让"新梦想"学校空前成功。"新梦想"学校再扩规模，成东青被媒体和青年塑造成为留学教父，不由自控地散发着一股领导者的光芒，让孟晓骏看不过去，加上经管理念等分歧，二人逐渐貌合神离，王阳左右为难。

在一次争吵后，三人默默流出眼泪，王阳开玩笑似地说："不要跟最好的朋友合伙开公司。"之后，孟晓骏远走他乡，三人的友情面临重重考验。

然而，大时代一幕又一幕的挑战，包括1999年南斯拉夫中国大使馆被北约军机轰炸、美国普林斯顿大学出版社控告"新梦想"侵犯版权，把三名好朋友再次凝聚起来，共同面对"新梦想"的困境。当成东青纠结要不要给远在他乡的孟晓骏打电话时，孟晓骏、王阳已经默默地站在了他的办公室门前，这一幕感人至深。此时，或许很多人会不约而同地冒出一个概念——"友谊"。电影以三人"攻陷"美国为结局，不仅事业得意，而且友谊也失而复得。

——摘编自电影《中国合伙人》

◆ 学习过程 ••••••••••••••••••••

环节一：树立榜样　激发兴趣

师：进入初中，我们越发感受到友谊的重要性。建立真挚的友谊成为我们迫切的内心需要。关于友谊，你们有什么新感受？

（交往的范围发生变化……）

师：中学生在交往方面从数量和质量上都发生了变化。随之而来，我们便会出现新的困惑，友谊也会出现较大的变化，正如《中国合伙人》电影中的主人公一般，几经波折，最终收获一段真挚、志趣相投的友谊。

下面让我们走进电影《中国合伙人》，看看三名主人公的友谊发生了怎样的变化，这对他们人生发展又具有哪些特别的意义。

展示材料，电影分享：影片《中国合伙人》的节选片段分别是"机场离别""分道扬镳""回归'攻陷'美国"。节选的片段以"友谊"为主题，经历了建立友谊、友谊翻船、友谊失而复得的过程，以三人"攻陷"美国为结局，不仅事业得意，而且友谊也失而复得。

【设计意图】

将现实生活中的电影素材引入课堂教学，组织有趣味、有深度的教学活动，拉近教学内容与学生间的距离，提升课堂的趣味性和亲切性，有利于激发学生的学习热情，提升育人实效。

环节二：观看视频 设置议题

节选三个经典片段"机场离别""分道扬镳""回归'攻陷'美国"，学生结合视频信息和情境议题进行自主探究学习。

情境议题1：概述电影中的三名主人公的性格特点，分析他们是如何相互影响的。

情境议题2：三人的友谊经历了怎样的变化？

情境议题3：王阳说"不要跟最好的朋友合伙开公司"，你怎么看？

情境议题4：他们的友谊为什么能失而复得？

【设计意图】

经典片段回放，任务驱动。学生带着情境议题观看《中国合伙人》中的经典片段，感知故事主人公之间的友谊发展过程，感受朋友之间的相互扶持和帮助，引发学生的情感共鸣。

环节三：小组合作 自主探究

学生分小组对四个情境议题进行讨论，自主、合作探究，配背景音乐，教师巡堂，适当指点。

【设计意图】

　　观看视频之后，基于结构化情境议题，小组合作讨论，自主探究，有利于培养学生的团结合作意识，提高其语言表达能力、理性思考能力，以及发现问题、分析问题和解决问题的能力，培育学科核心素养。

环节四：师生分享　总结提升

【活动一】学生分享汇报合作学习成果：概述电影中的三名主人公的性格特点，分析他们是如何相互影响的。

【设计意图】

　　通过分析电影中三名主人公的性格特点及对彼此的影响，让学生领会朋友是生命中的重要组成部分，感受友谊的力量。同时，这也有利于引导学生树立正确的友谊观，乐交益友、诤友。

　　师：当看完《中国合伙人》片段，你想到了哪些朋友？随着年龄的增长，你交友的范围、与朋友的活动内容有什么变化？

　　（进入初中以来，我的交友范围扩大了，朋友圈扩大了，朋友间交往的内容也更加丰富了。除了学习以外，还可以通过各种社团活动等进行深入交流。）

　　师：那有没有同学的朋友圈缩小了呢？

　　（我的朋友圈比以前变小了，与小学的朋友因为不在同一所中学，所以无法经常见面或者联系，有的已逐渐疏远。但是和几个很要好的朋友，虽然不能经常在一起，交往反而更加深入了，关系也更加密切了。）

　　师：中学阶段，在与朋友的交往中，友谊在数量和质量上发生了显著的变化，有欢笑也有泪水，有甜蜜也有苦涩，这都是正常现象。只要彼此真诚相待、和善相处，就会收获美好的情谊。

> **知识归纳**
>
> 　　伙伴、同学、朋友，成为我们生命中越来越重要的部分。对自己的朋友关系做梳理，可以帮助我们觉察自己，学会处理交友中遇到的各种问题。

师：《中国合伙人》中的主人公成东青、王阳和孟晓骏各有什么样的性格特点呢？

（成东青出身农村，两次高考落榜，但他不服输，有顽强的意志力；王阳热爱文学，浪漫主义者，但能坚持原则，非常重视朋友间的关系，积极调解成东青和孟晓骏的关系；孟晓骏是精英知识分子，富有才华，强烈自信，内心认定自己永远是最优秀的那个。）

师：三个性格迥异的人，居然戏剧性地建立了友谊，他们彼此间又是怎样相互影响的？

（他们三人虽然性格迥然不同，但却能成为好朋友，共同度过了大学四年的美好时光，所以说朋友见证了我们一起走过的成长历程。之后，三人一起办补习班，合伙开企业，可见，我们的兴趣爱好、言谈举止等会受到朋友的影响。后来，三人友谊受挫了，但面对共同的困境，又和好如初，坚定地站在了一起。可见，友谊让我们更加深刻地体验到生命的美好，让生命更加充满意义。）

师：通过《中国合伙人》，我们清楚地感受到朋友之间会相互认同、相互塑造，朋友能给我们心灵的陪伴，让我们感受到自己的价值。正如马克思和恩格斯之间的友谊，马克思曾说："我们之间的这种友谊是何等的幸福，你要知道，我对任何关系都没有作过这么高的评价。""没有你，我永远不能完成这部著作（《资本论》）。"希望同学们珍惜友谊，确信友谊的力量。

知识归纳

朋友对我们的影响很大，影响我们的言谈举止、兴趣爱好甚至性格，见证我们一起走过的成长历程，丰富我们的生活经验，友谊让我们更深刻地体悟生命的美好。

【活动二】学生分享汇报合作学习成果：三人的友谊经历了怎样的变化？

【设计意图】

　　立足学生生活实际和学习目标，围绕电影中三名主人公的友谊经历，整合学科课堂教学基础知识，教育引领学生体悟友谊最重要的一些特质，理解友谊不是一成不变的，让学生对友谊的认识和体验越来越深刻。

　　师：三人的友谊经历了怎样的变化？

　　（从建立友谊到友谊破碎再到友谊失而复得。）

　　师：在这个过程中，你们感受到友谊有什么特质？

　　（三个性格迥异的人，居然戏剧性地建立了友谊，可见友谊可以超越物质条件、家庭背景、学习成绩等。三人友谊破碎而又失而复得，说明志同道合、志趣相投的友谊，更能够经得住时间的考验和风雨的洗礼，友谊是一种心灵的相遇。）

　　师：我们都被电影的结局所感动，面对共同的困境，当成东青纠结要不要给远在他乡的孟晓骏打电话时，孟晓骏、王阳已经默默地站在了他的办公室门前，可见，友谊是一种什么样的关系？

　　（友谊是一种亲密的关系。在友谊中，我们应像成东青、孟晓骏、王阳那样做到理解和支持、忠诚和信任、肯定和关心，共同面对困难和忧愁，共同分享快乐和成就。所以，友谊也是平等的、双向的。）

　　师：友谊是双方共同凝结的情感，必须共同维系，任何单方面的示好或背离都不能称为友谊。朋友之间是"君子之交淡如水"，还是"多个朋友多条路"，前者是超越功利的，后者是实用主义或功利主义的，就如马克思与恩格斯的友谊、伯牙与钟子期的友谊，是一种心灵的相遇，而不是现实条件的对等交换。老师倡导同学们建立志同道合、志趣相投的友谊。

> **知识归纳**
>
> 　　友谊是一种平等的、双向的亲密关系，是一种心灵的相遇。我们要建立志同道合、志趣相投的友谊。

　　【活动三】学生分享汇报合作学习成果：王阳说"不要跟最好的朋友合伙开公司"，你怎么看？

【设计意图】

　　通过辨析"不要跟最好的朋友合伙开公司"的观点，引发学生的理性思考，引导学生懂得如何正确处理友谊与原则、友谊与利益之间的关系，提升学生的辩证思维能力，让深度学习活动不断得到生动体现。

　　师：王阳说"不要跟最好的朋友合伙开公司"，你怎么看？

　　（和朋友一起合伙开公司的时候，可能会由于彼此意见不统一而抱怨指责对方，引起朋友之间的矛盾与冲突，导致友谊的淡化。）

　　师：友谊不是一成不变的，造成友谊改变的原因有很多，自身、对方、环境或其他方面的改变，都可能造成友谊逐渐淡化。你如何看待友谊的淡化？

　　（我会尝试用各种办法去努力挽回这段友谊。）

　　师：如果尽自己最大努力还是无法挽回，我们的态度应该是：接受一段友谊的淡化，开启新的友谊。

知识归纳

　　抱怨指责只会让曾经美好的友谊变成对彼此的伤害，尽最大的努力还无法挽回时，需要接受一段友谊的淡化，开始新的友谊。

　　【活动四】学生分享汇报合作学习成果：他们的友谊为什么能失而复得？

【设计意图】

　　在螺旋式上升的情境议题探究中达成本课的学习目标，学生通过对电影中三名主人公友谊失而复得原因的探析，澄清对友谊的很多误解，培养自我觉察、反思的能力，学会如何善待友谊。

　　师：他们的友谊为什么能失而复得？

　　（他们认识到竞争并不必然伤害友谊，关键是对待竞争的态度。）

　　师：友谊在竞争中有着不同的结局，有些友谊得到深化、升华，有些友谊离你远去，有些友谊坚不可摧，也有些人为了达到目的而不择手段利用朋友……怎样的态度使竞争不会伤害自己、伤害友谊？那就是坦然接受并欣赏朋友的成就。为了不伤害朋友、不伤害友谊，是否就可以不顾一切、忽视原则呢？

（不能没有原则。友谊需要信任和忠诚，但并不是不加分辨地为朋友做任何事情，当朋友误入歧途，不予规劝甚至是推波助澜，反而会伤害朋友、伤害友谊。）

师：有些人做事的原则是，如果是陌生人，按原则来；如果是朋友，怎么来都行。规矩和原则只是针对圈外人，但这不会让友谊之路真正走得长远。友谊要在坚持原则、坚持真理的基础上来维持。友谊重要，但友谊要有原则。

知识归纳

澄清友谊，友谊不是一成不变的，竞争并不必然伤害友谊，友谊不能没有原则。

◆ **课堂小结**

热血的青春，一生的友谊。《中国合伙人》的故事，让我们重新认识了友谊，感受到了友谊的力量和美好，懂得了要珍惜友谊，善待朋友。唯有超越功利的友谊，才会使心与心相遇，才能经受时间的考验和风雨的洗礼。期待同学们都能建立一段志同道合、志趣相投、真挚质朴的友谊。

◆ **知识整合** ··········

```
                                           ┌─────────────────────┐
                              ┌─────────────┤  交往范围和深度的变化  │
                   ┌──────────┤ 我的朋友圈    ├─────────────────────┤
                   │          │             │     对友谊的渴望      │
           ┌───────┤          └─────────────┴─────────────────────┘
           │和朋友在一起│                    ┌─────────────────────┐
           │       │          ┌─────────────┤  朋友对一个人的影响很大 │
           └───────┤          │             ├─────────────────────┤
                   └──────────┤ 友谊的力量    │  见证一起走过的成长历程 │
                              │             ├─────────────────────┤
  ┌──────────┐                └─────────────┤  丰富我们的生活经验，  │
  │友谊与成长同行│                             │  深刻体悟生命的美好   │
  └──────────┘                              └─────────────────────┘
                                           ┌─────────────────────┐
                              ┌─────────────┤  友谊是一种亲密的关系  │
                   ┌──────────┤ 友谊的特质    ├─────────────────────┤
                   │          │             │  友谊是平等的、双向的  │
           ┌───────┤          └─────────────┼─────────────────────┤
           │深深浅浅话友谊│                   │  友谊是一种心灵的相遇  │
           └───────┤          └─────────────┴─────────────────────┘
                   │          ┌─────────────┬─────────────────────┐
                   └──────────┤ 友谊的澄清    │  友谊不是一成不变的   │
                              │             ├─────────────────────┤
                              │             │  竞争并不必然伤害友谊  │
                              │             ├─────────────────────┤
                              └─────────────┤  友谊不能没有原则    │
                                           └─────────────────────┘
```

第五课　第一框　让友谊之树常青

◆ **课标依据**

课程内容	第四学段	生命安全与健康教育：能正确认识和处理自己与同学、朋友的关系。法治教育：辨别媒体中的不良信息，理解网络环境中如何保护未成年人隐私等合法权益。

摘自《义务教育道德与法治课程标准（2022年版）》

◆ **学情分析**

　　朋友和友谊是人生中永恒的话题。良好的交往能力和交往品质是学生发展的核心素养。初中生同伴关系越来越密切，同伴的影响越来越大，学会与同伴交往在他们生活中意义重大。

　　青少年时期，学生逐步离开父母的怀抱，更多地寻求同龄人的认同，建立真挚的友谊是他们的内心需要，对建立同伴间的亲密关系和友谊有强烈渴望。在朋友和友谊的问题上，学生能够说出自己有哪些朋友，但并不一定明了自己的人际状况，包括自己在他人人际圈中的位置；学生希望自己拥有好人缘，但并不一定懂得如何建立友谊；学生希望获得真正的、持久的友谊，但并不一定能够妥善地处理与朋友交往中遇到的问题，不一定懂得如何去呵护友谊。这些都要在具体的情境中学习和探索：学会理解、学会倾听、学会接纳、学会分担、学会批评、学会说"不"。

◆ **核心概念**

　　建立友谊，学会呵护友谊。

◆ **学习目标**

　　1. 懂得开放自己并付出行动去建立友谊。

　　2. 正确对待与朋友交往中遇到的问题，学会呵护友谊。

◆ 设计思路 ··········

```
                    ┌──────────────┐
                    │   一个情境    │
                    └──────┬───────┘
                    ┌──────┴───────────┐
                    │ 哪吒与敖丙的友谊故事 │
                    └──────┬───────────┘
                    ┌──────┴───────┐
                    │   三条主线    │
                    └──────┬───────┘
        ┌──────────────────┼──────────────────┐
   ┌────┴────┐        ┌────┴────┐        ┌────┴────┐
   │ 知识主线 │        │ 情境主线 │        │ 育人主线 │
   └─────────┘        └─────────┘        └─────────┘
```

知识主线	情境主线	育人主线
习得：相信建立友谊需要开放自己和持续的行动	初次相识	愿意开放自己并付出行动去建立友谊
拓展：知道友谊需要精心呵护，运用正确的方法处理交友中遇到的问题	惺惺相惜	懂得友谊需要精心呵护，正确对待与朋友交往中遇到的问题
	为友求情	
适应：表达对朋友的期盼，促进同伴间相互理解	合力联手	关心、尊重对方，学会处理同伴之间的冲突，把握好宽容的前提和尺度，让友谊之树常青

```
                    ┌──────────────┐
                    │   四个环节    │
                    └──────┬───────┘
     ┌──────────┬──────────┼──────────┬──────────┐
```

| 环节一 榜样故事 激发兴趣 | 环节二 观看视频 设置议题 | 环节三 小组合作 自主探究 | 环节四 师生分享 总结提升 |

　　根据七年级学生身心发展特点以及教学目标要求，用四个环节完成新课教学。环节一：榜样故事　激发兴趣——教师首先邀请学生回顾自己建立友谊的经过，在此基础上引出本框题的故事。环节二：观看视频　设置议题——播放电影《哪吒之魔童降世》的故事梗概，学生结合情境议题自主探究学习。环节三：小组合作　自主探究——学生看完视频后，以小组的形式进行讨论，自主、合作探究。环节四：师生分享　总结提升——学生分享，教师引导，生成本框题知识，实现本框题学习目标。

◆ **榜样故事** ·····················

惺惺相惜的神仙友谊

《哪吒之魔童降世》改编自中国神话故事，2019年暑期上映以来，打破多项国内外票房纪录，成为名副其实的"国漫之光"。影片讲述的是生而为魔的哪吒，不甘天命的束缚，最终逆天改命，成为英雄的故事。其中，哪吒和敖丙惺惺相惜的神仙友谊，让人深受触动。

哪吒是魔丸转世，他能力非凡，一出生便闯祸，惹下了不少事端，被陈塘关百姓当成妖怪，被父母关在家中，限制其自由。哪吒表现出顽劣的行为及不屑的态度只是想得到父母的陪伴，得到百姓的认可。外表冷漠乖张的哪吒，内心是落寞与孤独的。

敖丙是灵珠转世，一出生便肩负着龙族复仇振兴的重任，从小便认申公豹为师父，努力学习武艺，为的就是有朝一日能打败魔丸，为龙族扬眉吐气。作为海底异类的他遭到人们歧视，是个重情义但孤独的少年。魔丸和灵珠本为一体，即由混元球化炼而成，所以哪吒和敖丙注定相生相克。在海边初次相识时，两人为救一个小女孩而大打出手。相互结识后，他们一起在海边踢毽子，平时不善言辞的哪吒敞开心扉鼓起勇气对敖丙说"从小到大除了娘还是第一次有人陪我踢毽子"，而敖丙也将能召唤自己的海螺送给哪吒，"我们是朋友了，以后你想踢毽子随时找我"，两人惺惺相惜，成为对方的第一个朋友。

得知哪吒就是魔丸后，敖丙非常痛苦，在师父的期望和家族的利益之下，他要亲手杀掉自己唯一的朋友。但他还是于心不忍，当收到哪吒生日宴的邀请时，他只想为哪吒实现生日愿望。准备杀哪吒前，他还为哪吒的父母和太乙真人求情，只因他们是哪吒的至亲。哪吒和敖丙都是对方唯一的朋友，影片结尾两人联手将魔丸和灵珠的力量融为一体，迸发出了巨大的能量，抵抗了天劫咒，拯救了苍生，也解救了他们自己。

——摘编自电影《哪吒之魔童降世》

◈ 学习过程 ··················

环节一：榜样故事　激发兴趣

师： 上一课学习了友谊与成长同行，知到了友谊的力量、友谊的特质、友谊的澄清，怎样才能让友谊之树常青？首先说说你和你的朋友是如何成为好朋友的？

（我们住得近，天天一起回家；在球场上认识的；吵了一架之后；那次聊天，发现我们的经历很相似……）

师： 然而，与朋友同行的路，有时并不平坦。不管是结交朋友还是维护友谊，都会遇到各种困惑。比如，播下友谊的种子，一定会开花结果吗？友谊是需要精心呵护，还是任其自然生长？今天我们一起通过哪吒和敖丙的故事来澄清这些困惑。

展示材料，故事介绍：《哪吒之魔童降世》改编自中国神话故事，2019年暑期上映以来，打破多项国内外票房纪录，成为名副其实的"国漫之光"。影片讲述的是生而为魔的哪吒，不甘天命的束缚，最终逆天改命，成为英雄的故事。其中，哪吒和敖丙惺惺相惜的神仙友谊，让人深受触动。

【设计意图】

　　学生结合自身的经历谈交友的过程，让学生有话可说、有话想说，活跃课堂氛围，拉近课堂与学生间的距离，迅速高效地导入新课。电影故事更能提高学生学习和探究的兴趣，为后续课堂教学奠定基础。

环节二：观看视频　设置议题

师： 请同学们带着对以下情境议题的思考去观看电影《哪吒之魔童降世》的故事梗概，结合视频信息进行自主探究学习。

情境议题1：哪吒和敖丙分别有着怎样的性格特点？他们为何能建立起惺惺相惜的友谊？

情境议题2：他们是如何呵护这份友谊，并最终迸发出了巨大的能量，抵抗了天劫咒？

【设计意图】

议题要依靠情境来承载，情境要依托生活来呈现。将电影和现实生活联系起来，让课堂在生活中延伸，不但能使理论观点易于理解，还能让教学效果得以提高。本环节设计的视频情境，旨在结合具象化的情境内容，设计思维含量逐渐提高的情境议题，搭建学习的阶梯，激发学习兴趣，帮助学生提高社会认知水平。

环节三：小组合作　自主探究

学生分小组对两个情境议题进行讨论，自主、合作探究，配背景音乐，教师巡堂，适当指点。

【设计意图】

观看视频之后，基于结构化情境议题，小组合作讨论，自主探究，有利于培养学生的团结合作意识，提高其语言表达能力、理性思考能力，以及发现问题、分析问题和解决问题的能力。

环节四：师生分享　总结提升

【活动一】学生分享汇报合作学习成果：哪吒和敖丙分别有着怎样的性格特点？他们为何能建立起惺惺相惜的神仙友谊？

【设计意图】

通过回顾电影中哪吒和敖丙建立友谊的相关情节，一方面有利于加深对知识的理解，帮助学生开放自己并付出行动去建立友谊，提升逻辑思维能力；另一方面有利于提升学生自主学习的能力和素养。

师： 哪吒和敖丙分别有着怎样的性格特点？

（哪吒是魔丸转世，性格孤僻、冷漠、叛逆、憋屈、玩世不恭，时不时就要跑出门大闹陈塘关百姓，让大家都不得安生。但玩世不恭的外表下，哪吒有着一颗做英雄的心，他比谁都孤独，比谁都渴望认同。敖丙是灵珠转世，身形飘逸，举止儒雅，一副翩翩美少年形象，作为海底异类的他遭到人们歧视，是个重情义但孤独的少年。但是后来在哪吒的影响下，最终学会敢于做自己、不认命，并与哪吒联手抵抗命运，成为对方"唯一的朋友"。）

　　师：两个孤独的少年是怎样建立起惺惺相惜的神仙友谊的?

　　（在海边初次相识时，两人为救一个小女孩而大打出手。相互结识后，他们一起在海边踢毽子，平时不善言辞的哪吒敞开心扉鼓起勇气对敖丙说"从小到大除了娘还是第一次有人陪我踢毽子"。所以，建立友谊首先需要开放自己，敞开心扉，主动表达。敖丙将能召唤自己的海螺送给哪吒，说"我们是朋友了，以后你想踢毽子随时找我"。所以，建立友谊还需要持续的行动。）

　　师：友谊是平等的、双向的。友谊的建立需要主动、开放的心态。只有自己敞开心扉，才有可能获得友谊。友谊的建立也需要持续的行动，只要真诚待人，我们就有机会找到朋友。

　　知识归纳

　　　　建立友谊，需要开放自己，敞开心扉，主动表达；建立友谊，需要持续的行动。

　　【活动二】学生分享汇报合作学习成果：两个惺惺相惜的好朋友要自相残杀，他们是如何去呵护这份友谊，并最终迸发出了巨大的能量，抵抗了天劫咒，解救了苍生，也解救了他们自己的?

　　【设计意图】

　　　　基于这一情境议题的探讨，引导学生体会友谊建立之后需要精心呵护，要学会付出，懂得正确对待与朋友交往中遇到的问题。在回顾电影中哪吒和敖丙呵护友谊的相关情节中实现情感态度与价值观的自我教育，实现深度学习。

　　师：哪吒和敖丙在建立友谊之后，他们是如何去呵护这份友谊的?

　　（电影中，敖丙在师父的期望和家族的利益之下，别无选择，只能亲手杀掉自己唯一的朋友。但他还是不忍心，收到哪吒生日宴的邀请时，他只想为哪吒实现生日愿望。准备杀哪吒前，他还为哪吒的父母和太乙真人求情，只因他们是哪吒的至亲。可见，敖丙作为哪吒的唯一朋友，他做到了用心关怀对方、尊重对方。）

师：哪吒也一样用心关怀和尊重敖丙。影片中讲述他们两人用心去呵护这份友谊的还有一处感人的画面，是哪一处？

（就是在冰火中，哪吒身影如电，手执火尖枪，冲着被混天绫束缚的敖丙猛刺而来，但最终停留在敖丙的眼睛前，火尖枪再也没有挪动半分。从中我感受到，因为敖丙是哪吒唯一的朋友，哪吒的长枪又怎么能刺伤自己的朋友呢。面对依旧为自己出身妖兽困惑不已的敖丙，哪吒抓着敖丙的衣服说出一句父亲说过的话："你是谁只有你自己说了算。若命运不公，那就和它斗到底。"可见，虽然敖丙做出过伤害哪吒的事，但哪吒最终还是选择了宽容，理智地处理与敖丙之间的矛盾和冲突，正确对待在交友中受到的伤害。）

师：正是哪吒和敖丙精心呵护彼此的友谊，投入时间，用心付出，正确处理了交往中遇到的各种问题，两人的了解加深、认识加深、情谊加深，并在影片结尾两人联手将魔丸和灵珠的力量融为一体，迸发出了巨大的能量，抵抗了天劫咒，解救了苍生，也解救了他们自己。

知识归纳

呵护友谊需要用心去关怀对方；需要学会尊重对方；需要学会正确处理冲突；需要学会正确对待交友中受到的伤害。

◆ **课堂小结** ·············

和朋友交往并不是一件容易的事情。建立友谊时，要有主动的心态，开放自我；建立友谊后，要用心呵护友谊，学会理解、倾听、接纳，学会处理交友方面的冲突和伤害。

◆ **知识整合** ·······

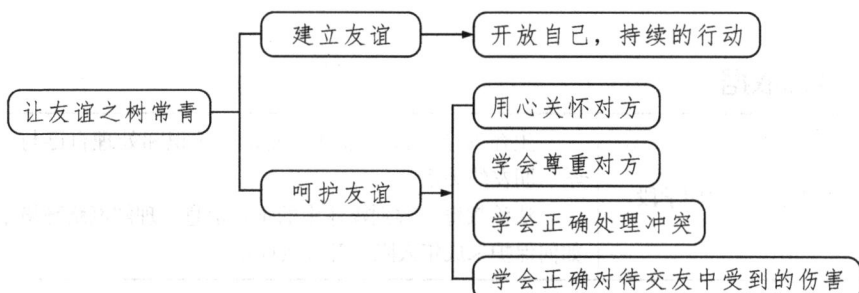

第五课　第二框　网上交友新时空

◈ **课标依据** ⋯⋯⋯⋯⋯⋯⋯⋯⋯⋯

课程内容	第四学段	生命安全与健康教育：能正确认识和处理自己与同学、朋友的关系。 法治教育：辨别媒体中的不良信息，理解网络环境中如何保护未成年人隐私等合法权益。

摘自《义务教育道德与法治课程标准（2022年版）》

◈ **学情分析** ⋯⋯⋯⋯⋯⋯⋯⋯⋯

　　随着互联网的发展与普及，网上交友已经成为常态。有些中学生沉迷于网上交友，热衷于与网友见面、交往甚至网恋。他们往往在现实中或缺少关爱，或缺少朋友，或缺少成就感。现实生活对于他们而言是失意或失败的，是痛苦或烦恼的，于是他们到网上寻找寄托和安慰。学生需要学会辩证认识网上交友给自己带来的影响，并能够用慎重的态度对待虚拟世界的交往。

◈ **核心概念** ⋯⋯⋯⋯⋯⋯⋯⋯⋯

　　慎重结交网友。

◈ **学习目标** ⋯⋯⋯⋯⋯⋯⋯⋯⋯

　　1. 辩证认识网上交友的利与弊。

　　2. 懂得如何慎重结交网友，学会在现实世界中与同伴交往。

◆ 设计思路 ⋯⋯⋯⋯⋯⋯⋯⋯⋯⋯⋯⋯⋯⋯

```
                        ┌──────────┐
                        │  一个情境  │
                        └──────────┘
                   ┌───────────────────┐
                   │ 网上交友被骗89万元 │
                   └───────────────────┘
                        ┌──────────┐
                        │  三条主线  │
                        └──────────┘
        ┌────────────────┼────────────────┐
   ┌─────────┐      ┌─────────┐       ┌─────────┐
   │ 知识主线 │      │ 情境主线 │       │ 育人主线 │
   └─────────┘      └─────────┘       └─────────┘
```

知识主线	情境主线	育人主线
习得：举例说明网上交友的利与弊	因"网"结缘	体会网络的美好，享受网上交友的乐趣
拓展：辨析网上交友带来的影响，学会运用互联网结交朋友	掉入圈套	慎重对待虚拟世界中的交友，不沉迷于虚拟世界
适应：不沉迷于虚拟世界，学会在现实世界中与同伴交往	上当受骗	学会在现实世界中与同伴交往

```
                        ┌──────────┐
                        │  四个环节  │
                        └──────────┘
```

环节一 新闻案例　激发兴趣	环节二 观看视频　设置议题	环节三 小组合作　自主探究	环节四 师生分享　总结提升

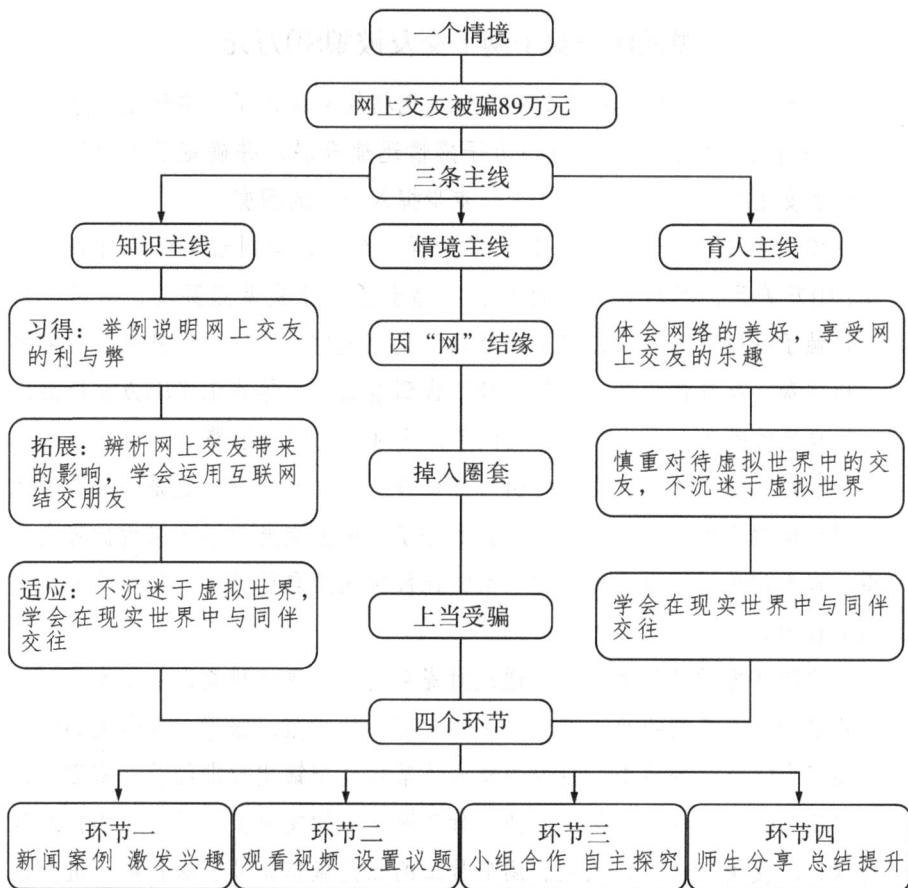

　　根据七年级学生身心发展特点以及教学目标要求，用四个环节完成新课教学。环节一：新闻案例　激发兴趣——教师首先邀请学生分享自己对网上交友的认识，在此基础上引出本框题的新闻案例。环节二：观看视频　设置议题——播放新闻案例《黑龙江一女子网上交友被骗89万元》，学生结合情境议题自主探究学习。环节三：小组合作　自主探究——学生看完视频后，以小组的形式进行讨论，自主、合作探究。环节四：师生分享　总结提升——学生分享，教师引导，生成本框题知识，实现本框题学习目标。

◆ 新闻案例 ·······················

黑龙江一女子网上交友被骗89万元

2020年1月，黑龙江的罗女士通过短视频软件认识了一名陌生男子。短短的一个月时间内，罗女士与该男子感情迅速升温，并确定了男女朋友关系。但罗女士万万没想到，自己正一步步掉入骗子的圈套。

受害人罗女士：我在网上认识了这样一个人，当时说要给我邮寄（汇款）270万美元，然后说要来这和我一起生活，让我做点买卖，买房子啥的。接触了一段时间以后，感情还可以，我也挺信任他的。他就以各种海关税、检查费、反洗钱税名义让我陆续汇钱到他账户。等我汇了89万元以后，我发现自己被骗了，再也联系不上他了，这时候我就报了警。

鸡西市公安局立即成立专案组展开调查。经初步研判，这是一起典型的电信网络诈骗案件。据民警介绍，犯罪分子以网上交友为幌子接近被害人，取得被害人信任后，再编造各种理由，让被害人给自己转账，从而达到骗取钱财的目的。

警方随即冻结了涉案账户，通过对资金链、信息流排查，警方发现，一个开户名为薄某芳的银行卡多次收到过受害人的转账，银行卡开卡地和取款地均在辽宁锦州。经调查，犯罪嫌疑人关某在辽宁锦州长期经营一家酒吧，并从事小额贷款业务。关某除了使用母亲薄某芳的支付宝、微信、手机号和银行卡，还使用其父亲、叔叔、酒吧员工的相关微信账号、银行账户进行诈骗活动。

警方经过侦查确定，该犯罪团伙共有15人，从寻找被骗目标到取得被害人信任，最后转账洗钱。他们以经营酒吧、小额贷款为掩护，进行诈骗。2020年6月，警方对该团伙成员所在的沈阳、锦州两地的场所展开收网行动，当场缴获银行卡114张、手机33部、现金10万余元。犯罪嫌疑人在翔实的证据面前，对犯罪事实供认不讳。经查，以关某为核心的犯罪团伙实施诈骗案件100余起，涉及全国16个省市，涉案金额超1000万元。

——摘编自央视新闻客户端《黑龙江一女子网上交友被骗89万元》

◆ 学习过程 ·····················

环节一：新闻案例 激发兴趣

师：通过对上一节课的学习，我们知到建立友谊时，要有主动的心态，开放自我；建立友谊后，要用心呵护友谊，学会理解、倾听、接纳，学会处理交友方面的冲突和伤害。随着互联网的发展与普及，网上交友已经成为常态。同学们对于网上交友有怎样的认识与感受？

（网上交友对于正处于青春期的学生来说，充满了好奇与吸引力。然而有些中学生沉迷于网上交友，热衷于与网友见面、交往甚至网恋，他们往往在现实中或缺少关爱，或缺少朋友，或缺少成就感。现实生活对他们而言是失意或失败的，是痛苦或烦恼的，于是他们到网络上寻找寄托和慰藉。）

师：那是否就意味着我们可以不用与现实生活中的朋友交往？作为中学生应怎样辨别网上交友中的真真假假、是是非非？……今天我们用一个真实的新闻案例来澄清这些困惑。

展示材料，故事介绍：2020年1月，黑龙江的罗女士通过短视频软件认识了一名男子。短短的一个月时间内，罗女士与该男子感情迅速升温，并确定了男女朋友关系。但罗女士万万没想到，自己正一步步掉入骗子的圈套。

【设计意图】

　　　学生结合自身的经历谈交友的过程，让学生有话可说、有话想说，活跃课堂氛围，拉近课堂与学生的距离，迅速高效地导入新课。真实的新闻案例更能提高学生学习和探究的兴趣，为后续课堂教学奠定基础。

环节二：观看视频 设置议题

师：请同学们带着对以下情境议题的思考去观看新闻案例《黑龙江一女子网上交友被骗89万元》，结合视频信息进行自主探究学习。

情境议题1：请结合案例和个人生活经验，运用所学知识比较网上交友和现实交友的差异。

情境议题2：罗女士的经历对中学生如何结交网友带来了什么启示？

【设计意图】

　　议题要依靠情境来承载，情境要依托生活来呈现。将真实生活案例融入课堂，让课堂在生活中延伸，不但能使理论观点易于理解，还能让教学效果得以提高。本环节设计的视频情境，旨在结合具象化的情境内容，设计思维含量逐渐提高的情境议题，搭建学习的阶梯，激发学习兴趣，帮助学生提高社会认知水平。

环节三：小组合作　自主探究

　　学生分小组对两个情境议题进行讨论，自主、合作探究，配背景音乐，教师巡堂，适当指点。

【设计意图】

　　观看视频之后，基于结构化情境议题，小组合作讨论，自主探究，有利于培养学生的团结合作意识，提高其语言表达能力、理性思考能力，以及发现问题、分析问题和解决问题的能力。

环节四：师生分享　总结提升

　　【活动一】学生分享汇报合作学习成果：请结合案例和个人生活经验，运用所学知识比较网上交友和现实交友的差异。

【设计意图】

　　结合生活中真实的网上交友新闻案例，引入网上交友和现实交友的差异对比，通过学生结合个人生活经验和所学知识，澄清网上交友的特点以及带来的影响，引导学生有理有据、条分缕析地剖析观点，培养理性的高阶思维，涵养科学精神。

　　师：今天的我们生活在互联网时代，可以打破时空的界限，和不同地区的人交友联系，但也容易上当受骗。请结合个人生活经验和所学知识，比较网上交友和现实交友的差异。

　　（首先，从交往的形式和共同活动的内容来看，现实交友比网上交友形式更多样、更丰富。其次，从交往持续的时间和亲密程度来看，现实交友比网上交友持续的时间更长久、更亲密，在网络中我们建立的友谊不稳定，彼此不信任、疏离，有些人戴着面具，伪装自己，如罗女士就是被不法分子欺骗而导致合法权益受损。再者，在我们需要朋友帮忙的时候，现实中的朋友能给予更多的帮助，而网络中的朋友即使想帮忙，也可能因为距离太远而无法给予有效的帮助。）

师：如此看来，网上交友与现实交友相比确实有很多的不足，有同学能说说网上交友的优势吗？

（从沟通方面来看，互联网为交往提供了一个平台，跨越了时空的界限，开辟了人际交往的新通道，拓展了交往的范围，开启了通往世界的又一个窗口；从在一起的放松程度来看，网上交友比现实交友更加放松，感到更自主、平等，所以有心事的时候会更加倾向于向网络朋友倾诉，通过一个表情就可以表达很多的意思，让对方明白。）

师：因此，我们要辩证地看待网上交友给我们生活带来的影响，既要看到网上交友对我们生活的积极影响，也要看到网上交友对我们生活的消极影响。

知识归纳

互联网为我们提供了一个平台。网上交友具有虚拟、平等、自主等特点，它超越了时空限制，开辟了人际交往的新通道，让我们有更多机会结交新的伙伴，拓展交往圈。互联网开启了通往世界的又一个窗口，可以满足我们的一些心理需要。网络有时关闭了与他人沟通的心灵之门，虚拟世界的交往带有很多不确定的因素，难以触摸到生活中的真实。

【活动二】学生分享汇报合作学习成果：罗女士的经历对中学生如何结交网友带来了什么启示？

【设计意图】

用真实的新闻案例创设情境议题，吸引学生甄别探讨、深度学习，引导学生思维漫溯，既让学生产生新鲜感，又激发其学习兴趣，形成对如何慎重结交网友的通透认识，从而回应新课标要求，培养法治意识。

师：罗女士的经历告诉我们，虚拟空间的交往并不能完全满足我们的情感需要，还会被不法分子利用而上当受骗。这给我们中学生如何结交网友带来了什么启示？

（罗女士通过网络社交软件结交朋友，并一步步掉入骗子的圈套，告诉我们网上交友需要学会理性辨别、慎重选择。犯罪分子以网上交友为幌子接近罗女士，取得罗女士信任后，再编造各种理由，让罗女士给自己转账，从而达到骗取钱财的目的，这启示我们在虚拟世界交往中，要有自我保护意识，对个人信息要注意保密，将网友转变为现实中的朋友时，需要慎重，需要提高安全意识和自我保护能力。罗女士发现自己被骗，再也联系不上对方时立刻报警处理，警方将犯罪分子缉拿归案，从而维护了受害人的合法权益，这告诉我们在网上交友时要遵守法律、法规，不要做违法犯罪的事情，遇到合法权益受侵害时，也要依法维护自身合法权益。）

师：总的来说，从罗女士的案件中，我们应该认识到不管互联网生活多么精彩，我们都不能只停留在网上交友，不能沉迷虚拟世界，要学会在现实中与同伴交往。

> **知识归纳**
>
> 网上交友，需要学会理性辨别、慎重选择；要具有一定的自我保护意识；将网上的朋友转化为现实中的朋友时需要慎重。在网上交往过程中，我们要遵守法律、法规；要学会在现实中与同伴交往，增加真实而贴近的感受，为友谊奠定可靠的基础。

◆ **课堂小结**

随着互联网的发展与普及，网上交友已经成为中学生生活的常态。我们需要学会辩证认识网上交友给自己带来的影响，用慎重的态度对待虚拟世界的交往，回归现实交往。

◆ **知识整合** ·····················

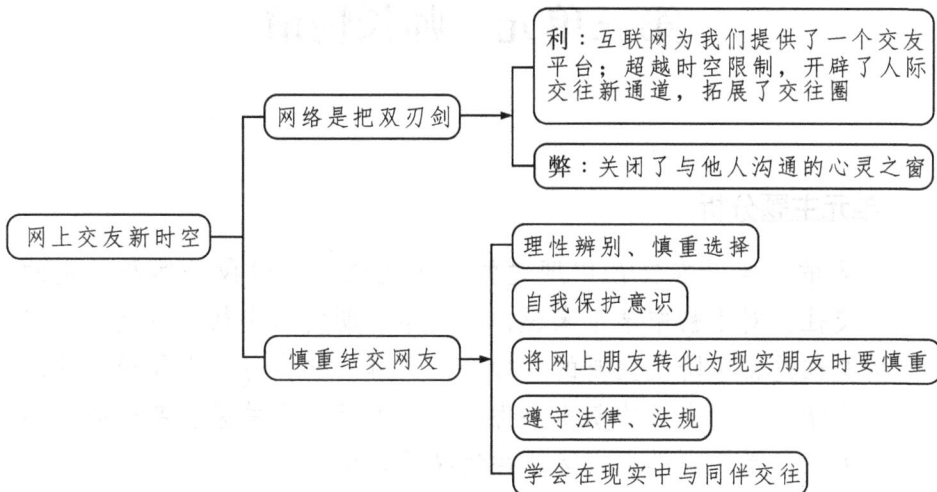

第三单元　师长情谊

☀ 单元主题分析

　　人的一生是在交往中度过的，人生的不同阶段必然与一定的人群交往。对于初中学生来说，与同学、朋友的交往，与老师、父母的交往是初中阶段主要的人际交往内容。学会与他人积极交往，是初中学生健康成长的基本条件。正确处理师生关系、亲子关系和家庭关系，是初中学生人际交往的拓展与延伸。

☀ 单元大目标

　　本单元基于初中学生自我意识增强、思维能力发展的特点，着力处理青春期的独立性与依赖性的矛盾，帮助学生深入认识和理解自己的老师和父母，了解现代教师的职业特点和现代家庭的特点，带领学生学习和践行尊师重教、孝亲敬长的社会道德规范。同时，通过不同观念的碰撞、澄清，不同生活经验的展示、分享来引导学生内在地生长出道德的力量，自觉主动地与师长建立和谐的关系，主动参与创造美好道德的生活。

☀ 单元大概念

　　构建良好师生关系，孝亲敬长，共筑美德之家。

第六课　师生之间

◆ **课标依据** ·················

课程目标	第四学段目标	道德修养：尊重师长。

选自《义务教育道德与法治课程标准（2022年版）》

◆ **学情分析** ·················

　　师生关系是初中学生成长过程中需要处理的重要关系之一，对培养学生的人际交往能力和促进其健康成长具有重要意义。在现实生活中，一方面，学生具有向师性；另一方面，随着年龄的增长、自我意识和独立意识的增强、获取信息的多元化，学生会对老师的权威性产生怀疑。由于老师和学生的角色差异，师生之间可能产生矛盾和冲突。有些学生不能正确理解老师，不善于与老师进行有效的沟通与交流，不善于用积极的方式增进与老师的感情，不能正确对待老师的表扬和批评，甚至讨厌老师、讨厌学习。正确认识教师职业的特殊性、专业性，承认并积极接纳不同风格的老师，建立民主、平等、合作的新型师生关系，成为新时代学生的需求。因此，要引导学生理解老师、体谅老师、尊敬老师，从而达成师生和谐、亦师亦友的亲密关系，落实以人为本的理念。

◆ **核心概念** ·················

　　建立良好师生关系。

◆ **学习目标** ·················

　　1. 理解教师职业的特点，概述并认可教师在我们成长中的重要作用。

　　2. 学会接纳不同风格的老师。

　　3. 掌握与老师进行有效沟通的方法与技巧，建立和谐师生关系。

4. 在感悟体验中培养尊重老师、热爱老师的情感，主动关心老师、理解老师。

◆ 设计思路 ·····················

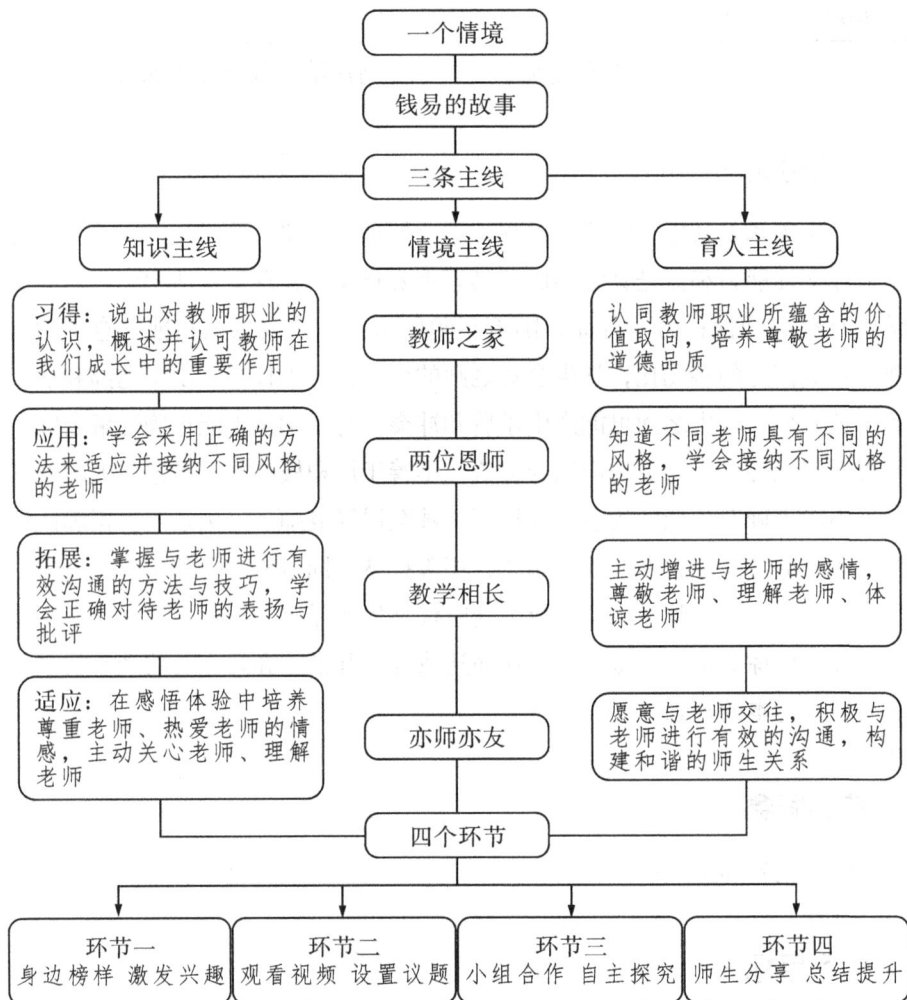

根据七年级学生身心发展特点以及教学目标要求，用四个环节完成新课教学。环节一：身边榜样 激发兴趣——教师首先邀请学生分享自己与老师的故事，在此基础上引出本课榜样人物钱易。环节二：观看视频 设置议题——播放《开讲啦》中钱易教授的演讲视频，学生结合情境议题自主探究学习。环节三：小组合作 自主探究——学生看完视频后，以小组的形式进行讨论，自主、合作探究。环节四：师生分享 总结提升——学生分享，教师引导，生成本课知识，实现本课学习目标。

◆ **榜样故事** ....

钱易：世界上最幸福的职业是教师

我大学毕业是1956年，然后读研究生，1957年就开始参加一些工作，到2017年应该是六十周年，还不敢说从教六十周年，因为我真正站上讲台讲课是1959年。那么，回想我近六十年的教学生涯，我要跟大家交流的主题，就是我非常非常热爱教师这个事业，我认为这个事业是社会不可缺少的。

我当教师是受到家庭的很大影响，或者说是家风的传承。我的父母是教师，两个叔父是教师，两个姨妈是教师，两个舅舅是教师，我出生在一个教师之家。我和我的三个哥哥、一个妹妹，我们五个人也都是教师，有大学教师，有中学教师，有小学教师，我们五个人找的配偶也都是教师。我印象特别深刻的是我的母亲，她是一个小学教师，当时她白天在学校里上课，晚上就做家庭教师。我觉得我妈妈那么被人喜欢，那么被人需要，是因为教师这个职业是非常非常受人欢迎、被人需要的。所以我也想做一名教师。

我一直记得老师对我的教诲，对我的影响。我大学上的是上海同济大学，毕业那年，同济大学选择了一些成绩比较优秀的学生来参加国家考试。清华大学的陶葆楷老先生是答辩委员会的主任委员，就是我后来的导师，应该说是我一生的一位恩师吧。当时他对我的印象比较好，一个好印象是我说的普通话比较好，当时上海的大学生，很多不大会说普通话；另一个好印象就是我有点初生牛犊不怕虎，回答问题时不慌不忙。所以，他在我答辩完了之后，就和我的另外一位恩师，即同济大学的胡家骏老师商量。这位先生现在九十九岁，还健在。陶先生跟胡先生说："我今年要招一个研究生，你动员这个女孩子来考我的研究生，她不错。"

胡先生就马上来动员我，胡先生跟我说了三句话，就把我原来已经作好的决定给改变了。第一句话，我要告诉你，陶先生是我们给水排水这个学界成就最高、学问最好的一个老师；第二句话，你如果能够考上陶先生的研究生，这是你这一生中的一个重要机遇；第三句话，这次陶先生招一个研究生，肯定有很多人要去报名，你能不能争取考上还是问题，这是对你的一个挑战。所以，听了胡先生的这些话，你说我心不心动？我就完全被他打动了，想去争取这个最好的机遇，也想去迎接这个严峻的挑战。我当时年轻，还是有点好胜心嘛，我想我应该试试这个，所以最终下定决心。因此，我一直说这两位先生，是决定我一生命运的恩师。

我到了北京，胡先生还不断地关心着我，我曾经收到过他的来信。那是（20世纪）80年代，我已经参加了一些社会活动，胡先生知道后，就给我写了一封长达两页的信，他说："听说你现在参加了很多社会活动，你还有没有时间做研究，你在教学上有没有受到影响？""在我们这个行业里，在这个专业里，有一个好学生成为一个人才也不容易，你千万不要把你的精力太分散了。"我收到那封信实在是太感动了，我想他远在千里之外，却还在关心着我在干什么，还在指引着我，而且他的提醒很重要。后来，我也给他写了一封两页的回信，跟他详细地汇报了我现在在干什么，我说我有三个研究的课题：第一个课题是环保；第二个课题是教育，就是学校该怎么做好教育；第三个课题是妇女。我一直对自己有两个原则：一个原则就是我不能不说话，不能光听别人说什么；第二个原则更重要，就是我不懂的事情，我不说意见。我还给胡先生汇报我现在在做什么科研，在上哪些课，我一天的时间大体上是如何分配的。我觉得写了回信以后，自己稍微得到一点儿安慰，但是还有点儿忐忑，我不知道胡先生接不接受我这样的说明。最后，胡先生又给我回信了，他说："我放心了，你那些工作也是有意义的。我们做这个工作，没有社会的支持，没有政策的支持，也是不行的……"胡先生对我的关心和指导让我铭记一辈子。

关于陶先生的故事当然更多。陶先生指导我怎么写论文、怎么收集资料，他还有一个特殊的教学方法，就是每次开会，陶先生一定要带我去。大家可以设想，一个刚二十岁出头的年轻人，出现在这个行当里专家云集的会议上，我根本没有机会说话，我也说不出什么话来。但是，我学到了很多知识，认识了很多人。后来，我才觉悟到，陶先生是用这种方式来教育年轻人。和陶先生开完会一起回去的路上，他会问我意见，会听我说我的想法是怎么样的，然后再跟我讲他的想法是怎么样的。所以，这种教育方式，我觉得对我来说，实在是起了很大的作用，收获了很多很多。

——摘编自《开讲啦》钱易：世界上最幸福的职业是教师

◆ 学习过程 ⋯⋯⋯⋯⋯⋯

环节一：身边榜样 激发兴趣

师：老师是我们学习的指导者和成长的引路人。古人云："安其学而亲其师。"很多成年人回忆青春往事，常常把与老师共处的校园生活看成一生中一段美好的经历。我们经常与老师在一起，我们了解他们吗？我们能愉快地与老师相处吗？同学们能分享一下自己与老师的故事吗？

（学生畅所欲言，回答略。）

师：师生关系是初中学生成长过程中需要处理的重要关系之一，对培养学生的人际交往能力和促进其健康成长具有重要意义。今天我们一起走近清华大学环境学院钱易教授，一起来听听她与老师的故事，看看一段和谐的师生关系对于她的人生发展有什么样的积极意义。

展示材料，人物介绍：钱易，中国工程院院士、清华大学环境学院教授。从青丝到白发，她是几代清华人的记忆，如今已经80多岁高龄，却仍然躬耕于三尺讲台，她身材瘦小，却被尊称为"大先生"。提到钱易，很多人都会想到这句话——"一门三院士，全家皆教师"，正是家风的传承，让钱易爱上教师这个职业。

【设计意图】

从学生熟悉的话题出发，充分发挥学生的主体作用，拉近与学生的距离，调动学生参与课堂学习的热情和积极性。选择钱易教授具体、真实、可感的故事，更能激发学生的情感共鸣，快速高效地导入新课。

环节二：观看视频　设置议题

师：请同学们带着以下情境议题去观看《开讲啦》中钱易教授的演讲视频，结合视频信息进行自主探究学习。

情境议题1：钱易教授说："我非常非常热爱教师这个事业，我认为这个事业是社会不可缺少的。"请概括教师的职业特点和责任使命有哪些。

情境议题2：在钱易教授不同的人生阶段，对她影响较大的有哪些老师？这些老师对她产生了什么样的影响？

情境议题3：钱易教授与胡先生和陶先生的师生情谊给我们带来了怎样的启发？

【设计意图】

将《开讲啦》钱易教授演讲视频引入思政课堂，既能丰富学生的视野，又能激发学生探究学习的兴趣，增强思政课的生动性和实效性。

环节三：小组合作　自主探究

学生分小组对三个情境议题进行讨论，自主、合作探究，配背景音乐，教师巡堂，适当指点。

【设计意图】

观看视频之后，基于结构化情境议题，小组合作讨论，自主探究，有利于培养学生的团结合作意识，提高其语言表达能力、理性思考能力，以及发现问题、分析问题和解决问题的能力。

环节四：师生分享　总结提升

【活动一】学生分享汇报合作学习成果：钱易教授说"我非常非常热爱

教师这个事业，我认为这个事业是社会不可缺少的"，请结合钱易教授的演讲总结出教师的职业特点和责任使命有哪些。

【设计意图】

　　通过钱易教授富有感染力的演讲，让学生从感性维度认识教师的职业特点和责任使命，在师生互动、生生互动中认同教师职业所蕴含的价值取向，培养尊敬教师的道德品质。

　　（从原始社会的口耳相传到奴隶社会教师成为一种独立的社会职业，再到现代社会教师队伍不断壮大，教师作为一种职业经历了几千年的历史变迁，可见其存在的合理性和发展的重要性。比如我国春秋时期思想家、教育家孔子和近现代教育家陶行知的教育思想，对后世产生了深远的影响。可见教师作为一种古老的职业，是人类文明的主要传承者，对人类社会的文明进步作出了伟大的贡献。正如钱易教授说教师这个事业是社会不可缺少的。）

　　师： 除传承人类文明外，教师的"不可缺少"还体现在哪些方面？

　　（教师作为教育教学的专业人员，还承担着教书育人的重要使命，所谓"师者，所以传道受业解惑也"。传道、授业、解惑三者缺一不可，只有这样才能培养出好学生。）

　　师： 教师是履行教育教学职责的专业人员，到现代社会已经发展为一种专门的职业。我国教师法明确规定："教师是履行教育教学职责的专业人员，承担教书育人，培养社会主义事业建设者和接班人、提高民族素质的使命。教师应当忠诚于人民的教育事业。"这就为促进教师的专业化发展提供了法律依据。随着时代的发展，社会对教师提出了更高的要求。同学们认为，在信息化的社会里，教师还应当具备哪些品质才能更好地适应时代发展？

　　（韩愈在《师说》中写道"是故弟子不必不如师，师不必贤于弟子，闻道有先后，术业有专攻，如是而已"。因此，我认为教师应该放下高高在上的架子，走近学生，多与学生一起讨论交流，主动倾听学生的观点，这样有利于教师从学生那里获得启发，提高教育教学水平，拉近与学生的心灵距离，促进师生共同成长。同时，教师的言行举止对学生有很大的影响，尤其是在价值取向多元化的今天，教师更应该自觉加强道德理论学习，坚定理想信念，爱岗敬业，经得起艰难险阻的考验，淡泊名利，有较强的事业心和责任感，努力成为学生的楷模。）

师：习近平曾说："一个人遇到好老师是人生的幸运，一个学校拥有好老师是学校的光荣，一个民族源源不断涌现出一批又一批好老师则是民族的希望。"今天的你们就是未来实现中华民族伟大复兴中国梦的主力军，我们广大教师就是打造这支中华民族"梦之队"的筑梦人。因此，习近平总书记说："作为新时代的人民教师，要努力成为有理想信念、有道德情操、有扎实学识、有仁爱之心的好老师。"好老师不是天生的，而是在教学管理实践中、在教育改革发展中锻炼成长起来的。老师一直都在努力成为符合党和人民要求、学生喜欢和敬佩的好老师，希望你们在以后的学习中都能遇到好老师。

知识归纳

> 教师是人类文明的主要传承者之一，是履行教育教学职责的专业人员，承担着教书育人的使命。时代发展对教师提出了更高的要求，要努力成为有理想信念、有道德情操、有扎实学识、有仁爱之心的好教师。

【活动二】学生分享汇报合作学习成果：在钱易教授不同的人生阶段，对她影响较大的有哪些老师？这些老师对她产生了什么样的影响？

【设计意图】

> 围绕教学内容，设置以问题为导向的学习任务，旨在引导学生承认并接纳不同风格的老师，学会采用正确方法适应不同风格的老师，有利于学生加深对知识的理解，有利于学生深刻认识师生交往的意义，引导学生学会与老师进行交流与沟通，学会正确对待老师的表扬与批评，促进师生共同进步。

师：在钱易教授不同的人生阶段，对她影响较大的有哪些老师？

（钱易教授出生在一个教师之家，她当老师受到家庭很大的影响，或者说是家风的传承。她的父亲、母亲、两个叔父、两个姨妈、两个舅舅都是教师，到她这一辈兄弟姐妹，五个人都是教师。其中，母亲对她的影响最大。到后来她又遇到了两位恩师——胡家骏先生和陶葆楷先生，他们都对她有较大的影响。）

师： 母亲、胡先生、陶先生分别有怎样的特点，具体对钱易教授产生了什么样的影响？

（钱易教授的母亲是充满大爱、无私奉献的好老师。钱易教授自小时候起就立志要成为一名像妈妈一样的老师，她始终认为自己有义务、有责任去培养年轻人，并努力去做。胡先生让她下定决心去考陶先生的研究生，胡先生远在千里之外，还在关心着她在干什么，而且还指引着她，提醒着她，鼓励她去迎接严峻的挑战。陶先生是钱易教授的导师，除了指导她怎么写论文，怎么收集资料，还以很特殊的方式来教导她，陶先生每次开会，都一定会带上她，然后在一起回去的路上，他会问她的意见和想法，再跟她讲自己的想法，这种教学方式，对她来说实在是起了很大的作用，让她收获了很多。）

师： 由此我们可以看出，不同的老师有不同的风格，我们要承认老师之间的差异，接纳每位老师的不同，学会尊重不同风格的老师。从上述分析中，我们还可以概述出师生交往有什么意义？

（对于学生而言，每位老师身上都有我们值得学习的地方。老师是我们学习的倾听者、合作者，也是我们学习的引领者和指导者，正如胡先生和陶先生一样，一直在指导和引领着钱易教授不断成长、不断进步。对老师而言，师生之间的交往可以使师生在互动交流中增进彼此之间的情感交流，老师也可以从学生分享的学习感受和学习成果中获得启发。所以，教学过程是教与学的交往互动的过程，是师生彼此之间相互交流、相互沟通、相互启发、相互补充的过程。）

师： 这就是所谓的"教学相长"，那怎样才能更好地促进教学相长呢？

（面对老师的引领和指导，学生要主动参与、勤学好问，要真诚、恰当地向老师表达自己的观点和见解。同时，要正确对待老师的表扬与批评，对于表扬，我们要不骄傲、不自满，再接再厉，更上一层楼；面对批评，我们也要理解老师的良好愿望和良苦用心，关注老师批评的内容和要求，乐于接受，有则改之，无则加勉。）

师： 正确对待老师的表扬与批评，是学生成长的重要内容。当被老师误解时，我们又应该怎么办？是与老师据理力争，要求老师道歉，还是选择宽容、体谅老师？

（我会在合适的时机，以善意的态度、恰当的方式跟老师解释事情的原委，主动维系良好的师生关系。）

师： 学生要正确对待老师的表扬与批评。同样，作为老师也应该认识到，世界上没有两片完全相同的树叶，要平等对待每一个学生，尊重学生的个性，理解学生的情感，包容学生的缺点和不足，善于发现每一个学生的长处和闪光点，让所有学生都成长为有用之才。

> **知识归纳**
>
> 不同的老师有不同的风格，我们要承认老师之间的差异，接纳每一位老师的不同，学会尊重不同风格的老师。

教与学是师生相互陪伴、相互促进、共同成长的过程。正确对待老师的引领和指导，有助于我们与老师相互交流。学会正确对待老师的表扬与批评，是我们成长的重要内容。

【活动三】学生分享汇报合作学习成果：钱易教授与胡先生和陶先生的师生情谊给我们带来了怎样的启发？

【设计意图】

基于对这一情境议题的探讨，学生从体验走向知识，学会使用正确的方法与老师保持亦师亦友的良好状态，实现了形象思维向抽象思维的过渡和转化，知识自然而然生发而成，情感自然而然内化于心，培养尊重老师、热爱老师的情感，主动关心老师、理解老师，主动建立和谐的师生关系。

师： 钱易教授与胡先生和陶先生的师生情谊给我们带来了怎样的启发？

（我们要建立一种亦师亦友的师生关系。）

师：什么是亦师亦友的师生关系？

（这是一种师生交往的良好状态，就是师生之间要相互尊重、相互关心、携手共进等。）

师：钱易教授与胡先生和陶先生是怎样建立起这种亦师亦友的师生情谊的？

（首先，他们做到了彼此尊重。钱易教授尊敬老师、听从老师的教导，学到了很多的知识和道理，对她的人生道路产生了重要影响，说明学生要尊敬老师。胡先生和陶先生也真正做到了尊重学生，胡先生用激励的方法激发了钱教授的进取心，陶先生用特殊的育人方式——先听后讲解，让钱易教授收获很多。其次，他们也做到了彼此关心。胡先生远在千里之外还写信关心钱易教授，指导她并给她提建议。钱易教授也回信告诉胡先生她在做什么科研，在上什么课等。）

师：良好的师生关系对我们的成长有着非常重要的作用，所以我们要尊重老师、关心老师、理解老师，主动与老师建立良好的师生情谊。

知识归纳

构建亦师亦友的师生关系，彼此尊重、相互关心、携手共进。

◆ **课堂小结** ……………………

"疾学在于尊师。""国将兴，必贵师而重傅。"尊师重教，是中华民族的传统美德。教师是立教之本、兴教之源。古往今来，尊师重教，对于一个国家的繁荣富强都起着至关重要的作用。师生关系是学生成长过程中需要处理的重要关系之一，对培养良好的人际交往能力和促进我们健康成长具有重要意义。由此可见，尊重老师既是教育发展的需要，也是国家发展的需要，更是个人发展的需要。让我们共同理解老师、体谅老师、尊重老师，构建良好的师生关系，与老师一道为促进教育高质量发展、建设教育强国贡献力量。

◆ **知识整合** ·

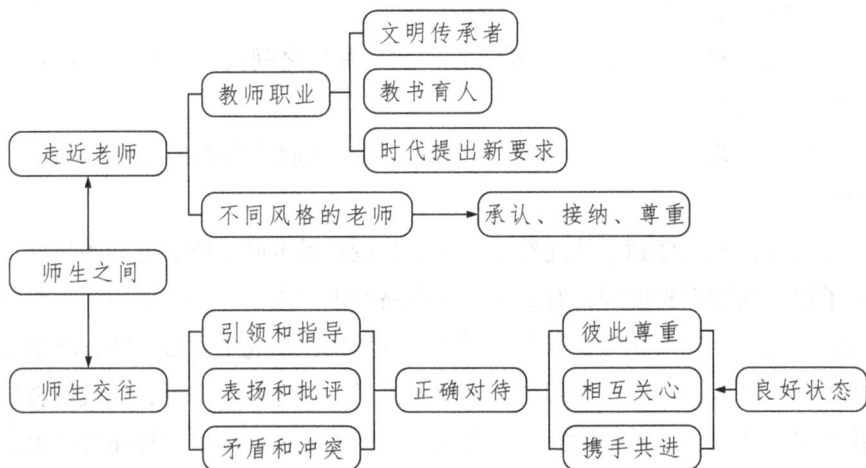

第七课　第一框　家的意味

◈ **课标依据** ……………

课程目标	第四学段目标	道德修养：感念父母养育之恩、长辈关爱之情，能够以感恩的心与父母和长辈沟通，能够为父母分忧解难。 责任意识：自觉分担家庭责任，具有较强的责任感。

摘自《义务教育道德与法治课程标准（2022年版）》

◈ **学情分析** ……………

　　父母是孩子成长的重要引领人，家庭是人生的第一所学校，父母是孩子的第一任老师。苏联教育家马卡连柯说："没有父母的爱所培养出来的人，往往是有缺陷的。"亲情之爱对孩子一生的成长至关重要。学生从一出生就生活在家中，对家、对亲人天然有热爱之情。正是因为太熟悉了，大家都习以为常，最熟悉、最常见的东西往往最不被重视和珍惜。学生对家的意义很少思考，体会不深。当前，初中学生很多还是独生子女，更多地感受到父母、长辈对他们的爱，却不能体会父母的养育之恩，不能体谅、理解父母的苦衷，家庭责任意识比较淡薄，较少关心父母与家人。

　　本框题通过对"家"的内涵、外延、功能、意义等多角度分析，得出家是生命的居所，让学生明白家对每一个人都无比重要，激发学生对家的热爱之情。通过对中国家庭文化中家训、家规的分析，阐述了中国家庭独特的文化内涵；通过列举中国现行法律对在家庭中孝亲敬长的规定，让学生明白孝亲敬长不仅是中华民族的传统美德，而且是法定义务，激发学生建设美好家庭的责任感。

◈ **核心概念** ……………

　　家的内涵和意义，孝亲敬长，尽孝在当下。

◈ 学习目标 ⋯⋯⋯⋯⋯⋯⋯⋯⋯⋯⋯

1.识别家庭关系确立的不同情形，理解家的内涵。

2.例证家对我们成长的意义，感受家是身心的寄居之所。

3.列举法律规定和生活案例，说明孝亲敬长是道德和法律的基本要求，认同中华文化中"孝"的价值观念。

4.增强履行家庭义务的责任观念，养成孝敬父母和长辈的优良品质。

◈ 设计思路 ⋯⋯⋯⋯⋯⋯⋯⋯⋯⋯

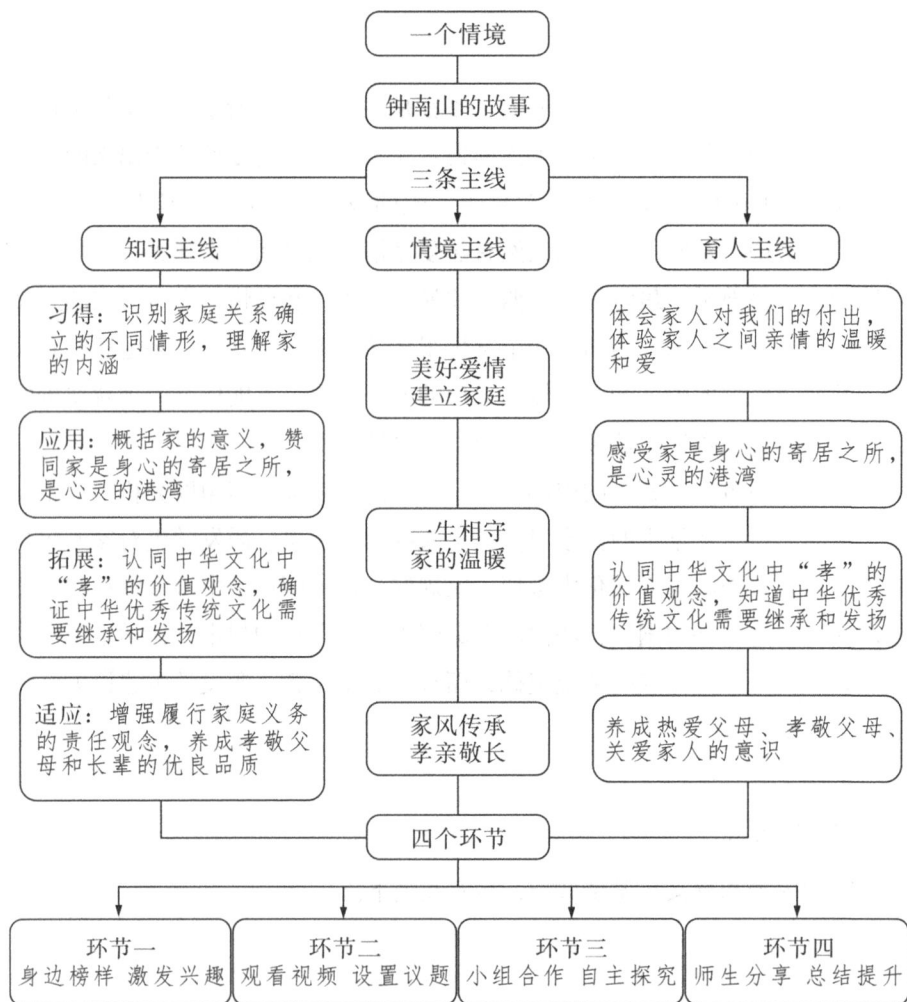

　　根据七年级学生身心发展特点以及教学目标要求，用四个环节完成新课教学。环节一：身边榜样　激发兴趣——教师首先邀请学生分享对家的认识，在此基础上引出本框题榜样人物钟南山。环节二：观看视频　设置议题——播放《故事里的中国》第二季中钟南山院士的儿子钟惟德讲述自己眼中的父亲视频，学生结合情境议题自主探究学习。环节三：小组合作　自主探究——学生看完视频后，以小组的形式进行讨论，自主、合作探究。环节四：师生分享　总结提升——学生分享，教师引导，生成本框题知识，实现本框题学习目标。

◆ **榜样故事** ·······················

儿子眼中的父亲——钟南山

　　钟南山，中国工程院院士，著名呼吸病学专家，中国抗击非典型肺炎、新冠肺炎的领军人物，"共和国勋章"获得者。

　　钟南山的父亲钟世藩，是我国著名儿科医学专家、美国纽约州立大学医学博士。虎父无犬子，如今成就卓著的钟南山曾多次表示，父亲是他的偶像，是他人生路上的一盏明灯。

　　钟南山的儿子钟惟德，是广州市第一人民医院泌尿外科专家，享受国务院特殊津贴，是我国泌尿外科最高荣誉"吴阶平泌尿外科奖"获得者。

　　在《故事里的中国》第二季中，钟惟德讲述他眼中的父亲时，从生活中的父亲母亲开始，娓娓道来，饱含真情实感，让我们真正了解到，一个成就大事业的人，家庭和亲情是多么重要。

　　钟南山的妻子李少芬年轻的时候曾担任中国女篮副队长，钟南山1959年就打破了男子400米栏全国纪录，因为同样热爱体育运动，两个年轻人走到了一起。不过，由于当时李少芬训练任务繁重，频繁出国比赛，两人总是聚少离多。更多时候，钟南山都在默默等待着李少芬，"你就继续打吧，我愿意等"，钟南山对爱人说。

　　就这样，以事业为重的一对恋人，倾情相爱，恋情长跑8年后，钟南山终于等到了爱人，1963年，两人结婚。结婚仪式很简朴，不足10平方米的新房只摆得下一张床和最简单的家具，这是多么难能可贵的精神和挚爱。过去是钟南山等着妻子出国归来，如今妻子是等他回家吃饭。钟惟德说："现在是我妈妈每天等爸爸回家了，因为他经常说走就走。"

作为医生，如果把时间都放在病人身上，必然会亏欠家人，但如果把心思都扑在家庭，又放心不下病人，这是医生的两难处境。2020年5月的一天中午，钟惟德回家探望母亲，恰巧看见母亲边打球边等父亲回家吃饭。他用手机记录下这一幕：正午的烈日下，84岁的李少芬独自一人在篮球场上打球。其实，她是在等待钟南山回家吃午饭……"希望他看到这个节目后，能准时回家，多点时间在家。"钟惟德饱含热泪说道。

"家，是孩子成长的土壤，家风的好坏决定了土壤的品质。"父母自身立德立言、言传身教对孩子的成长是很重要的。钟南山从医救人的信念、实事求是的原则和他春风化雨的态度，都是家风的沃土上结出的丰硕果实。

在很多人眼中，钟南山是正直、真实、科学和权威的代名词。无论是在2003年"非典"期间，还是新冠疫情突来的2020年，钟南山说的每一句话都令人信服。这种敢讲真话、实事求是的处事原则，源于父亲钟世藩的言传身教。

钟南山上小学时很淘气，把妈妈给的伙食费拿来买零食和玩具了。事情露馅时，父亲钟世藩不但没有打骂他，还和颜悦色地对小钟南山说："做人，最重要的是诚实。南山，你好好想一想，你这样做是不是不诚实？"父亲的话让当时只有10岁的钟南山羞愧难当。"父亲的质问比打我一顿对我的刺激更大。那一刻我知道，人生在世，诚实比机灵更重要。"

"医者人命，没有十足的证据，不可轻下判断。"父亲的这句话，更让钟南山终生难忘。在父亲的影响下，钟南山将毕生精力都投入热爱的医学事业中，敢言敢医，敢承担，敢说真话，钟南山真正做到了继承父亲的衣钵和精神。对自己的后代，钟南山同样告诉他们："钟家优良传统，第一个就是要永远有执着的追求，第二个就是要严谨实在。""真药救人，真话救世。真话和真药一样重要。"这是钟南山一直都在践行的人生信条，也是他最崇拜的父亲，留给他的最珍贵财富。

除了父亲对他的影响，他还拥有一位好母亲。在钟南山的记忆中，同情弱者、乐于助人、无私奉献，这些善良品格就是从母亲的言传身教中得来的。钟南山说："治学严谨上，我受的是父亲的影响，但我对人的同情心是从母亲那里学来的，我到现在还记得母亲是怎么对待其他有困难的人的。"

钟惟德在节目里谈及对父亲的印象时说："他不但是我的父亲，还是我的良师益友。他做研究时候的一丝不苟、求实的精神，对我影响是最大的。同时，他对病人负责任，一视同仁，而且亲切关怀，还有他精湛扎实的医学知识，这些都是值得我学习的，这些对我做医生、做研究工作都产生了深刻的影响。"

——摘编自《故事里的中国》第二季：钟南山院士儿子钟惟德讲述自己眼中的父亲

◆ 学习过程 ·················

环节一：身边榜样　激发兴趣

师：有人说，家是一生读不完的书。家是身心聚居之所，对于每个人来说具有独特意义和重要价值。说到家，同学们首先想到了什么？

（说到家，我会想到温柔的母亲、严厉的父亲、慈祥的奶奶；我的家在广东省广州市越秀区××小区；那座房子就是我的家……）

师：关于家，每个人都有不同的见解。今天让我们一起来听听钟南山院士儿子钟惟德先生讲述家的故事，看看他眼中的父亲形象，探讨家庭对于他的人生有什么意义。

展示材料，榜样介绍：钟南山的父亲钟世藩，是我国著名儿科医学专家、美国纽约州立大学医学博士。虎父无犬子，如今成就卓著的钟南山曾多次表示，父亲是他的偶像，是他人生路上的一盏明灯。钟南山的儿子钟惟德，是广州市第一人民医院泌尿外科专家，享受国务院特殊津贴，是我国泌尿外科最高荣誉"吴阶平泌尿外科奖"获得者。

"家，是孩子成长的土壤，家风的好坏决定了土壤的品质。"父母自身立德立言、言传身教，对孩子的成长是很重要的。钟南山从医救人的信念、实事求是的原则和他春风化雨的态度，都是家风的沃土上结出的丰硕果实。

儿子钟惟德在节目里谈及对父亲的印象时说："他不但是我的父亲，还是我的良师益友。他做研究时候的一丝不苟、求实的精神，对我影响是最大的。同时他对病人负责任，一视同仁，而且亲切关怀，还有他精湛扎实的医学知识，这些都是值得我学习的，这些对我做医生、做研究工作都产生了深刻的影响。"

【设计意图】

选取学生熟悉的钟南山院士及其一家的故事为素材，注重素材的实用价值与典型特点，激发学生的情感共鸣，调动学生参与课堂学习的热情和积极性，快速高效地导入新课。

环节二：观看视频　设置议题

师：请同学们带着对以下情境议题的思考去观看《故事里的中国》第二季中钟南山院士儿子钟惟德讲述自己眼中的父亲的访谈视频，结合视频信息进行自主探究学习。

情境议题1：在儿子钟惟德眼中，钟南山院士是一个什么样的父亲？钟家的家庭关系是根据什么确立的？确立家庭关系的情形还有哪些？

情境议题2：从儿子钟惟德手机镜头下母亲孤独的背影中，你感受到了什么？这对你有何触动？

情境议题3：请结合材料与视频概述钟南山院士的家风。你认为新时代应该继承和发扬哪些传统家风？

【设计意图】

情境素材选择体现学科特点，以初中生逐步拓展的生活为基础是我们学科的课程基本理念之一。将《故事里的中国》第二季中钟南山院士儿子钟惟德讲述自己眼中的父亲的访谈视频引入思政课堂，既能开阔学生的视野，拓展学生学习的广度和深度，又能激发学生探究学习的兴趣，增强思政课的生动性和实效性。

环节三：小组合作　自主探究

学生分小组对三个情境议题进行讨论，自主、合作探究，配背景音乐，教师巡堂，适当指点。

【设计意图】

　　观看视频之后，基于结构化情境议题，小组合作讨论，自主探究，有利于培养学生的团结合作意识，提高其语言表达能力、理性思考能力，以及发现问题、分析问题和解决问题的能力。

环节四：师生分享　总结提升

【活动一】学生分享汇报合作学习成果：在儿子钟惟德眼中，钟南山院士是一个什么样的父亲？钟家的家庭关系是根据什么确立的？确立家庭关系的情形还有哪些？

【设计意图】

　　基于对这一情境议题的探讨，引导学生从钟南山院士的家庭组成中感悟家的内涵和外延，从感性到理性，从个别到一般，构建家的全面认知。

　　师：在儿子钟惟德眼中，钟南山院士是一个什么样的父亲？

　　（不但是父亲，还是良师益友。钟南山院士在做研究的时候，一丝不苟、实事求是；有扎实的医学知识，对病人负责任，一视同仁，亲切关怀。）

　　师：父亲的这些优良品质对儿子的成长产生了潜移默化的影响。那儿子与父亲的这种家庭关系是根据什么确立的？

　　（血缘关系，还有婚姻关系、收养关系。）

　　师：家庭关系是一种基于婚姻、血缘或法律拟制而形成的一定范围的亲属之间的权利和义务关系。比如钟南山院士和夫人李少芬结婚组成家庭，就是基于婚姻关系，婚后儿女降生在这个家庭，这是基于血缘关系确立的家庭关系。我国民法典规定，依照法定条件和法定程序收养也可以组成新家庭；随父或母再婚可以组成新的家庭，非婚生子女与婚生子女、继父母与继子女之间享有同等的权利和义务关系。

知识归纳

　　家庭是由婚姻关系、血缘关系或收养关系结合成的亲属生活组织。

【活动二】学生分享汇报合作学习成果：从儿子钟惟德手机镜头下母亲孤独的背影中，你感受到了什么？这对你有何触动？

【设计意图】

> 基于真实可感的情境设计，让学生体会到家的丰富功能及对个人成长发展的重要作用，引起情感共鸣；激发学生对家的热爱之情，并转化为对家进行建设的动机，引导落实对家庭进行建设的行动，实现课程设计的目标。

师：儿子钟惟德说，当年钟南山院士和夫人李少芬结婚，父亲等了8年，如今父亲和母亲的角色发生了互换，常常是母亲等父亲回家。从儿子钟惟德手机镜头下母亲孤独的背影中，你感受到了什么？这对你有何触动？

（我感受到妻子对丈夫的那份深深的情意，既是亲情也是爱情。）

师：家是每一个人最初的记忆，也是我们最终的归宿。钟南山院士和夫人几十年如一日，相依相守，经营着甜蜜、温馨、幸福的小家庭。正是有妻子对丈夫的这份深厚的情意，每天默默地等候着丈夫回家，让钟南山院士能无所牵挂地冲锋、坚守在繁重的工作岗位上。也正是有这样一个甜蜜、温馨、幸福的小家庭，让钟南山院士能在繁忙的工作后找到精神寄托。

（家里有亲人，家中有亲情。儿子钟惟德也是被父亲母亲这份深厚的情意所感动，所以饱含热泪地说希望钟南山院士看到这个节目后，能准时回家，多点时间回家。）

师：因此，家庭对每一个人都有着重要的意义。家庭首先是我们身心的寄居之所。每一个人都来自家庭，没有家庭就没有我们的存在。我们的生命是父母给予的，我们的成长也离不开家庭的哺育和支持。父母不仅仅给予了我们生命，更是我们成长的第一任老师，很多生活的技能和经验、为人处世的道理，都是父母教育我们的。家更是我们心灵的港湾。家之所以温暖，是因为家中的亲情，亲情是生命鲜活的养料，能让我们的心灵找到可依靠的港湾。家中的亲情会为我们的成长提供动力，激励我们拼搏。亲情是父母头上增多的白发，是父母眼中无限的关怀和盼望，是人世间最美的感情。我们都要热爱自己的家。

知识归纳

　　家是我们身心的寄居之所，是我们心灵的港湾。

　　【活动三】学生分享汇报合作学习成果：请结合材料与视频概述钟南山院士的家风。你认为在新时代应该继承和发扬哪些传统的家风？

【设计意图】

　　通过对钟南山院士家风的探究，对新时代如何继承和弘扬中华优秀传统好家风（家庭美德）以及法律关于家风的规定的探究，让学生品出中国人的家的味道，即家是血脉相连、责任担当、相互关爱的生活共同体；家是立身处世、代代传承的精神共同体；孝亲敬长是中华民族的传统美德，是每个公民应尽的法定义务。引导学生提高传承中华传统美德的能力，增强孝亲敬长的行动力。

　　师： 有什么样的家风，就有什么样的人。通过刚才的视频，我们知道钟南山院士一家三代人都是我国著名的医学专家，这得益于他们优良的家风。请你概述钟南山院士的家风。

　　（钟家优良传统，第一个是要永远有执着的追求，第二个是要严谨实在）

　　师： 敢说真话、权威、科学，这是民众对钟南山院士的深刻印象。如今的钟老，呈现在民众面前的始终是一位思路清晰，想民众所想、答民众所问的专业院士。在普通民众心中，他就是定海神针。抗击"非典"时，有人在新闻发布会上宣称"疫情已得到有效控制"，钟南山院士明确提出反对："什么叫现在已经控制？根本就没有控制！目前病原都还没搞清楚，你怎么控制它？"面对严峻的新冠疫情，他明确说"肯定存在人传人的现象"，并呼吁大家不要前往武汉，但他自己却义无反顾地踏上了前往武汉的高铁。钟南山院士这样的英雄模范才是我们最值得追的"明星"。他们家的家风也值得广为弘扬和继承。中华民族历来注重家庭、家教、家风，古语有云："天下之本在国，国之本在家。"党的十八大以来，习近平多次就家庭、家教和家风建设作出重要论述，提出要培养良好家风，你认为新时期哪些世代相传的家风内容应该继承并发扬光大?

（诚实做人，实事求是，责任担当，尊老爱幼，勤俭持家，勤奋好学，非淡泊无以明志，非宁静无以致远……这些都需要在新时期继续传承并发扬光大。）

师："百善孝为先"，尊老爱幼本质上是传统的孝道文化，是中华优秀传统文化的重要内容。在新时期，弘扬孝道文化，对于培育和践行社会主义核心价值观、促进社会主义精神文明建设具有深远的现实意义，同时有利于增强国家文化软实力，为实现中华民族伟大复兴凝聚强大的精神动力。因此，我国不仅仅从道德层面，通过形式多样的各种活动弘扬孝道文化，更从国家立法层面，如宪法、老年人权益保障法、民法典等，对孝亲敬长作出具体规定。孝亲敬长不仅仅是中华民族的传统美德，更是每个中国公民应尽的法定义务。在日常生活中，我们应该如何做到孝亲敬长?

（如节假日尽量与父母共度、为父母举办生日宴会、亲自给父母做饭、和父母一起锻炼身体、适当参与父母的活动、陪父母拜访他们的老朋友、陪父母看一场电影……）

师：尽孝在当下。孝敬双亲长辈，关爱家人，不仅仅是长大成人以后的事，我们应当从现在开始就用行动表达我们的孝敬之心。

> **知识归纳**
>
> 中华文化中，家有着深厚的意味、丰富的内涵。孝亲敬长是中华民族的传统美德，也是每个中国公民的法定义务。尽孝在当下，我们应当从现在开始就用行动来表达我们的孝敬之心。

◆ **课堂小结**

家庭是社会的基本细胞，是人生的第一所学校。家庭和睦则社会安定，家庭幸福则社会祥和，家庭文明则社会文明。历史和现实告诉我们，家庭的前途命运同国家和民族的前途命运紧密相连。家是最小国，国是千万家。让我们一起传承和发扬家文化，在小家孝敬父母，在学校做优秀学子，在社会做优秀公民，学会奉献国家!

◆ 知识整合 ···················

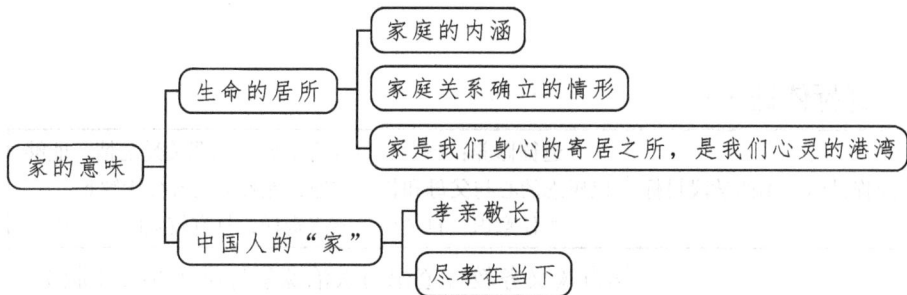

第七课　第二框　爱在家人间

◈ **课标依据** ·····················

课程目标	第四学段目标	道德修养：感念父母养育之恩、长辈关爱之情，能够以感恩的心与父母和长辈沟通，能够为父母分忧解难。责任意识：自觉分担家庭责任，具有较强的责任感。

摘自《义务教育道德与法治课程标准（2022年版）》

◈ **学情分析** ·····················

　　七年级学生刚从小学升入初中，处于青春期的他们，独立性与依赖性并存，成人感增强，学业压力加大，渴望得到父母的理解、信任与尊重，而现实却往往相反，一些父母在爱的旗帜下，不约而同地推行"专制"，于是，两代人在爱与被爱之间发生无休止的"战争"。亲子冲突、逆反心理，成为普遍的社会现象，阻碍着孩子们的健康成长。面对与父母的矛盾与冲突，初中学生往往表现为对父母自我封闭，不愿与父母交流，沟通时间短，交流内容多为父母对孩子学业成绩的询问与关注，同时也缺少与父母沟通、解决亲子冲突的技巧。

　　因此，引导学生体验和感悟家人亲情、父母之爱，理解两代人之间的冲突也是爱的一种表现形式，面对冲突用沟通传递爱、呵护爱，既有利于明理导行，对初中生感受亲情，正确处理与父母之间的关系意义重大，也为下一框题增强构建和谐家庭的责任意识，提高与家人共建共享家庭美德的能力作准备。

◈ **核心概念** ·····················

　　用沟通传递爱。

◆ **学习目标** ·····················

1.体验家庭中的亲情之爱，接受两代人的冲突也是爱的一种表达方式。

2.剖析亲子冲突产生的原因，确证亲子冲突需要通过双方的互动沟通来解决。

3.总结与父母有效沟通的艺术，提高调适逆反心理的能力。

◆ **设计思路** ·····················

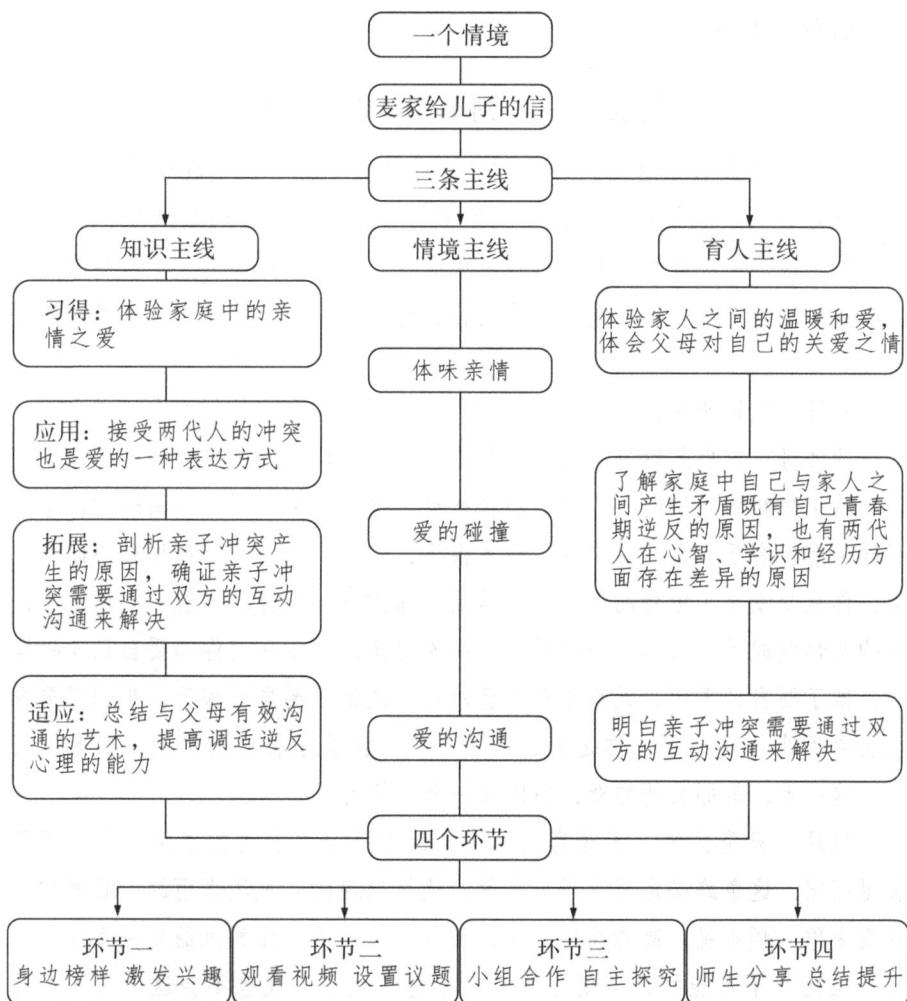

根据七年级学生身心发展特点以及教学目标要求，用四个环节完成新课教学。环节一：身边榜样 激发兴趣——教师首先邀请学生分享对家人关爱的感受，在此基础上引出本框题榜样人物麦家。环节二：观看视频 设置议题——播放《朗读者》节目中作家麦家的访谈及朗读给儿子的信的视频，学生结合情境议题自主探究学习。环节三：小组合作 自主探究——学生看完视频后，以小组的形式进行讨论，自主、合作探究。环节四：师生分享 总结提升——学生分享，教师引导，生成本框题知识，实现学习目标。

◆ **榜样故事** ·············

麦家—— 一封书信，纸短情长

儿子，当你看到这封信时，你已在我万里之外，我则在你地球的另一端。地球很大，我们太小了，但我们不甘于小，我们要超过地球，所以你出发了。这是一次筹划已久的远行，为了这一天，我们都用了十八年的时间作准备；这也是你命中注定的一次远行，有了这一天，你的人生才可能走得更远。

我没有到过费城，但可以想象，那边的月亮不会比杭州的大，或者小；那边的楼房一定也是钢筋水泥的；那边的街弄照样是人来车往的；那边的人虽然肤色貌相跟我们有别，但心照样是要疼痛的，情照样是要圆缺的，生活照样是有苦有乐、喜忧参半的。世界很大，却是大同小异。也许最不同的是你，你从此没有了免费的厨师、采购员、保洁员、闹钟、司机、心理医生，你的父母变成了一封信、一部手机、一份思念，今后一切你都要自己操心操劳，饿了要自己下厨，乏累了要自己放松，流泪了要自己擦干，生病了要自己去寻医生。这一下，你是那么的不一样，你成了自己的父亲、母亲、长辈。这一天，是那么的神奇，仿佛你一下就长大了。

但这，只是仿佛，不是真实。真实的你只是在长大的路上，如果不是吉星高照，这条路必定是漫漫长长的，坎坎坷坷的，风风雨雨的。我爱你，真想变作一颗吉星，高悬在你头顶，帮你化掉风雨，让和风丽日一直伴你前行。但这是不可能的，即便可能，对不起，儿子，我也不会这么做。为什么？因为我爱你，因为那样的话，你的人生必定是空洞的、苍白的、弱小的，至多不过是一条缸里的鱼，盆里的花，挂着铃铛叮当响的宠物。这样的话我会感到羞愧的，因为你真正失败了。你可以失败，但决不能这样失败，竟然是被太阳晒死的，是被海水咸死的，是被寒风冻死的。作为男人，这也许是莫大的耻和辱！

好了，就让风雨与你同舟吧，就让荆棘陪你前行吧。既然有风雨，有荆棘，风雨中不免夹着雷电，荆棘中不免埋着陷阱。作为父亲，我爱你的方式就是提醒你，你要小心哦，你要守护好自己哦。说到守护，首先，你要守护好你的生命，要爱惜身体，要冷暖自知，劳逸结合，更要远离一切形式的冲突，言语的、肢体的，个别的、群体的。青春是尖锐的、莽撞的，任何冲突都可能发生裂变，而生命是娇嫩的……这一点我只想一言蔽之，生命是最大的，生命面前你可以理直气壮地放下任何一切，别无选择。

其次，你要尽量守护好你的心。这心不是心脏的心，而是心灵的心。它应该是善良的，宽敞的，亮堂的，干净的，充实的，博爱的，审美的。善是良之本，宽是容之器，亮了，才能堂堂正正，不鬼祟，不魍魉。心若黑了，脏了，人间就是地狱，天堂也是地狱；心若空了，陷阱无处不在，黄金也是陷阱。关于爱，你必须做它的主人，你要爱自己，更要爱他人，爱你不喜欢的人，爱你的对手。爱亲人朋友是人之常情，是天理，也是本能，是平凡的爱；爱你不喜欢的人，甚至仇人敌人，才是道德，才是修养，才是不凡的。儿子，请一定记住，爱是翻越任何关隘的通行证，爱他人是最大的爱自己。然后我们来说说美吧，如果说爱是阳光，那么美是月光。月光似乎是虚的，没用的，没有月光，万物照样漫生漫长，开花结果。但你想象一下，倘若没有月光，我们人类会丢失多少情意，多少相思，多少诗歌，多少音乐。美是虚的，又是实的，它实在你心田，它让你的生命变得有滋有味，有情有意，色香俱全的，饱满生动的。

呵呵，儿子，你的父亲真饶舌是不？好吧，到此为止，我不想你，也希望你别想家。如果实在想了，那就读本书吧。你知道的，爸爸有句格言：读书就是回家，书这一张纸比钞票更值钱！请容我最后饶舌一句，刚才我说的似乎都是战略性的东西，让书带你回家，让书安你的心，让书练你的翅膀，这也许就是战术吧。

——摘编自《朗读者》麦家朗读《致信儿子》

◆ 学习过程 ·······················

环节一：身边榜样 激发兴趣

师：在家人中，你最爱谁？你是因为他们特别爱你，你才爱他们的吗？

（学生畅所欲言，回答略。）

师：对于当下学生而言，亲人对自己的关爱已经司空见惯，最熟悉的感情往往最不受重视和珍惜。今天，让我们一起听听作家麦家与儿子亲子冲突的故事，共同感受家人之间的亲情之爱，剖析亲子冲突产生的原因，学习与父母沟通的技巧和处理亲子冲突的方法。

展示材料，榜样介绍：麦家，当代著名小说家、编剧，茅盾文学奖获得者，是继鲁迅、钱钟书、张爱玲后被英国"企鹅经典文库"收录作品的中国当代作家。

【设计意图】

思想政治理论课是立德树人的关键课程，思政课课堂情境素材的选择与运用更是体现育人育德学科的着陆点。立足学情与课程目标要求，多样化选材，不仅有利于增加课堂的趣味性，更能在有效的情境中触及学生心灵，提高学生的学习热情与积极性。

环节二：观看视频 设置议题

师：请同学们带着对以下情境议题的思考去观看《朗读者》中麦家的访谈及朗读给儿子的信的视频，结合视频信息进行自主探究学习。

情境议题1：一封书信，纸短情长，在麦家给儿子的信中，你感受最深的是什么？

情境议题2：麦家在信中敢于坦诚直接地表达对儿子的爱。每个家庭表达爱的方式都一样吗？为什么？

情境议题3：麦家与处于青春期的儿子之间有哪些爱的碰撞？为什么青

春期的孩子容易与父母产生这样的碰撞？

　　情境议题4：麦家年轻时与父亲的分歧或冲突，造成了什么后果？这启示我们应如何更好地与父母相处？

【设计意图】

　　　　坚持"价值性与知识性相统一""灌输性与启发性相统一""显性教育与隐性教育相统一"，提升育人实效。通过作家麦家的访谈与朗读给儿子的信的视频，引导学生感受家人之间的亲情之爱，思考如何去沟通、传递爱。

环节三：小组合作　自主探究

　　学生分小组对四个情境议题进行讨论，自主、合作探究，配背景音乐，教师巡堂，适当指点。

【设计意图】

　　　　观看视频之后，基于结构化情境议题，小组合作讨论，自主探究，有利于培养学生的团结合作意识，提高其语言表达能力、理性思考能力，以及发现问题、分析问题和解决问题的能力。

环节四：师生分享　总结提升

　　【活动一】学生分享汇报合作学习成果：一封书信，纸短情长，在麦家给儿子的信中，你感受最深的是什么？

【设计意图】

　　　　基于对这一情境议题的探讨，让学生切实体会到父亲对儿子深沉的爱，体悟亲情之爱，激发学生感念父母恩情、自觉孝亲敬长的道德情感和道德实践。

　　师：一封书信，纸短情长，在麦家老师给儿子的信中，你感受最深的是什么？

　　（父爱如山，一位父亲对孩子深沉而厚重的关爱，一份浓厚的亲情。）

　　师：父母给了我们生命，为我们的生活操劳，分享我们的喜悦、分担我们的忧伤，是我们生命中的重要影响者，是我们成长的陪伴者和见证者。也正是由于这样一种关联，家人之间形成了割舍不断的情感。

【活动二】学生分享汇报合作学习成果：麦家在信中敢于坦诚直接地表达对儿子的爱。每个家庭表达爱的方式都一样吗？为什么？

【设计意图】

通过麦家给儿子的信这一情境，引发学生感悟亲情之爱有不同的表达方式，但无论以何种方式表达，都不可以否认亲情的存在，亲情的真谛在于"爱"。

师：麦家在信中敢于坦诚直接地表达对儿子的爱。每个家庭表达爱的方式都一样吗？为什么？

（不一样。每一个家庭亲人之间表达爱的方式不一样，有的温情和睦，有的磕磕绊绊，有的内敛深沉，有的自然随和。）

师：虽然亲情的表达方式不一样，但只要是以爱为出发点，就值得我们珍惜。亲情的表达方式可以调整，是亲子双方的调整。作为子女，我们有责任和义务，为亲子沟通的顺畅、爱的更好表达付出努力。除了表达方式的不同，还有什么因素会影响亲情之爱？

（现实生活中的家庭变故、家庭结构的改变等，都会影响亲情之爱。比如单亲家庭就比完整的家庭少了父爱或母爱。）

师：家庭结构虽然改变，但家中的亲情仍在。爱是一切的源泉，是解决一切家庭问题的原动力。只要我们用真诚和爱去接纳和包容，就会创造家庭生活的和谐美好。亲情需要呵护，爱需要学习，我们一生都应该为此而不断地努力。

知识归纳

每个人内心都有一份对家人割舍不断的亲情。家庭的亲情表现不尽相同。家庭结构发生变化，亲情仍在。

【活动三】学生分享汇报合作学习成果：麦家与处于青春期的儿子之间

有哪些爱的碰撞？为什么青春期的孩子容易与父母产生这样的碰撞？

【设计意图】

　　问题是启发思维的钥匙，一节课中好的设问也是激发学生深度学习的前提。以麦家与儿子爱的碰撞为情境，提出"为什么青春期的孩子容易与父母产生这样的碰撞？"的高阶问题，打开学生的思维，并引导学生辩证地看待问题、解决问题，从而让学生的深度思考在课堂中真实发生。

师：麦家与处于青春期的儿子之间有哪些爱的碰撞？

（儿子绝对不允许父亲以任何方式进入自己的房间，上千个日子，门始终关上；只要一交流就会发生语言冲突……）

师：你们与父母有过类似的爱的碰撞吗？

（学生畅所欲言，回答略。）

师：为什么青春期的孩子容易与父母产生这样的碰撞？

（进入初中的我们意识到自己长大了，我们希望父母像对待成人一样对待自己，不要过多干涉我们的生活，但我们有时候又不得不依赖父母，期望得到父母更多的关注和呵护。随着学习的不断深入，我们了解的知识越来越多了，开始质疑父母，甚至挑战父母的权威与经验，亲子之间的碰撞自然增多了。此外，作为不同年代的人，我们与父母关注的问题、重点，交流的方式，对待问题的理解和所采取的态度也有所不同，亲子冲突有时就难以避免了。）

师：爱的碰撞产生的原因有很多。孩子的自我意识增强和依赖心理之间的矛盾，需要一定的成长空间和自主权，这时，父母的教育方式并没有随着孩子的成长而发生变化，由此产生了冲突。父母与孩子在心智、学识、经历上存在比较大的差异，也会造成亲子冲突。如果亲子冲突处理不好，就会伤害亲子双方的感情。因此，需要亲子双方共同努力，有效地化解冲突。

知识归纳

　　中学生的独立性与依赖性共存的矛盾心理是亲子冲突产生的一个重要原因。作为两代人，由于我们与父母在心智、学识、经历等方面差异较大，在对问题的理解、感受等方面必然存在差异，冲突有时就难以避免。

【活动四】学生分享汇报合作学习成果：麦家年轻时与父亲的分歧或冲突，造成了什么后果？这启示我们应如何更好地与父母相处？

【设计意图】

　　坚持教学即评价的思想，将评价嵌入学生学习的过程中，让评价成为推动学习、培养学生学习习惯的抓手。通过对系列螺旋式上升的情境议题的探讨，考查学生综合运用所学知识解决实际问题的能力，有利于学生掌握与父母沟通的技巧和处理亲子冲突的方法，提高运用正确的方式与父母沟通的能力和调适逆反心理的能力。

　　师：麦家年轻时与父亲的分歧或冲突，造成了什么后果？

　　（他十多年没有喊父亲，写信回家也没有提到父亲，与父亲的关系僵化。）

　　师：可见亲子冲突处理不好，伤害双方的感情，影响家庭的和睦。我们应如何更好地与父母相处？

　　（用沟通呵护爱。爱怕沉默，很多人以为爱到深处是无言。其实，爱是很难描述的一种情感，需要详尽的表达和传递。良好的互动沟通的技巧和应对冲突的智慧，是亲子之间爱的润滑剂。）

　　师：除了沟通，要建构良好的亲子关系，我们还需要做到什么？

　　（要接纳和理解父母、尊重父母。）

　　师：我们无法选择父母的相貌、性格、贫富，也无法选择父母对待我们的态度和教育方式，但是我们可以试着去接纳父母的做法，理解父母行为中蕴含的爱。可以尝试让父母了解我们的变化和需要，用他们能接受的方式表达我们的爱。爱是需要呵护的，呵护需要智慧，也需要正确的方法。

　　知识归纳

　　用沟通传递爱、呵护爱，接纳和理解父母，化解亲子冲突，维持家庭和睦关系。

◈ **课堂小结** ·····················

　　亲情之爱，有不同的表达方式，无论以哪种方式呈现，都无法否定亲情的存在。家人之间有爱，有亲情，学会体验和感悟家人亲情、父母之爱。爱需要行动，但爱绝不仅仅是行动，语言和温情的流露，也是不可或缺的。我们要用沟通呵护爱，接纳和理解父母，化解亲子冲突，维持家庭和睦关系。

◈ **知识整合** ·····················

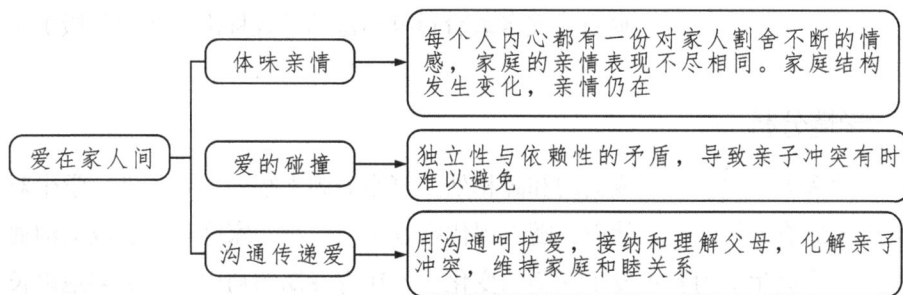

爱在家人间

体味亲情 → 每个人内心都有一份对家人割舍不断的情感，家庭的亲情表现不尽相同。家庭结构发生变化，亲情仍在

爱的碰撞 → 独立性与依赖性的矛盾，导致亲子冲突有时难以避免

沟通传递爱 → 用沟通呵护爱，接纳和理解父母，化解亲子冲突，维持家庭和睦关系

第七课　第三框　让家更美好

◆ 课标依据 ······································

课程目标	第四学段目标	道德修养：感念父母养育之恩、长辈关爱之情，能够以感恩的心与父母和长辈沟通，能够为父母分忧解难。 责任意识：自觉分担家庭责任，具有较强的责任感。

摘自《义务教育道德与法治课程标准（2022年版）》

◆ 学情分析 ······································

　　家和万事兴，家庭成员的和睦相处是家庭美满幸福的重要条件。学生对和谐家庭有向往之情。然而，随着现代家庭结构变小，家庭观念、成员沟通方式、家庭生活内容正发生深刻的变化，处在青春期的初中学生更多地以长期在家庭生活中形成的习惯来处理家庭关系，很少对如何构建和谐家庭作理性的思考与分析，遇到问题有可能用消极对抗的方式处理。

　　本框题在学生认识家的意义，体会亲情之爱，掌握解决亲子冲突的方法之后，着重引导探究如何让家变得更美好，让学生懂得自己要为和谐家庭建设做些什么，知道自己在美好家庭建设中的责任，以良好的心态面对家庭发展中的问题。

◆ 核心概念 ······································

　　构建和谐家庭。

◆ 学习目标 ······································

　　1.说出自己的家庭结构，概述现代家庭的特点。

　　2.提出建设和谐家庭的建议并扮演好家庭"黏合剂"的角色。

◈ 设计思路 ·····················

```
                    ┌──────────┐
                    │ 一个情境  │
                    └────┬─────┘
                    ┌────┴──────┐
                    │ 王凌云的故事 │
                    └────┬──────┘
                    ┌────┴─────┐
                    │ 三条主线  │
                    └────┬─────┘
        ┌────────────────┼────────────────┐
   ┌────┴────┐      ┌────┴────┐      ┌────┴────┐
   │ 知识主线 │      │ 情境主线 │      │ 育人主线 │
   └────┬────┘      └────┬────┘      └────┬────┘
```

知识主线	情境主线	育人主线
习得:说出自己的家庭结构,概述现代家庭的特点		认同家和万事兴的家庭文化观念,增强构建和谐家庭的责任意识
	今非昔比看变化	
适应:提出建设和谐家庭的建议并扮演好家庭"黏合剂"的角色	和谐家庭我行动	树立家庭主人翁责任感,提高与家人共建共享家庭美德的观念

```
                    ┌──────────┐
                    │ 两个环节  │
                    └────┬─────┘
        ┌────────────────┴────────────────┐
   ┌────┴─────┐                      ┌────┴─────┐
   │  环节一   │                      │  环节二   │
   │今非昔比看变化│                      │和谐家庭我行动│
   └──────────┘                      └──────────┘
```

根据七年级学生身心发展特点以及教学目标要求,本框题设置两个环节完成教学。环节一:今非昔比看变化——引导学生对传统家庭与现代家庭的差异进行比较,让学生认识现代家庭的特点。环节二:和谐家庭我行动——让学生观看"全国最美孝心少年"王凌云的励志故事视频后,进行自主、合作探究,师生共同分享,生成本框题知识,实现本框题学习目标。

◈ 榜样故事 ·····················

"最美孝心少年"王凌云——"阳光女孩"为家人遮风挡雨

王凌云,女,汉族,2007年4月出生,湖北省恩施州宣恩县沙道沟镇民族初级中学八年级学生。她家境贫寒,父亲独臂,常年在外打工;母亲患有癫痫病和智力障碍；爷爷奶奶年岁已高，仍在家务农。王凌云坚强懂事，小小年纪便扛起家庭重担。每天放学回家在完成自己的作业后，便抓紧时间洗衣、扫地、做饭，悉心照料患病的妈妈和年幼的妹妹。尽管生活艰辛，她却从未向多舛的命运低头，始终乐观向上，学习成绩在全镇始终排名前列。

王凌云获评2019年度"全国最美孝心少年"、2020年"全国优秀少先队员"、2021年度"全国新时代好少年"、2021年度"湖北新时代好少年"。

——摘编自湖北文明网

◆ 学习过程 ·················

环节一：今非昔比看变化

【学生活动】联系实际，对比传统家庭与现代家庭的差异。围绕家庭结构和规模、家庭成员沟通方式、家庭氛围、家庭生活内容等方面展开分析。

【设计意图】

通过学生讲述、图片对比，让学生直观了解和认识现代家庭在结构、规模、观念等方面发生的变化，培养学生发现问题、分析问题和解决问题的能力。

师：你发现传统家庭与现代家庭有什么差异？

（随着人口的迁移和流动、现代沟通手段的丰富，家庭成员的交流、沟通方式发生了较大的变化。）

师：家庭结构、规模和观念，家庭成员的沟通方式，家庭生活内容的变化具体分别体现在哪里？

（首先，现代家庭的结构、规模和观念发生了不同程度的变化，中国的家庭结构由过去的儿孙满堂，到今天家庭不断趋向小型化；从前些年独生子女家庭占多数，到今后一段时期内二孩、三孩家庭逐渐增多。其次，家庭成员的沟通方式越来越丰富多样，我们可以通过电话、网络等进行随时随地的沟通交流。还有，家庭生活的内容更加丰富多彩，家庭氛围更加平等、民主，关心世界和国家大事，探讨社会和人生问题，学习现代科学文化知识，创建学习型家庭，参与社区活动等，都已成为家庭生活的重要内容。）

知识归纳

由于社会关系的变化，现代家庭也受到各种因素的影响，潜移默化地发生着变化。现代家庭的结构、规模、观念等都发生了不同程度的变化，家庭成员的交流、沟通方式也发生了较大的变化，家庭氛围越来越平等、民主，家庭成员有共同成长的动机和行动是现代家庭的共同特征。

环节二：和谐家庭我行动

【学生活动】观看2019年"全国最美孝心少年"王凌云的视频，思考王凌云的事迹启示我们应如何为构建和谐家庭出力。

【设计意图】

选取同龄人的素材，具有亲和力，启迪学生心灵，引起共鸣，将构建和谐家庭落实到具体行动中，增强建设和谐家庭的主动性。

师：王凌云的事迹启示我们应如何为构建和谐家庭出力？

（首先，我们要像王凌云一样，以良好的心态面对家庭发展中的问题，无论生活多么艰苦，都要乐观积极地面对，自强不息，永不言弃。其次，要主动分担家庭劳动，积极参加家庭劳动，养成劳动习惯，增强家庭责任意识，如王凌云帮助爷爷奶奶分担家务、农活，照顾好妹妹，为家庭减轻负担。）

师："家和万事兴"，家庭成员之间和睦相处是家庭美满幸福的重要条件。当家庭成员发生矛盾或冲突时，又应如何充当家庭"黏合剂"？

（帮助家庭成员舒缓情绪，走出"面子"困境。同时要掌握调解家庭矛盾和冲突的方法，让家庭成员和睦相处，有效地交流和沟通。）

知识归纳

　　家庭成员之间相互信任、体谅和包容，可以增进理解，化解矛盾与冲突。我们要积极参与家务劳动，养成劳动习惯，不断提高自我管理能力，增强家庭责任意识，为构建和谐家庭作贡献。以良好的心态面对家庭发展中的问题，让家庭更和睦。

◆ **课堂小结**

　　和谐家庭在当下。作为家庭中的一员，我们应该具备构建和谐家庭的素养和能力，学会在家庭生活中调控自己的情绪，调整自己的心态，树立共建共享家庭美德的意识，提高共建共享家庭美德的能力，共创和谐美德之家。

◆ **知识整合**

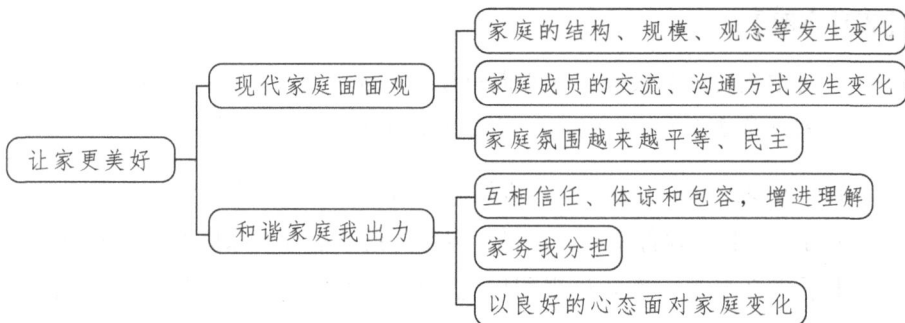

第四单元　生命的思考

☀ 单元主题分析

　　近年来，国内外有关青少年问题的研究表明，青少年心理健康问题层出不穷。例如，面对挫折不懂得如何有效地进行自我调节，情感的匮乏、多种生命体验的缺失，导致他们往往不知道如何处理生活中的各种关系，缺少处理道德冲突的种种道德智慧。当青少年面对冲突不能进行自我缓解、释放，或者得不到及时疏导时，冲突往往演变成心理上或交流上的障碍，造成生存意义的缺失，引发他们对生命价值产生困惑，而采取伤害自己或他人生命的种种极端行为，引发一场场人间悲剧，给家人和朋友带来巨大的痛苦，给社会造成无法弥补的损失。这些情况的发生，在一定程度上反映了学校生命教育的缺失问题，也提醒我们实施生命教育的迫切性。课程是实施生命教育的主要载体，是决定生命教育成效的关键要素。基于此，在七年级上册教材设置"生命的思考"这一单元，对初中学生开展比较系统的生命教育，有着强烈的现实意义和深远的教育价值。

☀ 单元大目标

　　通过本单元的学习，帮助学生感悟生命来之不易，生命是独特的、不可逆的和短暂的等特点，理解生命有尽头的自然规律，引导学生思考个人的生命与他人的生命、人类的生命有着怎样的关系，进而帮助学生理解生命至上的内涵，懂得敬畏生命、珍爱生命、守护生命，引领学生认真审视生命，帮助学生理解生命的价值在于创造和贡献，要努力在平凡的生活中书写自己的生命价值，追求生命的美好，活出生命的精彩。

通过本单元学习，旨在落实道德修养、健全人格、责任意识等学科核心素养。

☀ 单元大概念

生命至上，敬畏生命，珍视生命，绽放生命之花。

第八课　探问生命

◈ 课标依据

课程目标	第四学段目标	道德修养：懂得生命的意义，热爱生活。 健全人格：懂得生命的意义和价值，热爱生活，确立正确的人生观。
课程内容	第四学段	生命安全与健康教育：树立正确的人生观和价值观，尊重和敬畏生命，热爱生活。

摘自《义务教育道德与法治课程标准（2022年版）》

◈ 学情分析

　　初中阶段是一个人形成正确人生观、价值观的重要时期。一方面，随着自我意识的不断发展，七年级学生已经自觉或不自觉地开始探问生命，思考生命的价值和意义。另一方面，他们的心理发展还处于一个半幼稚、半成熟的时期，并受自身的认知水平所限，对生命问题的认识和理解不够全面，甚至会产生偏差。如果学生的这些思维矛盾或困惑得不到及时指导，就可能导致其不懂得尊重、敬畏、珍爱生命，甚至漠视生命。面对复杂的社会生活，如何坚守善待生命的底线，追求生命的美好，对初中学生来说是巨大的考验。因此，设计本课内容，引领学生探问生命，对学生进行生命观、价值观的正确引领，具有强烈的现实意义和深远的教育意义。这将有助于初中学生正确审视个人与他人、社会、人类的关系，有助于初中学生科学理解生命的发展规律，培养感激生命、珍爱生命、敬畏生命的情怀，并进一步激发对生命话题的探究兴趣。

◈ 核心概念

　　生命是独特、短暂的，生命至上，敬畏生命。

◆ **学习目标** ·····················

1. 意识到每个人都难以抗拒生命发展的客观规律，选择从容面对生命，热爱生命。

2. 理解个人与他人、社会、人类的关系，培养对生命问题的辩证思维能力，理解生命有尽头、生命有接续。

3. 珍爱生命，树立正确的生命道德观念，增强生命的责任感和使命感。

◆ **设计思路** ·····················

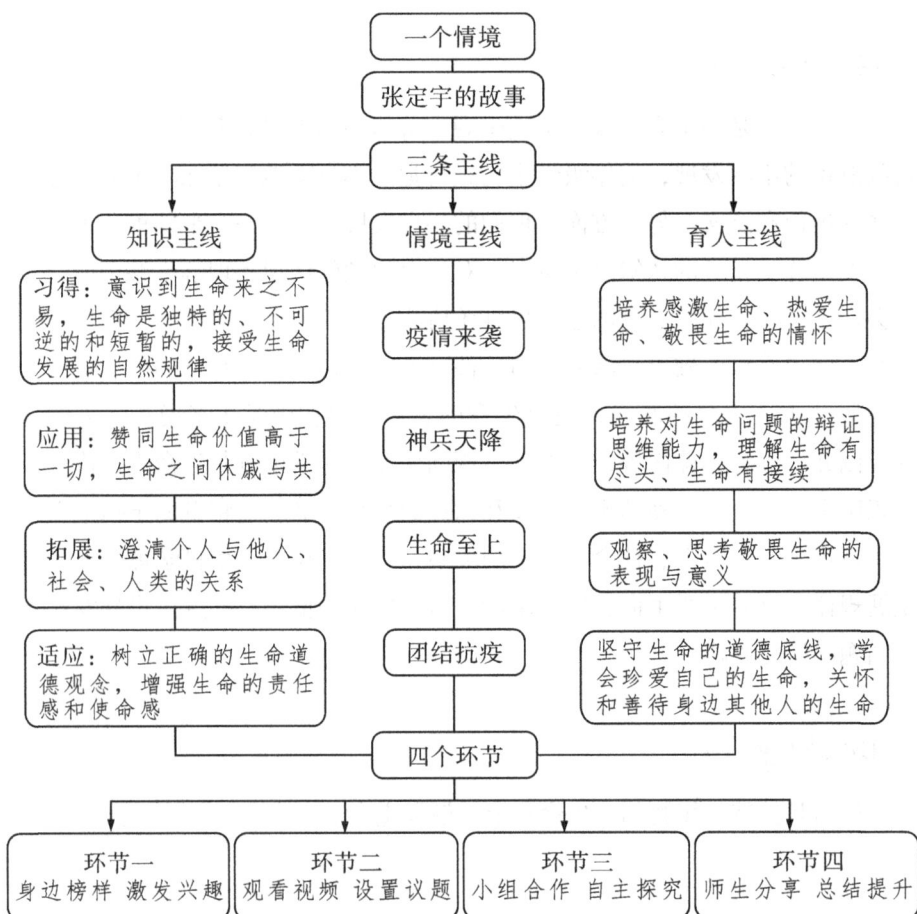

　　根据七年级学生身心发展特点以及教学目标要求，用四个环节完成新课教学。环节一：身边榜样　激发兴趣——教师首先邀请学生分享关于生命的认识，在此基础上引出本课榜样人物张定宇。环节二：观看视频　设置议题——播放2020年《开学第一课》中张定宇的演讲视频，学生结合情境议题自主探究学习。环节三：小组合作　自主探究——学生看完视频后，以小组的形式进行讨论，自主、合作探究。环节四：师生分享　总结提升——学生分享，教师引导，生成本课知识，实现本课学习目标。

◆ **榜样故事** ⋯⋯⋯⋯⋯⋯⋯⋯⋯⋯⋯⋯

张定宇：一定要为我们的国家筑起一道生命的长城！

　　在疫情的"风暴之眼"，他拖着"渐冻"之躯，踩着高低不平的脚步，与病毒鏖战、与死神较量、与时间赛跑，带领医院干部职工救治2800余名患者，以实际行动诠释了"人民至上、生命至上"的理念。他是湖北省卫健委副主任、武汉市金银潭医院院长张定宇。2020年9月8日，在全国抗击新冠肺炎疫情表彰大会上，张定宇被授予"人民英雄"国家荣誉称号。

　　在抗击新冠疫情中，武汉市金银潭医院被称为"离炮火最近的战场"。2019年12月29日，随着首批不明原因肺炎患者转入金银潭医院，这家老武汉人都未必熟悉的传染病专科医院成为全民抗疫之战最早打响的地方，承担着大量重症及危重症患者的救治工作。"这个病毒和我们以前见到的都不一样，这是我一生中遇到的最大挑战。特别是早期收治的病人，所有手段都上了还是拉不回来，内心很煎熬。"张定宇回忆说。

　　最初的那一个多月，清早6点钟起床、次日凌晨1点左右睡觉，不知不觉成了张定宇的常态。好几个夜晚，凌晨2点刚躺下，4点就被手机叫醒。共产党员、院长、医生，是张定宇的三重身份。"无论哪个身份，在这非常时期、危急时刻，都没理由退半步，必须坚决顶上去！"张定宇说。在各方支援到来之前，张定宇领着全院干部职工在一线撑了近一个月。缺少医护，大家主动增加排班频次；缺少保洁员，后勤的顶上去；缺少保安，行政的撑起来⋯⋯

2020年1月24日，除夕。中午12点多，张定宇到门诊的时候，发现有个快递小哥送来了两份外卖。他问外卖是谁点的，快递小哥告诉他，那是没有留名字的热心人，专门为金银潭医院的医生和护士送来的。"一股暖流激荡在我胸中。"他说，这一天，他们收到了很多人送来的外卖，这一份份外卖的背后，是一颗颗滚烫的心。

除夕夜，本应是万家团圆的时刻。忙了一天的张定宇，忍不住思念起因感染新冠而住院隔离的妻子。他想跟她连个视频，隔着屏幕陪她说说话。突然，电话响起。军令如山的紧急通知振奋传来："解放军三支医疗队，陆海空450人组成的医疗队，已经集结完毕，将搭乘军用飞机，3小时后抵达武汉！"

"那个时候我的感觉是什么？神兵天降啊！在我们最无助的时候，得到了这种帮助，让我激动不已。"张定宇说，这是他在除夕夜收到的最珍贵的礼物，它是党和国家给武汉、给医院送来的坚强支援。接待完医疗队，已经是大年初一凌晨三四点钟。

大年初三夜里，张定宇在手机上看到一个视频。被疫情笼罩的夜空下，一个小区的居民纷纷推开窗户，自发高唱国歌。高亢的歌声，在武汉上空回响。"虽然不知道是哪个小区，我的眼泪，却流淌下来。"

2020年《开学第一课》上，他深情地对孩子们说道："我们一个人的力量是渺小的，但是我们每个人，团结起来的力量是巨大的！我们可以汇聚成巨大的能量和信心！中国人常说'我们血脉相连'，在危难来临的时候，我们和我们的祖国紧紧相连在一起，我们从来不是一个人在战斗，我们一定要为了人民、为了城市、为了国家筑起一道生命的长城。"

怎么看待生命？怎么看待自己漫长的一生？要做些什么才能让这么宝贵的生命实现它的价值？张定宇微笑着对孩子们说："因为我也是一名医生，所以我知道渐冻症以后会是什么样，也不再那么害怕了。我每天仍会努力工作，因为我热爱生活。我们要珍惜每一刻、每一分、每一秒，因为这就是生命。"

2020年9月8日，习近平在全国抗击新冠肺炎疫情表彰大会上指出："面对生死考验，面对长时间隔离带来的巨大身心压力，广大人民群众生死较量不畏惧、千难万险不退缩，或向险而行，或默默坚守，以各种方式为疫情防控操心出力。长城内外、大江南北，全国人民心往一处想、劲往一处使，把个人冷暖、集体荣辱、国家安危融为一体，'天使白''橄榄绿''守护蓝''志愿红'迅速集结，'我是党员我先上''疫情不退我不退'，誓言铿锵，丹心闪耀。14亿中国人民同呼吸、共命运，肩并肩、心连心，绘就了团结就是力量的时代画卷！"

——摘编自新华网《"人民英雄"张定宇：追赶时间的人》、

腾讯网《孩子，我们来说生命》

◆ **学习过程** ·················

环节一：身边榜样　激发兴趣

师：庄子曾说："人生天地之间，若白驹之过隙，忽然而已。"卢梭也曾说："人们说生命是很短促的，我认为是他们自己使生命那样短促的。"生命是短暂的，生命也是独特的。我们应该如何看待生命，怎样才能让自己短暂的生命变得更加有意义？

今天，我们一起通过武汉市金银潭医院院长——"人民英雄"张定宇的故事，看他如何看待生命，与时间赛跑，珍惜时间，尊重生命，将自己无私奉献到抗击疫情的最前线，他的故事又会给我们带来哪些启发？

展示材料，榜样介绍：张定宇，武汉市金银潭医院院长，在新冠疫情袭击武汉时，隐瞒渐冻症的病情，顾不上已感染新冠的妻子，与时间赛跑，身先士卒，带领全院干部职工夜以继日战斗在抗疫最前线，始终坚守在急难险重岗位上，以实际行动书写了对党和人民的忠诚。他的双腿已经开始萎缩，但他站立的地方，是最坚实的阵地。他用渐冻的生命，托起了民族的信心与希望。

【设计意图】

把"人民英雄"张定宇的故事引入思政课堂，既能激发学生探究学习的兴趣，又能培养学生在新时代勇于担当的责任感和爱国主义情怀，引导学生学习英雄、崇尚英雄，积极践行社会主义核心价值观，争做中华民族的英雄，成为一个有担当的人。

环节二：观看视频　设置议题

播放2020年《开学第一课》中张定宇的演讲视频，学生结合视频信息和情境议题进行自主探究学习。

情境议题1：为什么张定宇说要珍惜生命的每一刻、每一分、每一秒？面对自己身患渐冻症的生命，他的态度是怎样的？

情境议题2：面对疫情，我们不是一个人在战斗，全国各族人民紧紧团结在一起。这句话让你感悟到哪些有关生命的道理？

情境议题3：为什么张定宇说要"为病人筑起一道生命的长城"？

情境议题4：习近平指出："在这场同严重疫情的殊死较量中……14亿中国人民同呼吸、共命运，肩并肩、心连心，绘就了团结就是力量的时代画卷！"请结合视频和生活经验，举例说明。

【设计意图】

将新课标要求的课程内容转化成学生活动的任务，培养学生独立思考、获取和解读信息的能力；通过张定宇的演讲，使学生真切地感受到：不论是有名英雄还是无名英雄，不管是医护人员还是其他各行各业的劳动者，全体中国人民都为抗击新冠肺炎疫情作出了卓越的贡献，使学生体悟生命至上的内涵，感受生命的顽强力量，赞同生命之间的休戚与共。

环节三：小组合作　自主探究

学生分小组对四个情境议题进行讨论，自主、合作探究，配背景音乐，教师巡堂，适当指点。

【设计意图】

观看视频之后，基于结构化情境议题，小组合作讨论，自主探究，有利于培养学生的团结合作意识，提高其语言表达能力、理性思考能力，以及发现问题、分析问题和解决问题的能力。

环节四：师生分享　总结提升

【活动一】学生分享汇报合作学习成果：为什么张定宇说要珍惜生命的每一刻、每一分、每一秒？面对自己身患渐冻症的生命，他的态度是怎样的？

【设计意图】

　　坚守德育阵地，强化思想引领。基于对这一情境议题的探讨，引发学生对生命的深入思考，体会生命来之不易，生命是独特的、不可逆的，生命也是短暂的，透过张定宇面对生命的态度，引导学生了解生命发展的自然规律，从容面对生命的不可预知，更加热爱生命、敬畏生命，树立正确的生命观，实现生命教育的目标。

师：为什么张定宇说要珍惜生命的每一刻、每一分、每一秒？

（他是一名渐冻症患者，双腿已日渐萎缩，作为一名医生，他知道自己的生命比别人短暂，对他来说每一刻、每一分、每一秒都特别的宝贵和重要，所以他必须和时间赛跑。）

师：渐冻症，被称为"比癌症更残忍的绝症"，是世界五大绝症之一。我们能健健康康地出生并成长，确实是非常不容易。从生命的特性来看，生命是来之不易的、短暂的。渐冻症是一种罕见病症，发病率很低，我国约有20万患者。这是一种渐进且致命的神经退行性疾病，患者会由于上、下运动神经元退化和死亡，肌肉逐渐衰弱、萎缩，最后大脑完全丧失控制随意运动的能力，会造成发音、吞咽以及呼吸衰竭而死亡。因此，生命也是独特的、不可逆的。

知识归纳

　　生命的特性——生命来之不易，生命是独特的、不可逆的和短暂的。

师：面对自己身患渐冻症的生命，张定宇的态度是怎样的？

（他积极投入工作，享受工作，格外珍惜在这个世界上的每一刻、每一分、每一秒。在疫情的"风暴之眼"，他拖着"渐冻"之躯，踩着高低不平的脚步，与病毒鏖战、与死神较量、与时间赛跑，带领医院干部职工救治2800余名患者，以实际行动诠释了"人民至上、生命至上"的理念。）

师： 我们每一个人都无法抗拒生命发展的自然规律，每一个人最终都会走向死亡，死亡是人生不可避免的归宿，我们要感激生命的获得。我们要从容面对生命的不可预知，更加热爱生命、热爱生活。就像张定宇医生，虽然他身患绝症，但真正做到了向死而生，他认为能够工作是很幸福的，能够帮助到他人也是很幸福的，能在这世界上多活一天，就要为这个世界创造价值，作出贡献。他是当之无愧的"人民英雄"。

> **知识归纳**
>
> 每个人都无法抗拒生命发展的自然规律，我们要从容面对生命的不可预知，更加热爱生命、热爱生活，把有限的生命投入无限的奋斗和奉献之中。

【活动二】学生分享汇报合作学习成果：面对疫情，我们不是一个人在战斗，全国各族人民紧紧团结在一起。你由此感悟到哪些有关生命的道理？

【设计意图】

　　基于对这一情境议题的探析，引导学生回顾在抗击新冠疫情过程中，在中国共产党坚强领导下，全国一盘棋，解放军指战员和医护人员驰援武汉、武汉市民自发唱国歌等感人故事，感悟天下兴亡、匹夫有责的爱国精神，心中有责、敢于担当的敬业精神，不求回报、无私奉献的奉献精神……确认个体的生命不仅仅是身体的生命，还包括社会关系中的生命、精神信念上的生命，进而全面体会生命有接续的内涵。

师： 为什么说面对疫情，我们不是一个人在战斗，全国各族人民紧紧团结在一起？

（在抗疫阻击战中，我们看到了广大党员、干部带头拼搏，人民解放军指战员、武警部队官兵、公安民警奋勇当先，广大科研人员奋力攻关，数百万快递员冒疫奔忙，180万名环卫工人起早贪黑，新闻工作者深入一线，千千万万志愿者和普通人默默奉献……）

师：每个人都是抗疫英雄，作为学生，我们又为打赢疫情防控阻击战作了哪些贡献？

（少出门，少聚集，勤洗手，保持社交距离，佩戴好口罩，在家认真上网课……）

师："坚持在家不出门，我为防疫作贡献。"在疫情最严峻的时候，武汉市民在朋友圈里这样相互鼓励。面对疫情的肆虐，在党中央坚强领导下，中国人民风雨同舟、众志成城，发扬一方有难、八方支援精神，构筑起疫情防控的坚固防线。2020年9月8日，在全国抗击新冠肺炎疫情表彰大会上，习近平总书记将其凝练总结为抗疫精神——集中体现了中国人民万众一心、同甘共苦的团结伟力。正是这一伟大的抗疫精神，为我们打赢疫情防控阻击战提供了强大精神动力。所以，我们会发现我们不是一个人在战斗，而是通过伟大的抗疫精神的接续传承紧紧团结在一起。由此可以看出生命有接续。

知识归纳

生命有接续，首先是个体生命的接续，如身体上接续祖先的生命；其次是社会关系中的生命接续、精神信念上的生命接续。在生命的接续中，人类生命不断发展，人类的精神文明也不断积累和丰富。因此，我们在实现人类生命的接续中要担当一份使命。

【活动三】学生分享汇报合作学习成果：为什么张定宇说要为病人"筑起一道生命的长城"？

【设计意图】

铸魂育人，重视价值观的导向作用。基于对这一情境议题的探讨，引导学生体悟生命至上的内涵、要敬畏生命的原因，懂得生命至上并不意味着只看到自己生命的重要性，别人的生命也同样重要，培养学生"仁者爱人""推己及人"的情怀，积极践行社会主义核心价值观，实现润物细无声的教育效果。

师：为什么张定宇说要为病人"筑起一道生命的长城"？

（"筑起生命的长城"意思是说要有效遏制疫情大面积蔓延，最大限度保护人民生命安全和身体健康。这是因为生命是宝贵的，生命的价值高于一切，没有了生命，财富、权力、名誉等什么都没有了。生命也是脆弱的，病毒突袭而至，疫情来势汹汹，人民生命安全和身体健康面临重大威胁，如果不是党和政府采取了最全面、最彻底的防控措施，前所未有地采取大规模隔离措施，前所未有地调集全国资源开展大规模医疗救治，巨大的感染和死亡的人数将会给我们国家带来不可承受的巨大灾难。）

师：生命至上，是中国人民深厚的仁爱传统和中国共产党人以人民为中心的价值追求。为了保护人民的生命安全，我们什么都可以豁得出去！仅用10多天时间先后建成火神山医院和雷神山医院，大规模改建16座方舱医院，调集346支国家医疗队、4万多名医务人员以及最急需的资源、最先进的设备千里驰援，举全国之力实施规模空前的生命大救援。由此，我们也感受到生命是坚强的、有力量的，生命是崇高的、神圣的。

病魔无情，广大医务人员舍生忘死挽救生命，他们这样是不爱惜自己的生命吗？

（当然不是，广大医务人员白衣为甲、逆行出征，舍生忘死挽救生命，恰恰体现了对生命的敬畏和尊重。正是他们全力以赴救治每一名患者，使得从出生仅30多个小时的婴儿到100多岁的老人，从在华外国留学生到来华外国人员，每一个生命都得到全力护佑，人的生命、人的价值、人的尊严得到悉心呵护。）

师：中华民族能够经历无数灾厄仍不断发展壮大，从来都不是因为有救世主，而是因为在大灾大难面前有千千万万个普通人挺身而出、慷慨前行！生命至上，并不意味着只看到自己生命的重要性，我们也必须承认别人的生命同样重要。因此，我们都应具备"仁者爱人""推己及人"的情怀。

> **知识归纳**
>
> 敬畏生命的原因——生命是脆弱的、艰难的，生命也是坚强的、有力量的，生命是崇高的、神圣的。生命至上，生命是宝贵的，生命价值高于一切。生命至上，并不意味着只看到自己生命的重要性，我们也必须承认别人的生命同样重要。

【活动四】学生分享汇报合作学习成果：习近平总书记指出，"在这场同严重疫情的殊死较量中……14亿中国人民同呼吸、共命运，肩并肩、心连心，绘就了团结就是力量的时代画卷！"请结合视频和生活经验，举例说明。

【设计意图】

学生交流张定宇的故事，感悟生命的意义与价值，以情动情、以人育人。以爱国情怀和道德修养、健全人格、责任意识为主线，进行社会主义核心价值观教育，从而达到在活动中明理，在明理中实现育人的教学目标，让学生赞同生命之间的休戚与共，将"坚守对待生命的道德底线，学会珍爱自我生命，关怀和善待身边其他人的生命"内化于心、外化于行。

师：习近平总书记指出，"在这场同严重疫情的殊死较量中……14亿中国人民同呼吸、共命运，肩并肩、心连心，绘就了团结就是力量的时代画卷！"请同学们结合视频和生活经验，举例说明一下。

（"天使白""橄榄绿""守护蓝""志愿红"迅速集结，"我是党员我先上""疫情不退我不退"……其中让我们印象最深刻的，除了张定宇外，还有84岁高龄的钟南山院士乘高铁毅然赶赴疫情最为严重的武汉、"90后"小姑娘李宗玉断发请战："我未婚，父母未老，无牵挂，我选择我无悔……"，以及"80后"武汉快递小哥汪勇，组织志愿者队伍免费接送医务人员上下班，解决医务人员吃饭、出行等问题……）

师：这些感人的故事，对我们敬畏生命有何启示？

（敬畏生命，需要我们认识到每个人的生命都与他人休戚与共，我们要不漠视自己和他人的生命，要尊重、关注、关怀和善待身边的每一个人。对生命的敬畏，还应该是出于内心的自愿选择，而不是他人的命令。）

师：正是我们全体中国人民本着对生命的敬畏和尊重，识大体、顾大局，自觉服从疫情防控大局需要，同呼吸、共命运，肩并肩、心连心，主动投身疫情防控斗争，才构筑起阻击病毒的钢铁长城，最终取得疫情防控的阶段性胜利。

知识归纳

敬畏生命，要从对自己生命的珍惜走向对他人生命的关怀，意识到每个人都需要与他人共同生活。（意识层面）敬畏生命体现在不漠视自己和他人的生命，谨慎地对待生命关系、处理生命问题，尊重、关注、关怀和善待身边的每一个人。（行动层面）我们对生命的敬畏并不是谁的命令，而是内心的自愿选择，当我们能够与周围的生命休戚与共时，我们就走向了道德的生活。（道德层面）

◆ **课堂小结** ·······················

美国教育学家道姆斯教授曾说："年轻人，永远不要担心未来，也不要为过去而后悔，你只需要把握住现在，让当下的每一分每一秒过得最充实，你的未来是值得期许的。"生命价值高于一切，面对复杂的社会生活，我们要科学理解生命的发展规律，正确审视个人与他人、社会与人类的关系，坚守生命的道德底线，学会珍爱自我生命，关怀和善待身边其他人的生命。敬畏生命，从我们自身做起！

◆ **知识整合** ·······················

```
                        特性   生命来之不易，生命是独特的、
              生命有时尽 ─────→ 不可逆的和短暂的 ──────┐
           ┌──                                        │  感激生命
           │              包括   个体的生命、社会关系中的生 │  热爱生命
           │  生命有接续 ─────→ 命、精神信念上的生命的接续 ┘
           │
     永恒？ │
           │
                     态度                意识层面：关怀他人的生命，
     探问生命 ──────→ 生命至上           意识到每个人都需要与他人
           │                            共同生活
           │         生命价值
     关系  │         高于一切 ──→ 敬畏生命  行为层面：不漠视自己和他
           │                               人的生命，尊重、关注、关
           └─→ 休戚与共                     怀和善待身边的每一个人

                                          道德层面：敬畏生命不是因
                                          为谁的命令，而是源自内心
                                          的自愿选择
```

第九课　珍视生命

◆ 课标依据

课程目标	第四学段目标	健全人格：懂得生命的意义和价值，热爱生活，确立正确的人生观。
课程内容	第四学段	生命安全与健康教育：树立正确的人生观和价值观，尊重和敬畏生命，热爱生活，追求生命高度，成就幸福人生。

摘自《义务教育道德与法治课程标准（2022年版）》

◆ 学情分析

　　当前，由于家庭、学校等对孩子的生命教育力度不够，未成年人缺乏必要的生命安全意识和自我保护意识，缺少必需的自救自护尝试，青少年受伤害问题已经成为一个重要社会问题。与此同时，对于处于初中阶段的未成年人来说，他们正处于青春发育关键期，心理情绪变化不定。尽管他们尚不具备独立的生活能力，但急于摆脱成年人的束缚，会有意无意地表现出一些叛逆倾向，有些人甚至会用比较极端的方式释放压力。这种极端方式，既可能是指向外部的暴力行为，也可能是指向自身的行为，如自残或自杀等。现实生活中，不少青少年遇到成长中的挫折，不是勇敢地去面对，而是逃避或绕开，有时采用伤害或攻击的方式来应对，意志薄弱，承受挫折的能力不强。近年来，未成年人经受不住一时的挫折而做出过激的行为，甚至伤害自己身体的事情时有发生。

　　基于以上社会现实和学生实际情况，本课确定"珍视生命"主题内容，旨在教育学生学会珍爱生命，对生命负责任，既要爱护身体，又要养护精神；能够正确对待生命成长中的挫折，培养面对困难、挫折的勇气和坚强的意志，发掘自己的生命力量，健全学生人格。这些内容都是对初中学生进行生命教育的重要内容，本课在第四单元"生命的思考"中也起着承上启下的作用。

◈ 核心概念 ·····················

守护生命，增强生命的韧性。

◈ 学习目标 ·····················

1. 能够列举身边的自然灾害或人为灾害，掌握自救自护的基本方式。
2. 解释挫折和逆境的客观性及其对我们成长的推动作用。
3. 描述自己经历过的挫折，谈谈自己培养自强精神的具体做法。

◈ 设计思路 ·····················

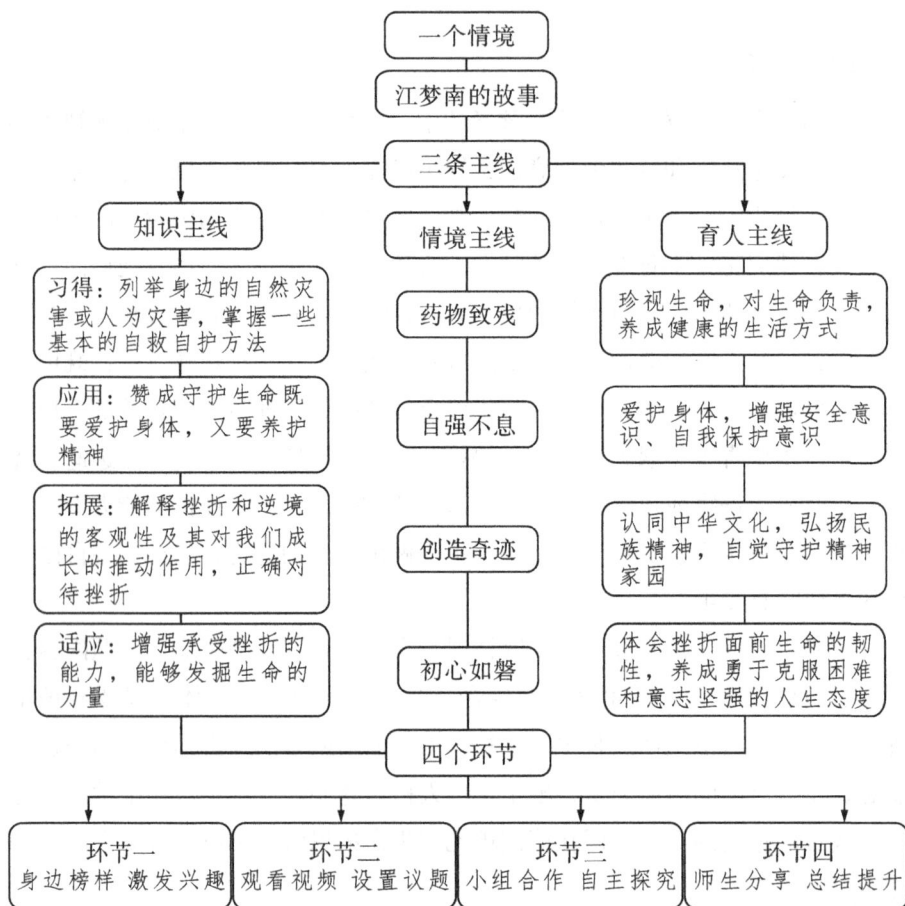

根据七年级学生身心发展特点以及教学目标要求，用四个环节完成新课教学。环节一：身边榜样　激发兴趣——教师首先邀请学生分享关于珍视生命的认识，在此基础上引出本课榜样人物江梦南。环节二：观看视频　设置议题——播放2021年度感动中国人物江梦南的故事视频，学生结合情境议题自主探究学习。环节三：小组合作　自主探究——学生看完视频后，以小组的形式进行讨论，自主、合作探究。环节四：师生分享　总结提升——学生分享，教师引导，生成本课知识，实现本课学习目标。

◆ **榜样故事** ························

感动中国人物江梦南——如向日葵般明媚的女孩

江梦南，1992年出生于湖南省宜章县莽山瑶族乡永安村，父母都是莽山民族学校的老师。父母为她取名梦南，寓意梦里江南、岁月静好。

然而这美好的一切却在江梦南年仅半岁的时候发生了改变。小梦南因误用药物而导致双耳极重度神经性耳聋，左耳损失大于105分贝，右耳听力完全丧失。对于这个结果，医生都无能为力。江梦南的人生开局十分不利，失去听力使她不能像正常的孩子一样轻松地生活，不能像她名字的寓意那样"岁月静好"地成长……

面对这样的现实，大部分人可能会向命运妥协。但是，江梦南的父母没有放弃，他们将孩子的小手放到他们的喉咙上，让孩子感受他们说话时声带的振动并将她的小手放在他们嘴上，让她感受说话时不同字所产生的气息，他们还会让孩子看他们说话时的口型。江梦南回忆说："汉字有很多个音节，他们一个一个地教，每个音节都要教几千遍。"这是一条不断重复且艰辛的道路，江梦南走得慢是慢了些，但好在最终学会了"听"和"说"。

正是江梦南父母六年的陪伴练习，让江梦南化悲痛为力量一路突飞猛进，成功如健康孩子一样上了普通公办学校。由于老师上课经常走动，有时背对学生板书，江梦南看不到老师发声，很难跟得上上课节奏。但她很争气，并不怨天尤人，而是认真看着老师的嘴唇，并凭借惊人的毅力和记忆力，努力跟上每一节课，课下自学巩固，不断练习，成绩名列前茅，后来直接跳级到六年级。"三好学生""优秀少先队员""作文比赛一等奖"……
江梦南均有斩获，渐渐地活成了健全孩子都羡慕的模样。

江梦南从不畏惧不同，她说："我特别担心别人因为我听不见，就降低对我的要求，我只希望大家把我当作一个健全人看待，对我提一样的要求。"她一直通过学习缩小与大家的差距，也正因如此，失聪并不会阻挡她前进的步伐，也不会成为阻挡她前行的一份重量。她可以从容地接受自身的命运并因此创造出更多前进的动力。

江梦南凭着百折不屈的勇气，在2011年以高考615分的成绩考入吉林大学。2015年，成功考上吉林大学药学硕士研究生。2018年，如愿考上清华大学生命与科学学院的博士研究生。对江梦南而言，这在一定程度上也完成了小时候的梦想，她说："小时候觉得学医很崇高，可以救死扶伤。但是由于听力受限，不能填报医学专业，于是选择了药学专业。希望以后能够在生命科学领域里寻找最有价值的发现，为人类的生命健康贡献自己的全部力量。"

2018年，一位长春的医生听说了江梦南的事迹，主动联系她植入人工耳蜗。26岁这年，江梦南第一次听到了布谷鸟的叫声。刚刚完成人工耳蜗植入手术的她，还不习惯这个有声的世界。有时一个塑料瓶轻轻倒地，她都会被吓一大跳。逐渐适应后，她开始重新打量自己所处的世界。每一种声音都是新鲜的，汽车鸣笛声、下课的铃声、雷雨声……还有她一直想感受的歌声。

江梦南也因此变得更加外向与自信，与家人朋友的相处步入了新的阶段。在校园生活中，她加入了清华大学"学生无障碍研究协会"，并在2020年当选会长，筹备协会活动，组织参加无障碍论坛，举办无障碍理念体验活动……回到家乡时，她总会到特殊教育学校做义工，探望那些视力、听力、智力存在障碍的孩子，并以自己为例，鼓励孩子们积极乐观地面对生活。她通过各种方式，身体力行地向公众普及无障碍理念。她在努力绽放自己的生命时，还活成了照亮他人的那束光。

如今，江梦南30岁，谈到未来的理想，她的目标始终是坚定的，那就是解决生命健康的难题。她说："因为我自己体验过、感受过障碍给自己带来的不便，如果我能做些什么，让别人不再那么辛苦、那么艰难，我觉得这是一件很有意义的事。"从江梦南身上，我们看到了"自强不息，向阳而生"

的力量。她用自己的人生告诉所有人，任何人都不要小瞧自己的能量，每个人都拥有无限的潜力！

2022年3月，江梦南被评为2021年度感动中国人物。《感动中国》给予她的颁奖辞是：你觉得，你和我们一样，我们觉得，是的，但你又那么不同寻常。从无声里突围，你心中有嘹亮的号角。新时代里，你有更坚定的方向。先飞的鸟，一定想飞得更远。迟开的你，也鲜花般怒放。

——摘编自央视网《江梦南：从无声的世界里突围，心中有嘹亮的号角》、

腾讯网《感动中国人物江梦南——如向日葵般明媚的女孩》

◆ **学习过程** ··················

环节一：身边榜样　激发兴趣

师： 生命是宝贵的，守住生命，我们才能感受四季的冷暖变化，体验生活的千姿百态，追求人生幸福的种种可能；生命是有韧性的，经历了生活的风雨之后，我们会变得更加坚强，更有力量。对于如何守护生命，让生命更有韧性，同学们有哪些想法？

（我认为守护生命，首先就是要珍视自己的生命，远离各种自然灾害和人为伤害；其次要培养坚强的意志力和耐挫力，乐观坚强地面对各种困难和挫折，并不断激发自身的潜能，让生命更加有力量。）

师： 有这样一个"90后"女孩，她用自强不息的励志人生告诉社会大众，要做到珍爱生命、直面挫折其实并不如想象中那么艰难。下面，让我们一起走进她的故事。

展示材料，榜样介绍：江梦南半岁时，因为误用药物而导致双耳极重度神经性耳聋，但她通过读唇语学会了"听"和"说"。凭借优秀的学习成绩，她成为家乡小镇上近年来唯一考上重点大学、最终到清华大学念博士的学生。江梦南的目标始终是明确的，那就是解决生命健康的难题。"我愿做些事情，让和我有类似经历的人不再那么辛苦和艰难，让他们的人生充满希望。""今后无论在哪里，我都要把父母接到身边，未来还要带父母去西藏、去青海湖，去看看远方美丽的风景……"

【设计意图】

　　构建亲和课堂，提升课程魅力。密切联系学生实际，选取有广泛社会影响力的感动中国人物江梦南的故事，讲好身边的榜样故事，让学生倍感亲切，更有利于激发学生的学习兴趣，引发学生的情感共鸣，提高课堂说服力和生活实践的带动力，充分发挥好思政课的德育功能。

环节二：观看视频　设置议题

　　师： 请同学们带着以下情境议题的思考去观看2021年度感动中国人物江梦南的故事视频，结合视频信息进行自主探究学习。

　　情境议题1：江梦南半岁时由于误用药物而导致双耳极重度神经性耳聋，这对她造成了什么影响？

　　情境议题2：面对与健全人的不同，是什么精神力量支撑着江梦南不放弃的？

　　情境议题3：江梦南遇到过哪些挫折？她又是如何看待这些挫折的？

　　情境议题4：江梦南是怎样战胜遇到的挫折，从无声中突围，如鲜花般怒放的？

【设计意图】

　　坚持"主导性和主体性相统一""灌输性和启发性相统一""价值性和知识性相统一"，选择真实情境，组织议学活动，在螺旋式上升的情境议题探究中达成本课学习目标，与新课标指引下的学科核心素养高度契合。

环节三：小组合作　自主探究

　　学生分小组对四个情境议题进行讨论，自主、合作探究，配背景音乐，教师巡堂，适当指点。

【设计意图】

　　观看视频之后，基于结构化情境议题，小组合作讨论，自主探究，有利于培养学生的团结合作意识，提高其语言表达能力、理性思考能力，以及发现问题、分析问题和解决问题的能力。

环节四：师生分享　总结提升

【活动一】学生分享汇报合作学习成果：江梦南半岁时由于误用药物而导致双耳极重度神经性耳聋，这对她造成了什么影响？

【设计意图】

以江梦南的人生经历为情境素材展开议题的探讨，引发学生认识到守护生命首先要爱护身体，关注身体健康，进而懂得怎样爱护身体。同时由点到面，拓展学生对抑郁症等心理疾病的认识，更深刻认同爱护身体，要关注自己的内在感受，实现统一性与多样性相统一。

师："梦南"，寓意梦里江南、岁月静好。然而江梦南的人生从一开始就被分配到了"困难模式"——因误用药物而导致极重度神经性耳聋，这对她造成了什么影响？

（首先是生理上的影响，她的听力损伤太过严重，不仅医院无法治疗，就连普通的助听器也无法挽救，她和其他正常小孩一样跟着张嘴、做手势，但是没有声音。其次是生活上的影响，如清晨被闹钟叫醒的声音、相遇时朋友打招呼的声音、课堂上老师讲课的声音……这些在常人看来再普通不过的声响，江梦南都无法听到，少了很多生活的乐趣。还有就是学习上的影响，一个发音她需要重复上千次才能学会。）

师：由此，我们深刻体会到听力损伤带来的严重后果。所以，日常生活中要守护好自己的身体，关心自己的身体状况，改正一些不良的生活习惯，如不滥用药物、不吸烟酗酒等，养成健康的生活方式。庆幸的是，江梦南父母始终不愿放弃，坚信女儿可以和正常人一样生活。试想一下，如果江梦南父母当时一直埋怨命运的不公平，处在抱怨的情绪中，会造成哪些更严重的后果？

（就不会有现在阳光、开朗、自信的江梦南，她父母可能也会患抑郁症等心理疾病，甚至做出一些伤害自己的行为。）

师：因此，守护生命还要关注自己的内在感受。2019年的中国精神卫生调查结果显示，我国成人抑郁障碍终身患病率为6.8%，其中抑郁症为3.4%，我国患抑郁症人数约为9500万，每年大约有28万人自杀，其中40%患有抑郁症。抑郁症发病群体呈年轻化趋势，社会亟须重视青少年心理健康。我国已明确将抑郁症筛查纳入学生健康体检内容，建立学生心理健康档案，评估学生心理健康状况，对测评结果异常的学生给予重点关注，防患于未然。作为未成年人，我们也要积极学习心理卫生知识，努力保持心理健康，预防抑郁症。除此以外，我们还要掌握哪些安全的自我保护技巧和基本的自救自护方法？

（比如遇到火灾、地震、被困电梯的逃生技巧；溺水的自救方法；外出时不轻信于人；不贪图小便宜；不允许陌生人入室；等等。）

师：只有增强安全意识、自我保护意识，提高安全防范能力，掌握一些基本的自救自护方法，在遇到紧急情况时才能最大限度地保障自己的生命安全。

知识归纳

爱护身体，要关注自己的身体，关心身体的状况，养成健康的生活方式；要关注自己的内在感受，增强安全意识、自我保护意识，提高安全防范能力，掌握一些基本的自救自护方法。

【活动二】学生分享汇报合作学习成果：面对与健全人的不同，是什么精神力量支撑着江梦南不放弃的？

【设计意图】

基于对这一情境议题的探析，引导学生认识到守护生命需要关注并养护我们的精神，进而懂得怎样养护精神。同时，通过讲好榜样人物江梦南的故事，走进学生心灵，以情动情，以人育人，引导学生深刻体会自强不息、攻坚克难等伟大精神力量，澄清物质生活条件与精神生活的关系，认同中华文化，弘扬民族精神，自觉守护精神家园。

师：虽然人生开局并不如意，异于常人，但江梦南始终没有放弃过常人的生活，那么是什么精神力量在支撑着她不放弃的？

（"天行健，君子以自强不息。"正是这种自强不息的精神一直支撑着江梦南勇敢地面对生活和学习中的种种困难，坚定不移地攻坚克难，从而成就更好的自己。）

师：中华民族历史上经历过很多磨难，如2020年突如其来的新冠肺炎疫情，但我们从来没有被压垮过，而是愈挫愈勇，不断在磨难中成长、从磨难中奋起，所依靠的也正是这种自强不息、攻坚克难、永不放弃的精神。习近平总书记指出："我们要建设的社会主义现代化强国，不仅要在物质上强，更要在精神上强。精神上强，才是更持久、更深沉、更有力量的。"那我们应如何正确处理精神生活与物质生活条件、外部环境的关系？

（精神发育依赖于一定的物质生活条件，但精神的力量可以转化为物质的力量。强大的精神力量不仅可以促进物质力量的发展，而且可以使一定的物质力量发挥出更好更大的作用。就如江梦南一样依靠强大的精神力量的支持，自强不息，以自己的勤劳和智慧赢得了一个又一个荣誉，实现了一个又一个梦想，做到了许多健全人都做不到的事情。因此，我们在物质生活条件不到位的时候，仍然要选择坚守自己的初心，追求精神上的富足。）

师：所以说要养护好精神，就要守护好我们的精神家园，不能过度追求物质生活条件的满足、过度攀比，要保持自己的真、善、美。作为中学生，我们更应该努力提高自己的文化修养，注重自己的综合发展。一个人是如此，一个国家也是如此。回望中华文明发展史，我们也正是依靠这种强大的精神力量才创造了今天的美好河山。这到底是一种什么精神？

（中国精神。）

师：中国精神就是以爱国主义为核心的民族精神和以改革创新为核心的时代精神。中国精神是中华民族坚挺的脊梁，是坚强不屈的中国魂，植根于中华民族的悠久历史和灿烂文化，充分展示了中华优秀传统文化的强大力量，积蕴于近现代中华民族复兴历程，引领中华民族伟大复兴号巨轮行稳致远。因此，守护精神家园，我们不能丢失优秀的民族文化，需要坚定文化自信，在个人精神世界的充盈中发扬民族精神。

> ### 知识归纳
>
> 　　守护生命需要关注并养护我们的精神。精神发育需要物质的支持，但不完全受物质生活条件和外部环境的制约。每个人的精神生命都离不开中华优秀传统文化的滋养。

【活动三】学生分享汇报合作学习成果：江梦南遇到过哪些挫折？她又是如何看待这些挫折的？

【设计意图】

教育价值，是道德与法治课的"魂"，就是要解决好"为什么教"的问题。基于对这一情境议题的探讨，引导学生认识生活中难免有挫折，人们面对挫折的不同表现，是因为人们对挫折的认识和态度不同就会产生不同的感受和行为反应，澄清挫折的负面影响和积极影响，改变对挫折的认识和态度，正视挫折。

师：要健康成长，不仅仅要爱护身体，养护精神，还需要正确对待挫折。下面我们一起来看看，江梦南遇到过哪些挫折。

（江梦南半岁时由于误用药物而导致双耳极重度神经性耳聋，一个发音重复上千次才能学会；需要根据老师的口型来读懂这节课，很难跟上老师的上课节奏；由于听力受限，不能填报医学专业；刚刚完成人工耳蜗植入手术的她，还不习惯这个有声的世界，有时一个塑料瓶轻轻倒地，她都会被吓一大跳……）

师：面对这些挫折，她又是如何做的？

（江梦南没有因为身体上的缺陷而意志消沉，她从不畏惧不同，希望大家把她当作一个健全人看待。她从小意志就坚定，知道自己未来的发展方向，想早点走出去，去接受更多新的东西，她化悲痛为力量一路突飞猛进，靠百折不屈的勇气一路攻读到清华博士。）

师：也就是说，她并没有把失聪（挫折）看作是阻挡她前行的障碍，而放慢前进的步伐。她不屈服于自身的命运并因此创造出更多前进的动力，获得了更加丰富的生活经验，变得越来越阳光、开朗、自信。正如前面说的那样，遇到挫折时，如果一味沉浸在失落、焦虑、难过、愤怒、不满等负面情绪中，我们就容易消沉，甚至做出不恰当的行为。不经历风雨，怎能见彩虹。我们要以江梦南为榜样，认识到挫折是我们生命成长中的一部分，是使我们走向成熟的一种有效途径，学会调整自己的情绪，消除负面情绪，勇敢地面对生活中的挫折。

知识归纳

　　人生难免会遇到一些挫折，对挫折的认识和态度不同，会产生不同的感受和行为反应，要及时调整自己，正确对待挫折。

【活动四】学生分享汇报合作学习成果：江梦南是怎样战胜遇到的挫折，从无声中突围，如鲜花般怒放的？

【设计意图】

　　榜样引领，铸魂育人，激发前行的力量。以江梦南战胜挫折的励志故事，以责任意识、道德修养、健全人格为主线，进行挫折教育，引导学生懂得生命是有韧性的，需要发掘自己生命的力量，并知道如何发掘生命的力量。

　　师：现在的江梦南如向日葵般明媚，她是怎样战胜遇到的挫折，从无声中突围，如鲜花般怒放的？

　　（她积极乐观地面对挫折，认识到挫折是生命成长中的一部分，不屈服于命运，不怨天尤人，而是自强不息，百折不屈，刻苦学习，在爸爸妈妈的帮助下不仅学会了读唇语，她还一路攻读到清华博士，渐渐地活成了健全孩子都羡慕的模样。）

　　师：江梦南是一名"学霸"，也是一名战胜挫折的强者。她还做了什么，让自己的生命更有力量？

　　（她还参加了很多的校园活动和社会公益活动，通过各种方式，身体力行地向公众普及无障碍理念，并以自己为例，鼓励其他残障孩子们积极乐观地面对生活，在努力绽放自己生命的同时，还活成了照亮他人的那束光。）

　　师：这就是江梦南，一个世界以痛吻我，我却报之以歌的女孩，她从无声的世界走来，以"自强不息，向阳而生"的力量，直面挫折、战胜挫折，感动中国。她的励志故事告诉所有人，不要小瞧自己的力量，每个人都拥有无限的潜力，而我们有什么理由、又有什么资格不去努力呢？

知识归纳

　　每个人的生命都蕴含着一定的承受能力、自我调节和自我修复能力。我们需要发现、发掘自己的生命力量，培养面对困难的勇气和坚强的意志。学会与他人建立联系，向他人寻求帮助，获得他人的支持和鼓励，有助于增强我们的生命力量。

◆ **课堂小结**

　　巴尔扎克曾这样说："挫折就像一块石头。它对于弱者，像一块绊脚石，让人却步不前；它对于强者，却像是一块垫脚石，让人站得更高，看得更远。"人生就是因为有了挫折而精彩，人就是因为战胜了挫折而成功。成功者之前必定是直面挫折，而失败者之前必定是逃避挫折。故有"天将降大任于是人也，必先苦其心志，劳其筋骨，饿其体肤，空乏其身，行拂乱其所为，所以动心忍性，曾益其所不能。"通过这节课的学习，希望同学们学会对生命负责任，珍视生命。既要爱护身体，养护精神，又要正确对待生命成长中的挫折，培养面对困难挫折的勇气和坚强的意志，发掘自己的生命力量。

◆ **知识整合**

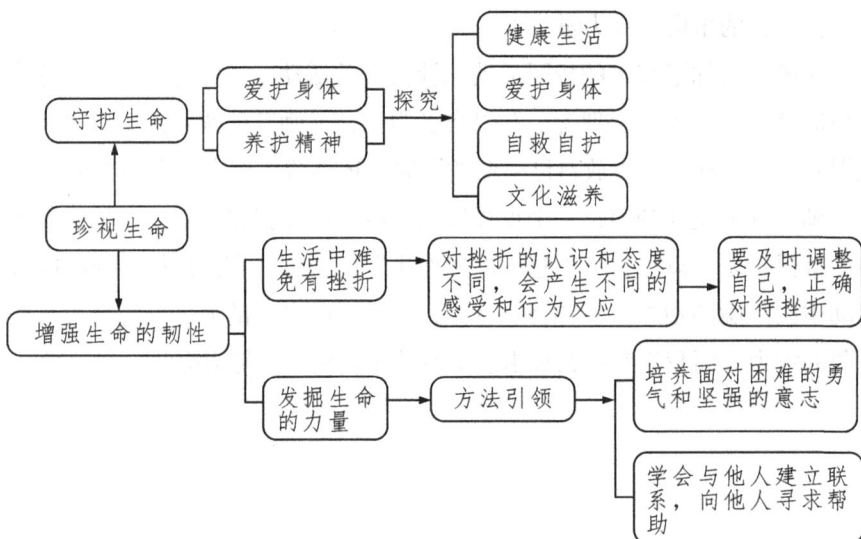

第十课　绽放生命之花

◆ **课标依据** ·············

课程目标	第四学段目标	健全人格：懂得生命的意义和价值，热爱生活，确立正确的人生观。
课程内容	第四学段	生命安全与健康教育：树立正确的人生观和价值观，尊重和敬畏生命，热爱生活，追求生命高度，成就幸福人生。

摘自《义务教育道德与法治课程标准（2022年版）》

◆ **学情分析** ·············

　　处于青春年华的初中学生，风华正茂，对生活充满热情，洋溢着生命的活力。他们中一些人已经开始思考生命的意义，但是难以得到一个让自己满意的答案；也有一些人感到生活的意义渺茫，人的生命渺小而脆弱，生活机械而乏味，开始对生存的意义和生命价值产生怀疑，不同程度地表现出漠视自己和他人的生命。教育应该是一项关爱生命、提升生命质量的神圣事业。本课试图通过对生命意义的思考和探寻，使初中学生健康地成长并焕发出生机与活力，帮助其平稳地度过青春期，并学会珍爱自己与他人的生命，树立积极正确的世界观、人生观和价值观，提升生命质量。

　　中学阶段是人生观、价值观初步形成的时期，相比小学生和大学生，初中学生具有自身的特点。他们比小学生有更丰富的知识，更开阔的眼界，获得的信息量更大。但他们的分辨能力、理解能力以及自控能力没有大学生强，因而不能对发生在自己身上的事情以及所见到的社会现象进行全面分析，容易陷入迷茫和彷徨，经常只看到一些消极的东西，缺乏正确的分析问题和理解问题的能力。初中学生由于知识、阅历的限制，对于生命的意义更是缺乏基本的认知。本课的生命教育针对初中学生这种特定的生理、心理特点和认知规律展开。

　　本课通过引导学生懂得探索生命意义的重要性，懂得生命是独特的，生命的意义是具体的，明晰自己生命的意义，审视生命的价值，明确生命的意义在于自身的追求和创造，生命的价值在于创造和奉献，懂得平凡的生命也能创造伟大，从而书写自己的生命价值，活出生命的精彩。

◆ **核心概念** ·················

　　感受生命的意义，活出生命的精彩。

◆ **学习目标** ·················

　　1. 确认生命是独特的，明晰生命的意义。
　　2. 学会用实际行动，在平凡的生活中创造生命价值，活出生命的精彩。

◆ **设计思路** ·················

```
                     ┌──────────┐
                     │ 一个情境 │
                     └──────────┘
                     ┌──────────┐
                     │张桂梅的故事│
                     └──────────┘
                     ┌──────────┐
          ┌──────────│ 三条主线 │──────────┐
          │          └──────────┘          │
    ┌──────────┐   ┌──────────┐   ┌──────────┐
    │ 知识主线 │   │ 情境主线 │   │ 育人主线 │
    └──────────┘   └──────────┘   └──────────┘
```

知识主线：
- 习得：解释探索生命意义的重要性
- 应用：确认生命是独特的，生命的意义是具体的，明晰自己生命的意义
- 拓展：信奉不同的人对待生活和生命的态度不同，生命的意义也不同，增强选择过有意义生活的能力
- 适应：增强运用自己的品质实现生命的意义和价值的能力，学会在平凡的生活中活出生命的精彩

情境主线：
- 支教边疆
- 创办女高
- 坚持坚守
- 创造伟大

育人主线：
- 感受生命的丰富与美好，体会生命的价值
- 愿意去探索和创造自己生命的意义，让生命得到滋养
- 关注自身的发展，不断充盈自己的生命，关切他人的生命
- 甘于生命的平凡，也乐于创造生命的伟大

四个环节：
- 环节一 身边榜样 激发兴趣
- 环节二 观看视频 设置议题
- 环节三 小组合作 自主探究
- 环节四 师生分享 总结提升

根据七年级学生身心发展特点以及教学目标要求，用四个环节完成新课教学。环节一：身边榜样 激发兴趣——教师首先邀请学生分享对生命意义的认识，在此基础上引出本课榜样人物张桂梅。环节二：观看视频 设置议题——播放张桂梅故事的视频，学生结合情境议题自主探究学习。环节三：小组合作 自主探究——学生看完视频后，以小组的形式进行讨论，自主、合作探究。环节四：师生分享 总结提升——学生分享，教师引导，生成本课知识，实现本课学习目标。

◆ **榜样故事** ······················

张桂梅：用教育点亮山区女孩人生梦想

张桂梅，出生于1957年，中共党员，现任云南丽江华坪女子高级中学党支部书记、校长，华坪县儿童福利院（华坪儿童之家）院长。她扎根边疆教育一线40余年，始终把教书育人、立德树人作为自己的人生理想和奋斗目标，矢志不渝、执着追求，为党和人民的教育事业奉献了自己的一切。2021年2月17日，张桂梅被评为"感动中国2020年度人物"；2月25日，荣获"全国脱贫攻坚楷模"荣誉称号；6月29日，被党中央授予"七一勋章"。

托举起无数希望与梦想的华坪女高，曾是张桂梅一个遥不可及的梦。张桂梅原本和丈夫一起在大理一所中学教书。1995年，丈夫因胃癌去世。不久后，张桂梅主动申请调到偏远的丽江市华坪县工作。到华坪县教书后，张桂梅发现一个现象，许多女学生读着读着就不来了。"有的被叫回去干农活，有的是父母收了彩礼，让孩子辍学结婚。"

2001年，华坪县儿童福利院成立，因为张桂梅在当地教书小有名气，捐款的慈善机构指定要她当院长。担任院长后，她逐一了解福利院孩子们的身世，发现不少女孩并非孤儿，而是被父母遗弃的。一次家访途中的偶遇，更让张桂梅心痛不已。一个十三四岁的女孩呆坐在路边，忧愁地望着远方。张桂梅上前询问得知，父母为了3万元彩礼，要她辍学嫁人。"我要读书，我不想嫁人……"女孩一直哭喊着。张桂梅想带女孩走，但女孩母亲以死相逼，她只能无奈放弃。

目睹一幕幕悲剧，一个梦想渐渐在张桂梅心中萌发——办一所免费女子高中，让大山里的女孩都能读书。为筹款办学，她曾连续几个假期去昆明街头募捐。她把自己的荣誉证书复印了一大袋，逢人便拿出来请求捐款，可换回的却是不理解和白眼。2008年，在党和政府以及社会各界帮助下，张桂梅推动创建了全国第一所免费女子高中——云南丽江华坪女子高中。

从担任华坪女高校长以来，张桂梅十几年如一日，把所有精力都投在了学生身上。13年来，华坪女高已有2000多名学生考入大学。张桂梅用爱心和智慧点亮了万千大山女孩的人生梦想，被学生们亲切地称为"张妈妈"。

每年寒暑假，张桂梅一天都不闲着。利用假期家访，是她教书几十年来的习惯。她说，华坪女高的学生大多来自山区农村，家庭条件普遍较差，"高三是高考冲刺最要紧的时候，我要到学生家里去，帮助学生家庭解决困难，让她们没有后顾之忧"。自华坪女高成立以来，张桂梅已家访超过1600户，行程11万多千米。

办学头几年，她还可以跟着学生们跑操。但长年累月的过度操劳，让她的身体渐渐不堪重负。她数次病危入院抢救，体重从130多斤掉到约90斤。在一份诊断书上，医生密密麻麻给她列出了骨瘤、血管瘤、肺气肿等20多种疾病。如今，年过六旬的张桂梅身患多种疾病，每天要吃很多药，手指、胳膊、颈背上贴满了止痛膏药。"只要还有一口气，我就要站在讲台上，倾尽全力、奉献所有，九死亦无悔。"张桂梅在"七一勋章"颁授仪式上说。

此外，自建校以来，张桂梅通过讲授党的历史、诵读经典、讲述革命英雄故事，让学生们传承红色基因，感受共产主义信仰的温度，在潜移默化中懂得要成为什么样的人，走什么样的路，如何把个人前途命运和国家的前途命运紧密联系在一起。正是在传承红色基因中，学生们远方有灯、脚下有路、眼前有光，在山沟沟里也能看到外面精彩的世界，看到美好的未来。

如今，华坪女高的毕业生已遍布全国各地。让张桂梅感到欣慰的是，越来越多的年轻人正在接过她手中的接力棒，学生们学会了感恩与奉献，有的学生大学毕业后拿出第一份工资捐助母校，资助山区的孩子读书；有的学生回到华坪女高任教……张桂梅说："许多学生告诉我，上大学后第一件事就是申请入党，要成为一名光荣的共产党员，毕业后哪里需要就到哪里去。""在华坪女高3年，我们学到的不仅是知识，还有张老师无私奉献的精神。"华坪女高一学生说，"我要以张老师为榜样，一点一滴为身边人付出，为社会付出。"

——摘编自新华网：《奋斗百年路　启航新征程·"七一勋章"获得者——

"校长妈妈"张桂梅：燃烧自己 点亮梦想》

◆ 学习过程 ······

环节一：身边榜样　激发兴趣

师：人最宝贵的东西是生命，生命只有一次。中学时代，我们逐渐开始思考探索生命的意义与价值。对于生命的意义和价值，同学们有哪些看法？

（奥斯特洛夫斯基在《钢铁是怎样炼成的》中写道，"人的一生应该这样度过：当回首往事的时候，他不会因为虚度年华而悔恨，也不会因为碌碌无为而羞愧。在临死的时候，他能够说：'我的整个生命和全部精力，都已经献给了世界上最壮丽的事业——为人类的解放而斗争。'"）

师：为人类的解放而斗争，这样的人生是有意义的，是值得的。在张桂梅老师看来，生命的意义是扎根边疆教育一线，创办华坪女高，点亮贫困地区女孩的人生梦想，阻断贫困的代际传递，在学生心中深埋一颗颗红色的种子，帮她们系好人生第一粒扣子，引导她们感党恩、听党话、跟党走，引着她们做共产主义事业的接班人，让学生们远方有灯、脚下有路、眼前有光，在山沟沟里也能看到外面精彩的世界，看到美好的未来。

下面让我们一起学习张桂梅老师的动人故事，感悟她关于生命的理解。

展示材料，榜样介绍：张桂梅，点亮乡村女孩人生梦想的优秀人民教师，推动创办了面向贫困山区女孩的免费女子高中，帮助2000多名贫困山区女孩圆了大学梦，拖着病体忘我工作，坚持用红色基因树人铸魂，被孩子们亲切地称为"张妈妈"。

2020年10月，张桂梅被中宣部授予"时代楷模"称号；2021年2月17日，被评为"感动中国2020年度人物"；2021年2月25日，荣获"全国脱贫攻坚楷模"荣誉称号；2021年6月29日，被党中央授予"七一勋章"。

133

【设计意图】

　　把张桂梅坚守为党育人、为国育人的初心，扎根边疆教育40多年的感人故事引入思政课堂，不仅能激发学生课堂探究学习的兴趣，而且能引导学生在具体可感的榜样人物事迹中理性思考人生价值、价值观的导向作用、社会主义核心价值观等，将榜样人物的优良品质融入血脉之中，实现立德树人的根本任务。

环节二：观看视频　设置议题

　　师：请同学们带着以下情境议题的思考去观看有关张桂梅感人故事的视频，结合视频信息进行自主探究学习。

　　情境议题1：有人说，张桂梅不顾自己身患重病，为支持华坪女高发展、补助贫困学生，甘愿牺牲自己的一切，这样值得吗？请结合张桂梅的事迹谈谈你的思考。

　　情境议题2：请你描述张桂梅人生阶段轨迹，她是怎样不断充盈自己的生命的？

　　情境议题3：你认为在全社会广泛宣传张桂梅的先进事迹有什么重要意义？

　　情境议题4：伟大来自平凡，平凡创造伟大。张桂梅是如何在平凡中创造伟大的？

【设计意图】

　　思政课是落实立德树人根本任务的关键课程，思政课课堂情境材料的选择与运用更是体现育人育德学科的着陆点。选取张桂梅老师感人故事作为情境材料，注重材料的典型性与先进性，更能有效地触及学生的心灵，推动学生的情感升华，促进学生良好行为的养成，进一步彰显思政课的魅力。

环节三：小组合作　自主探究

　　学生分小组对四个情境议题进行讨论，自主、合作探究，配背景音乐，教师巡堂，适当指点。

【设计意图】

　　观看视频之后，基于结构化情境议题，小组合作讨论，自主探究，有利于培养学生的团结合作意识，提高其语言表达能力、理性思考能力，以及发现问题、分析问题和解决问题的能力。

环节四：师生分享　总结提升

【活动一】学生分享汇报合作学习成果：有人说，张桂梅不顾自己身患重病，为支持华坪女高发展、补助贫困学生，甘愿牺牲自己的一切，这值得吗？请结合张桂梅的事迹谈谈你的思考。

【设计意图】

　　理性思辨，去疑存真。基于这一议题情境，引导学生探讨怎样的一生是值得的，体悟生命是独特的，生命的意义是具体的，生命的意义需要自己发现和创造。本议题情境旨在设置思辨性问题引发学生思考，培养学生用辩证思维思考的科学精神。

　　师：在多年前，我就关注了张桂梅的故事，她是我的精神导师，也是我一直在努力学习的榜样，今天我们就来了解她的故事。有人说，张桂梅不顾自己身患重病，为支持华坪女高发展、补助贫困学生，甘愿牺牲自己的一切，这样值得吗？请结合张桂梅的事迹谈谈你的思考。

　　（我认为这样的人生值得。张桂梅老师初心不改，扎根边疆教育40多年，矢志不渝、执着追求，为党和人民的教育事业奉献了自己的一切。）

　　师：她为党和人民的教育事业作出了哪些卓越贡献？

　　（在她的推动下，华坪儿童之家、华坪女子高中先后建立，2000多名学生考入大学，170多个孤儿有了温暖的家，点亮贫困地区女孩的人生梦想，用知识改变贫困山区女孩命运，用教育阻断贫困代际传递。她还以红色文化育人，传承红色基因，让学生在心中深埋一颗颗红色的种子，帮她们系好人生第一粒扣子……）

　　师：张桂梅老师在无数次家访中，看着一个个山区女孩因贫困失学，决心创办免费女子高中，点亮贫困地区女孩的人生梦想。她真正做到了活出自己的人生，实现自我价值；当别人需要帮助时，付出自己的爱心，无论大小，自愿承担责任；能够将个人理想与国家发展、民族复兴和人类命运结合起来。这样的一生是值得的。

所以，我们要从多个角度追问生命的意义。从张桂梅老师的故事中，你对自我生命的意义还有哪些感悟？

（生命的意义是独特的、具体的，不同的人对生命意义的理解是不同的。比如，有的人认为张老师身患重病，就该好好休养治病，但张桂梅老师却说："只要还有一口气，我就要站在讲台上，倾尽全力、奉献所有，九死亦无悔。"同时，生命的意义需要自己发现和创造，并不是他人赋予和解读的。如华坪女高的学生们，通过自己的努力，用知识改变了命运，走出了大山，摆脱了贫困，看到了美好的未来。正是对生命意义的不断探索，人类社会才能得以不断进步，我们的人生才能更加出彩！）

师：生命的意义是一个解读人存在的目的与意义的哲学问题，生命引导人思考自我生命与他人生命之间的关系，兼顾并统合自我、社会、精神的关系，使生命在动态有机协调中得到全面发展。生命是独特的，每个人的生活不尽相同，在生活经历中建构自己，思考自己想要怎样的生活等问题，通过认真审视这些问题，我们会更加明确生命的意义。

知识归纳

能够活出自己的人生，自食其力，实现自我价值；当别人需要帮助时，付出自己的爱心，无论大小，自愿承担责任；能够将个人理想与国家发展、民族复兴和人类命运结合起来，这样的一生是值得的。生命是独特的、具体的。生命的意义需要自己发现和创造。

【活动二】学生分享汇报合作学习成果：请你描述张桂梅人生阶段轨迹，她是怎样不断充盈自己的生命的？

【设计意图】

学生深入探讨张桂梅老师的人生阶段轨迹，激发学生思考怎样才能让自己的生命充盈起来，并落实到行动上，使得"让生命充盈"不再遥远，让学生认识到生命是一个逐渐丰富的过程，由感性认识上升到理性认识层面，实现"价值性与知识性相统一""理论性与实践性相统一"。

师：张桂梅老师的人生是有意义的，她的一生充实而丰盈。下面我们先来回顾张桂梅老师的人生轨迹。

（随姐姐去云南支教——到喜洲工作，丈夫去世——华坪初中任教——身患肿瘤，群众帮助——担任福利院院长——创办华坪女高——"奇迹校长"——时代楷模、感动中国年度人物、"七一勋章"获得者等。）

师：在张桂梅老师的人生轨迹中，她是如何充实和丰盈自己的生命的？

（生命是一个逐渐丰富的过程，人们对待生活的不同态度，会影响到生命的质量。张桂梅老师始终敞开自己的胸怀，不断尝试与他人、与社会、与自然建立联系，丰富道德体验，增强对生命的感受力、理解力，让生命得到滋养，让生命充实而丰盈。在华坪女高办学初期，条件艰苦，但张桂梅老师抱着一定要把女子高中办好的决心，始终百折不挠，顽强拼搏，以红色文化育人，传承红色基因，并最终创造了奇迹，让山沟沟里的女孩子也能看到美好的未来。我们要向张桂梅老师学习，热爱学习，乐于实践，在探索中扩展生活的阅历，让生命充满色彩与活力。）

师：每个生命都会在生活中展现千姿百态，让生命充满色彩与活力、充实而丰盈，需要我们持有积极向上的生活态度，增强面对困境时的勇气和力量，明确生活目标，并落实到行动上。

知识归纳

对待生活的不同态度，会影响生命的质量。生命是一个逐渐丰富的过程。我们要树立积极的人生态度，勇敢地面对生活的困境与难题，让生命充实而丰盈。

【活动三】学生分享汇报合作学习成果：在全社会广泛宣传张桂梅的先进事迹的重要意义？

【设计意图】

　　课堂是立德树人的主阵地，活动是教化育人的大舞台。基于对这一情境议题的探讨，让学生多角度分析在全社会广泛宣传张桂梅的先进事迹的重要价值，打开学生思维，提高其分析问题、解决问题的能力，从而让学生的深度思考在课堂中真实发生。

　　师：你认为，在全社会广泛宣传张桂梅的先进事迹有什么重要意义？

　　（首先，对个人来说，有利于激发我们向张桂梅老师学习的热情，让我们懂得人与人在相互依存和彼此关切中感受温暖，传递温暖，拒绝冷漠，学会做一个有温度的人，让我们树立正确的世界观、人生观和价值观；其次，对社会来说，有利于传递社会正能量，营造良好的社会氛围，推动社会的文明进步，共同营造和谐的社会；再者，对国家来说，有利于培育和践行社会主义核心价值观，弘扬助人为乐、无私奉献等中华民族传统美德，促进社会主义精神文明建设，为实现中华民族伟大复兴提供强大的精神动力。）

　　师：因此，我们都要以张桂梅老师为榜样，不仅要关注自身的发展，而且要关切他人的生命，设身处地地思考并善待他人。"送人玫瑰，手有余香。"我们要用自己的真诚和热情去感动、温暖他人，消融冷漠，共同营造良好的人际关系与和谐的社会环境。

　　知识归纳

　　人与人在相互依存和彼此关切中感受温暖，传递温暖。我们不仅要关注自身的发展，而且要关切他人的生命，设身处地地思考并善待他人，共同营造一个互信、友善、和谐的社会。

【活动四】学生分享汇报合作学习成果：伟大来自平凡，平凡创造伟大。张桂梅是如何在平凡中创造伟大的？

【设计意图】

　　教学过程不单是传授与学习文化科学知识的过程，同时也是促进学生全面发展的过程。基于对这一情境议题的探讨，让学生明晰张桂梅的伟大在于既有物质奉献，也有精神奉献，既有社会价值，又实现了个人价值，进一步激励学生向榜样模范看齐，提升让生命绽放光彩的实践内驱力，打通并走好道德素养走向道德实践的"最后一公里"。

　　师：张桂梅老师在"七一勋章"颁授仪式上发言时说："我们所做的一切，不过是许多共产党员每天正在做的事情，而党和人民却给了我们如此崇高的荣誉。"她是如何在平凡中创造伟大的？

　　（张桂梅老师虽然是一名普通的人民教师，但她初心如磐，为党和人民的教育事业奉献了一生，促进了国家教育扶贫事业的发展。她将红色教育融入教育教学工作全过程，给了贫困女孩们理想的引领、文化的熏陶和精神的塑造，大山深处，多了许多革命先辈的精神传人。如今，华坪女高学生有的成为乡村教师，有的成为乡镇卫生院的医生，还有的主动报名到艰苦地区当兵。张桂梅老师运用自身的品德、才智和劳动，创造出比自己有限的生命更长久、更不平凡的社会价值，留下了宝贵的物质财富和精神财富，影响着一代又一代的人。她始终把自己的生命与他人、集体、民族、国家，甚至人类的命运联系在一起，用善良、坚守、责任、奉献书写了自己生命的价值，在平凡中创造了伟大，是当之无愧的"时代楷模"。）

　　师：每个人的生命都有自己独特的使命，我们在第一个情境议题中讲到生命的意义需要自己发现和创造，能够将个人理想与国家发展、民族复兴和人类命运结合起来，这样的一生是值得的。张桂梅老师的故事告诉我们，伟大在于创造和奉献，平凡的生命也有自己的价值，我们要把个人命运与国家发展紧密相连，提升生命质量，创造生命价值，活出生命的精彩。

┌─ **知识归纳** ─────────────────────

　　每个人的生命都有自己独特的使命。伟大在于创造和贡献，用认真、勤劳、善良、坚持、责任、勇敢书写自己的生命价值。平凡的生命也能时时创造伟大，生命从平凡中闪耀出伟大。

└──────────────────────────

◈ **课堂小结** ·····················

　　生命的意义不是空泛的，而是联系到每个人自身的；生命的意义不是与生俱来的，而是自己发现和创造的；生命的意义不是他人赋予的，而是自己在探索的过程中逐渐明晰的；生命的意义不只在于让自己生活得好，还在于让他人、社会、国家和民族，乃至人类都更好。因此，我们要以张桂梅老师为榜样，以坚韧执着的拼搏精神和无私奉献的大爱，书写生命的价值，活出生命的精彩！

◈ **知识整合** ·····················

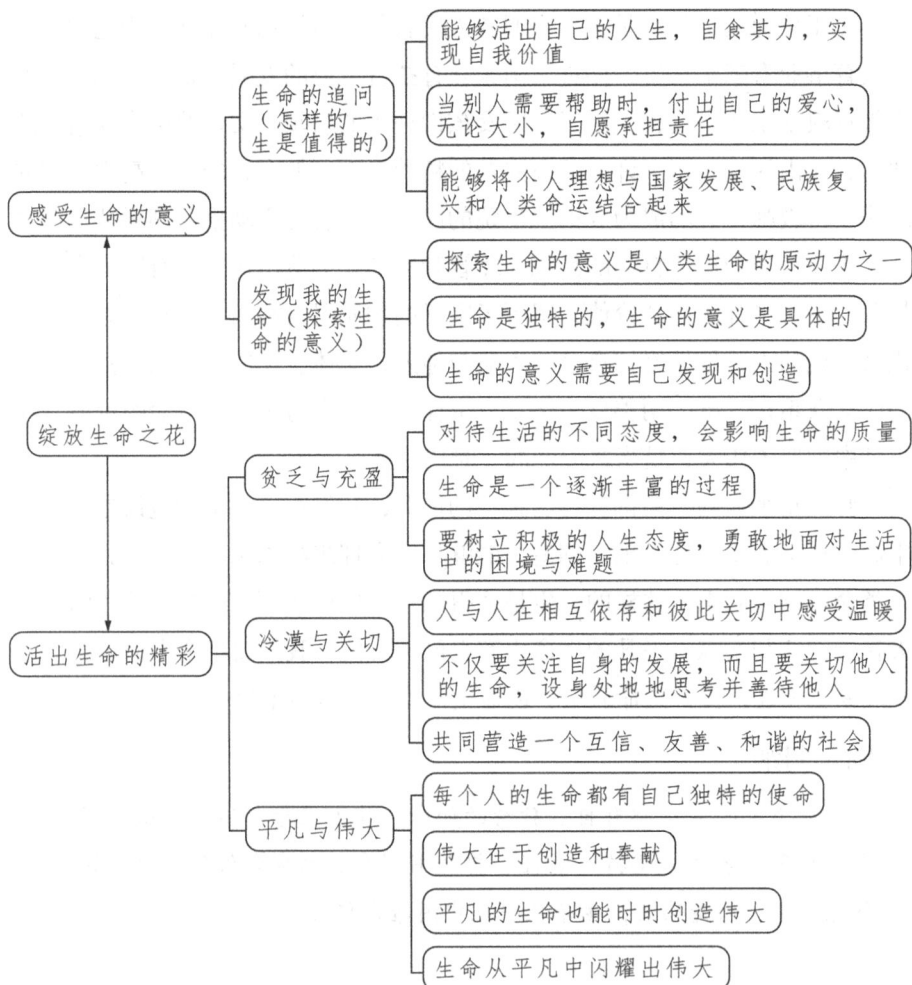

七年级下册

第一单元　青春时光

☀ 单元主题分析

　　"青春，是生命旅途中一个崭新的起点；青春，是人生画卷中最华美的篇章。"本单元凸显青春生命教育本色，聚焦"青春"主题，不仅关注初中学生青春期的身心变化，更注重从"身体—心理—精神"的整体状态来认识和看待初中学生的生命成长，承接七年级上册生命教育的理念与思想，奠定七年级下册青春生命教育的底色。

　　青春期是生理、心理、社会行为等方面从未成熟到成熟、从未定型到定型的急剧变化的时期，是人生中发生质的转变的时期，是脱离儿童时期的认知方式、创造新的自我观念、从心理上重建人生的时期，需要对这一时期的学生进行青春期教育，引导他们体会青春的美好，珍惜青春，以积极向上的态度投入青春生活。

☀ 单元大目标

　　本单元关注七年级学生步入青春期的正面经验，将社会主义核心价值观融入其中，并结合中华优秀传统文化中的慎独、家国情怀等，将青春活力化为生活中的正能量，引领学生在青春期的精神追求，最终落脚点是引导学生珍惜青春、把握青春，以积极向上的态度投入青春生活。具体而言，在教学设计上，引领学生觉察青春期的身心变化，积极悦纳生理变化，直面矛盾心理，学会独立思考，培养批判精神，开发创造潜能；帮助学生正确认识两性之间的性别差异，学会优势互补。同时，引导学生把握好与异性交往的原则与尺度；激励学生自信、自强，敢于面对青春期对成长的渴望与退思，在自我探索、自我证明的道路上，既坚守道德底线，又拥有向往"至善"的精神追求。

☀ 单元大概念

正确与异性交往，建立真诚友谊；行己有耻，止于至善。

第一课　青春的邀约

◆ **课标依据**

课程目标	第四学段目标	健全人格：认识青春期的身心特征，建立同学间的友谊，把握与异性交往的尺度。
课程内容	第四学段	生命安全与健康教育：了解青春期的生理和心理变化，体会青春期的美好，学会克服青春期烦恼；掌握青春期性心理知识，正确对待两性关系，提高预防性骚扰和性侵害的能力。

摘自《义务教育道德与法治课程标准（2022年版）》

◆ **学情分析**

　　七年级的学生，面对的是人生中的一个重要阶段——青春期。青春期在人生中起着特殊作用，处于特殊地位，也存在着特殊问题。青春期是人一生中生理变化的关键期。在这一时期，人的身体将发生明显的变化。这些变化主要包括两个方面：首先是体格迅速发育，包括身高迅速增长、体重迅速增加等；其次是第二性征的出现和性成熟。这些变化是迅速的、全面的，而学生却往往没做好心理准备。

　　青春期也是人一生中心理发展急剧变化的关键期。这一时期是个体从儿童向成人过渡时期，既充满着生机和活力，又充满着各种矛盾和冲突，如依赖与独立、幼稚与成熟等矛盾。学术界将青春期称为"反抗期""烦恼期""闭锁期""心理上的断乳期"等，也有学者称之为"困难期""危险期"等。

　　由于上述诸多因素的影响，有些学生进入青春期会出现这样或那样的特殊问题，比如：面对一系列的生理变化，可能会因不适应而产生过分激动、羞涩、烦躁、恐慌等心理反应，也可能会出现"我为什么发育太快（慢）""我怎么会长成这样"等疑问；由于缺乏必要的青春期心理卫生常识，不能进行有效的心理调节，可能会出现许多心理烦恼，譬如由不能独立带来的烦恼、由闭锁心理带来的烦恼、由多变的情绪带来的烦恼、因某些冲动而产生的苦闷与烦恼等。身体发育与心理发展导致的诸多变化，给学生在这一阶段认识自我、学习处理与他人和集体的关系带来了挑战，甚至可能导致诸多严重问题发生。总之，这些矛盾和问题若处理不好，就会影响学生正常的学习和生活，进而影响其身心健康发展。

因此，有必要对处于青春期的学生进行心理、品德教育，让他们了解身心发展的基本规律，懂得一些生理与心理卫生常识，积极悦纳自我，感受生理变化带来的旺盛生命力，体会生理变化给每个人带来的机遇和挑战，学会积极面对、正确处理，体味青春期的美好，以促进自己健康成长。

◆ **核心概念** ·····················

悦纳生理变化、直面矛盾心理、学会独立思考、培养批判精神、开发创造潜力。

◆ **学习目标** ·····················

1. 概述青春期的生理变化和青春期矛盾心理的表现，从容接受青春期的生理和心理变化。

2. 倾向于以积极的心态迎接青春期的到来，悦纳青春期的身体变化，追求内外兼修的青春之美。运用正确的方法，积极调适青春期的矛盾心理。

3. 理解青春期思维能力发展的特点，运用批判性思维的方法，积极开发创造潜力，提升发现问题、思考问题、解决问题的能力。

◈ 设计思路 ··············

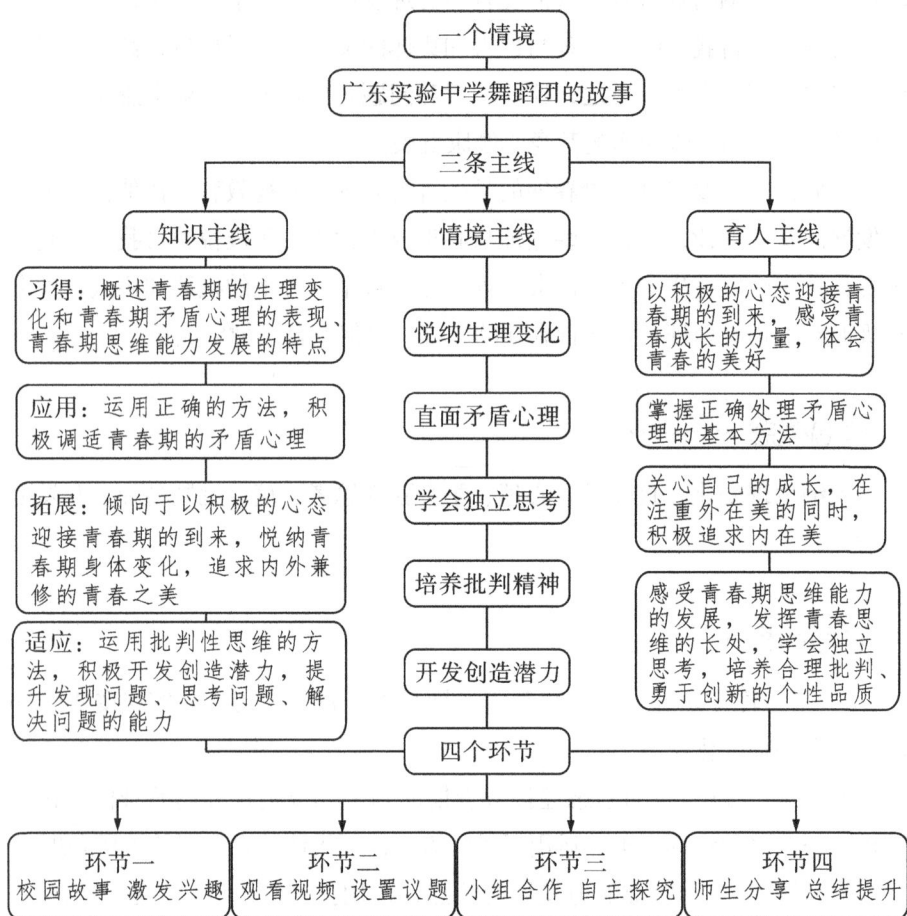

根据七年级学生身心发展特点以及教学目标要求，用四个环节完成新课教学。环节一：校园故事　激发兴趣——教师分享广东实验中学舞蹈团因在开学典礼上的表演而"爆红"网络的故事，引起学生的兴趣。环节二：观看视频　设置议题——播放广东实验中学舞蹈团的表演视频和有关新闻报道，学生边看边思考问题。环节三：小组合作　自主探究——学生看完视频后，以小组的形式进行讨论，合作探究。环节四：师生分享　总结提升——学生分享，教师引导，生成本课知识，实现本课学习目标。

开学第一天，超养眼组合
——广东实验中学舞蹈团带来满满青春气息

2021年2月22日，广东实验中学（以下简称"省实"）开学典礼上，一段12名初中女生可爱又充满青春活力的舞蹈表演视频火遍全网，萌化了网友的心，视频发布后，一天内点击量近3000万，并登上同城热榜第一名。

网友在评论中大赞小姑娘们青春无敌、校园氛围好。网友"99"说："我读书的时候要是有这样的气氛，也不至于读成这样。"有网友喊话："集体出道吧！"不少网友感叹"校服真好看"，还有热心的广东省网友向其他省市网友"科普"省实的"学霸体质"。

省实舞蹈团"爆红"网络，
八年级女生理智看待"流量"与"走红"

2021年2月23日下午，羊城晚报记者采访了视频中的一名女孩——八年级（1）班的蔡同学及省实舞蹈团的负责人。对于网络关注，蔡同学不认为是压力，她说："被这么多人看见，挺意外的，也挺开心，这是大家对我们的认可，也是一种动力，警醒我们要继续做得更好，也鼓励我未来要在自己喜欢的道路上更努力一些、走得更远。"

虽然只是八年级女生，但蔡同学对"流量是什么"已经有了自己的看法，让人感叹她的理性、清醒。"我们视频中的舞蹈，从专业角度其实没有彰显舞蹈团水平，网友可能是喜欢我们那种青春活力的气息、热情洋溢的表现。""当你的某种特质符合他们（网友）喜好的时候，他们就会追捧或喜欢你，但这种情绪是转瞬即逝的。做好自己，专注提高舞蹈技能，'流量'来或走都没关系。"

蔡同学热爱舞蹈，小学四年级开始跳舞，七年级进入省实舞蹈团，她享受跳舞时的忘我和热情，感受每种不同风格的舞蹈给心理带来的变化，但是有时候也会有不少烦恼，比如怕自己身材胖了影响跳舞，有时候学习和舞蹈训练需要更好地平衡，未来希望以舞蹈作为职业。

此次开学典礼上的表演对省实舞蹈团来说不过是"小试牛刀"，因为一贯秉持锻炼同学们能力的宗旨，所以舞蹈团负责老师杨老师将任务交给同学们，蔡同学和另一名同学组织七年级、八年级10名同学，从主题、音乐、编舞、排练到复盘、总结经验，全部自主完成，老师只点拨、指导，同学们就这样在表演中获得成长。

省实舞蹈团同学正走向全国

省实舞蹈团建团已15年，是国内顶级的中学舞蹈团，曾荣获全国中小学生艺术展演一等奖。省实舞蹈团取得了很多值得骄傲的成绩，有很大的表演平台，取得很多赛事第一名的成绩，但第一名只有一个，当站不到领奖台上、拿不了第一名的时候，个人还有没有价值？这是杨老师一直思考的问题。她希望孩子们不要因外界的评价而影响对自己的判断，要成为自己的骄傲，"不是父母的骄傲，不是他人的骄傲，只因自己的存在而骄傲"。杨老师说，希望每个孩子离开省实舞蹈团时，有三方面的收获：一是舞蹈，二是学习舞蹈过程中体会到的坚持、友爱等精神力量，三是成为自己的骄傲。

每到毕业季，省实舞蹈团都捷报频传，如王同学考入浙江大学，冯同学被中国人民大学录取，孟同学考入上海戏剧学院表演专业，朱同学成功被北京电影学院录取，谭同学被暨南大学录取……

——整理自《羊城晚报》

◆ **学习过程** ·····················

环节一：校园故事　激发兴趣

师：青春，是生命旅途中一个崭新的起点；青春，带着一份特殊的邀约，款款而来；青春，是人生画卷中最华美的篇章。今年的开学典礼上，有没有哪个节目让你感受到扑面而来的青春气息？

生：开学典礼上舞蹈团的节目，满满的青春气息。

师：舞蹈团充满青春活力的舞蹈表演，引发了广泛的社会关注，让我们感受到青春的蓬勃生机，体会到青春的美好。

展示图片，介绍故事："学霸体质"的广东实验中学，在开学典礼上的一段学生舞蹈视频火遍全网，视频中12名女生可爱又充满青春活力，"萌"化了网友的心，视频一天"收割"近3000万点击量，登上同城热榜第一名。

【设计意图】

以学生亲身经历的校园故事创设情境，导入新课，让学生倍感亲切，更容易激发学生的学习兴趣，营造轻松愉快的教学氛围，为后续教学作好铺垫。

环节二：观看视频　设置议题

师：请同学们带着对以下情境议题的思考去观看省实舞蹈团的表演视频和有关新闻报道，结合视频信息进行自主探究学习。

情境议题1：为什么开学典礼上的舞蹈视频一天的点击量近3000万？

情境议题2：蔡同学的烦恼来自哪里？请举例说明。

情境议题3：你如何理解蔡同学说的"当你的某种特质符合他们（网友）喜好的时候，他们就会追捧或喜欢你，但这种情绪是转瞬即逝的。做好自己，专注提高舞蹈技能，'流量'来或走都没关系"？

【设计意图】

本活动意在激发学生的共鸣，并通过对情境议题的探究引发学生对青春期的思考与感悟，加强自我觉察与体会，从自我认识的角度开启对青春期的探讨，激发学生对青春期生理与心理问题进行学习和探究的兴趣。

环节三：小组合作　自主探究

学生分小组对三个情境议题进行讨论，合作探究，配背景音乐，教师巡堂，适当指点。

【设计意图】

观看视频之后，基于结构化情境议题，小组合作讨论，自主探究，有利于培养学生的团结合作意识，提高其语言表达能力、理性思考能力，以及发现问题、分析问题和解决问题的能力。

环节四：师生分享 总结提升

【活动一】学生分享汇报合作学习成果：为什么开学典礼上的舞蹈视频一天的点击量近3000万？

【设计意图】

基于对这一情境议题的探究，引导学生认识青春期生理变化的主要表现，知道青春期的发育成长对每个人来说都是必经的，应以更加积极的态度来认识青春期，发现青春能量，感悟青春活力。

师：大家思考一下为什么开学典礼上的舞蹈视频一天的点击量近3000万？

生1：舞蹈团的同学们长得漂亮，跳的动作整齐，脸上洋溢着灿烂的笑容，还有活泼的音乐，处处都散发着青春的气息。

生2：通过舞蹈表现出了中学生的青春气息、旺盛的生命力，带给身边的人满满的正能量，让人感受到生命的美好。

师：是的，当我们看到舞蹈团同学表演时，感受到青春活力、朝气蓬勃，不自觉地就被吸引了，感叹校园生活多么美好。

师（追问）：大家有没有发现，进入青春期后，我们的身体在悄悄地发生变化？

生：我们在身高、体重、体态、相貌等方面都发生了明显的变化，这些是身体外形的变化，还有内部器官的完善、性机能的成熟。

师：青春期的这些生理变化，给我们带来了旺盛的生命力，使我们拥有了更加敏捷的思维，进一步体会到青春力量、青春活力。正如我们看到舞蹈团充满青春活力的舞蹈表演，会激发我们对成长的强烈渴望，让我们感觉生活拥有无限可能，青春无限美好。

知识归纳

青春期身体变化主要表现为身体外形的变化、内部器官的完善、性机能的成熟。

【活动二】学生分享汇报合作学习成果：蔡同学的烦恼来自哪里？请举例说明。

【设计意图】

基于对这一情境议题的探究，引领学生从更深层次理解外在美与内在美，引导学生从关注外在的身体变化转为关注内心成长，在追求形体、仪表等外在美的同时，追求品德之美、修养之美。通过对矛盾心理产生的原因进行探讨，帮助学生认识矛盾心理，从而能够直面矛盾心理，掌握心理调适的方法与技能，促进心理健康发展。

师：随着生理的发育，青春期的我们在心理上也会出现一些波澜。蔡同学的烦恼来自哪里？请举例说明。

生：蔡同学怕自己身材胖了影响跳舞，有时候学习和舞蹈训练需要更好地平衡。这种心理是典型的青春期矛盾心理。

师：老师在和一些舞蹈团的同学聊天中也了解到，有同学从三年级开始学习舞蹈，取得过很多成绩，但是最近由于身体发育变胖了，班长让她在班会上给大家表演，她都有点不敢跳。舞蹈团最近准备排练一支新舞蹈，每天集训到很晚，同学们都没有太多时间做作业，学习也感到有些吃力。她们为什么会有这样的矛盾心理？

生：伴随着生理发育，她们的认知能力得到发展，自我意识不断增强，情感世界愈加丰富，相比生理发育而言，心理发育相对滞后，她们对自己的认同感不够稳定，所以常常表现出如闭锁与开放、勇敢与怯懦、反抗与依赖等矛盾心理。

师：这些矛盾心理是我们普遍存在的共同问题，是青春期发育过程中自然、正常的现象。然而，能否因为身体变胖等外在生理变化而否定自己？

生：不能。因为受到遗传、生活变故等先天或后天因素的影响，我们的生理发育存在较大的差异，过分追求外在的形态、修饰等只会加剧青春期的矛盾心理。青春的美丽不仅在于靓丽的外表，而且在于内心的美好。

师：因此，我们要悦纳生理变化，不因自己的生理变化而自卑，也不要嘲弄同伴的生理变化。在追求形体、仪表等外在美的同时，也要追求品德之美、修养之美。

知识归纳

　　我们要正视身体的变化，欣然接受青春花蕾的绽放，不因自己的生理变化而自卑，也不嘲弄同伴的生理变化。在追求形体、仪表等外在美的同时，也要提高品德和文化修养，体现青春的内在美。

　　师：青春期带来的生理和心理变化意味着生命活力的不断增强，意味着生命发展的更多可能。我们要积极面对和正确处理青春期的矛盾心理，促进自身健康成长。同学们有没有一些具体的好方法来帮助调适青春期的矛盾心理？

　　生：可以积极参加体育活动，也可以采用和老师聊天、多参加社团活动、听音乐、看电影等方式自我调节……

知识归纳

　　我们要积极面对和正确处理青春期的矛盾心理，促进心理健康发展。

　　【活动三】学生分享汇报合作学习成果：你如何理解蔡同学说的"当你的某种特质符合他们（网友）喜好的时候，他们就会追捧或喜欢你，但这种情绪是转瞬即逝的。做好自己，专注提高舞蹈技能，'流量'来或走都没关系"？

【设计意图】

　　基于对这一情境议题的探究，由点到面，由个体到群体、社会、国家，层层推进，深化认识，引导学生感受青春期的身心发展为我们的思维能力发展和精神成长提供了可能，要学会独立思考，培养批判精神，开发创造潜能，实现人生梦想，推动社会进步、国家富强。

　　师：舞蹈视频中的小伙伴们对于"爆红"反应并不热烈，尤其是蔡同学对"'流量'是什么"已经有了自己的看法，让人感叹她的理性、清醒。她说："当你的某种特质符合他们（网友）喜好的时候，他们就会追捧或喜欢你，但这种情绪是转瞬即逝的。做好自己，专注提高舞蹈技能，'流量'来或走都没关系。"对此，同学们怎么看？

生：蔡同学面对"爆红"网络这个问题，有非常清醒、理性的思考。近3000万的点击量，是大家对舞蹈团精彩表演的认可，也是大家被省实校园的青春气息所触动，激发出对青春的向往的表现。然而这个情绪是短暂的，它也是一种鞭策、一种前行的动力——如果想要得到他人长久的支持，必须专注于提高舞蹈技能。真正提高专业能力，"流量"来或走都不会受到影响。只有做好自己，才能走得更加长远。

师：这段话说明蔡同学不会随意跟风，具备了独立思考能力，能够作出理性的判断。一位哲人说过："人是一根能思想的苇草。"虽然生命有时像苇草一样脆弱，但思想使我们强大。只有当思想日渐成熟，我们才能真正长大。

知识归纳

独立思考并不等同于一味地追求独特，而是不人云亦云，有自己独到的见解，同时接纳他人合理的、正确的意见。

师：在我们的青春成长过程中，除了需要独立思考的能力，还需要什么？

生：必须要有批判精神，培养批判性思维，对事情有自己的看法，敢于表达不同观点，敢于对不合理的事情说"不"，敢于向权威挑战。

师：想要提高独立思考能力，必须要有批判精神，培养批判性思维。省实校友钟南山院士，就有一种敢于向权威挑战的"南山精神"。

展示材料：省实校友——钟南山的故事

"非典"期间，钟南山院士毅然奔赴前线，主动要求将重症病人交给他。他勇敢地否定了关于"典型衣原体是非典型肺炎病因"的观点，作出自己正确的判断，使广东成为全球"非典"病人治愈率最高、死亡率最低的地区之一。后来，世界卫生组织宣布，冠状病毒的一个变种是引起"非典"的病原体，"非典"被正式命名为SARS。在新冠疫情来袭之际，钟南山院士再次毅然挂帅出征，奋斗在抗疫的第一线。实验室里有他奋斗的身影，各种诊疗场合有他奉献的身影，会场里有他勤勉的身影……钟南山院士敢为人先、敢医敢言、无私奉献，为对抗新冠疫情作出了重要贡献。

师： 从钟南山院士的故事中，可知培养批判性思维有什么积极作用？

生1： 有助于我们发现问题、提出问题，并从不同角度思考问题，探讨问题解决方案。

生2： 批判能调动我们的经验，激发新的学习动机，促使我们解决问题，改进现状。

> **知识归纳**
>
> 批判性思维有助于我们发现问题、提出问题，并从不同角度思考问题，探讨问题解决方案。批判能调动我们的经验，激发我们新的学习动机，促使我们解决问题，改进现状。

师： 在批判的时候，要注意些什么？

生1： 要有质疑的勇气，要有表达自己观点、提出合理化建议的能力。

生2： 批判时要考虑他人感受，注意方式方法，让人容易接受，对事不对人。

> **知识归纳**
>
> 批判要有质疑的勇气，要有表达自己观点、提出合理化建议的能力；要考虑他人的感受，知道怎样批判更容易被人接受，更有利于解决问题；要掌握批判的技巧，批判只针对事情本身，而不攻击他人；要具有一定的建设性。

师： "80后"的钟南山院士仍潜心于呼吸系统疾病的研究、预防与治疗，为我国乃至世界公共卫生安全贡献力量，这对我们有怎样的启示？

生： 我们要向钟南山院士学习，注重培养批判性思维，勤奋学习，自觉劳动，勇于创新创造，为社会、国家乃至全人类作出贡献。

师：创新创造就是要敢于打破常规，开创前人未走之路。在这个过程中，我们需要注意些什么？

生：要在遵守法律和道德规范的前提下进行创新创造，还要看重创造的意义和价值，比如通过我们的智慧和双手去尝试、探索、实践，创造出预防和治疗新冠肺炎的疫苗和药物。

师：邓颖超女士曾说："希望你们不是贪图安逸、坐享其成的一代，而是艰苦创业、造福人类的一代；不是因循守旧、墨守成规的一代，而是勇于创新、开拓前进的一代；不是满足现状、不思进取的一代，而是向往明天、创造未来的一代。"青年强，则国家强。当代中国青年生逢其时，施展才干的舞台无比广阔，实现梦想的前景无比光明。老师殷切期望着大家坚定不移听党话、跟党走，怀抱梦想又脚踏实地，敢想敢为又善作善成，立志做有理想、敢担当、能吃苦、肯奋斗的新时代好青年，让青春在全面建设社会主义现代化国家的火热实践中绽放绚丽之花。

知识归纳

开发创造潜力，要争当勤奋学习、自觉劳动、勇于创造的好少年；在遵守法律和道德规范的前提下，要敢于打破常规，追求创新与生活的丰富多彩，开创前人未走之路；要关注他人与社会，看重创造的意义和价值，做一名对国家和社会有用的创造者。创造离不开实践，青春的创造意味着用自己的智慧和双手去尝试、探索、实践，通过劳动改变自己，影响世界。

◆ **课堂小结**

通过学习，同学们应理解青春期的生理和心理变化是正常现象，掌握解决矛盾心理的方法，做自己的"心理保健医生"。同时，要发挥青春思维的长处，学会独立思考，培养合理批判、勇于创新的个性品质，更好地度过自己最美的青春年华，不虚度青春。

◆ **知识整合** ∙∙∙∙∙∙∙∙∙∙∙∙∙∙∙∙

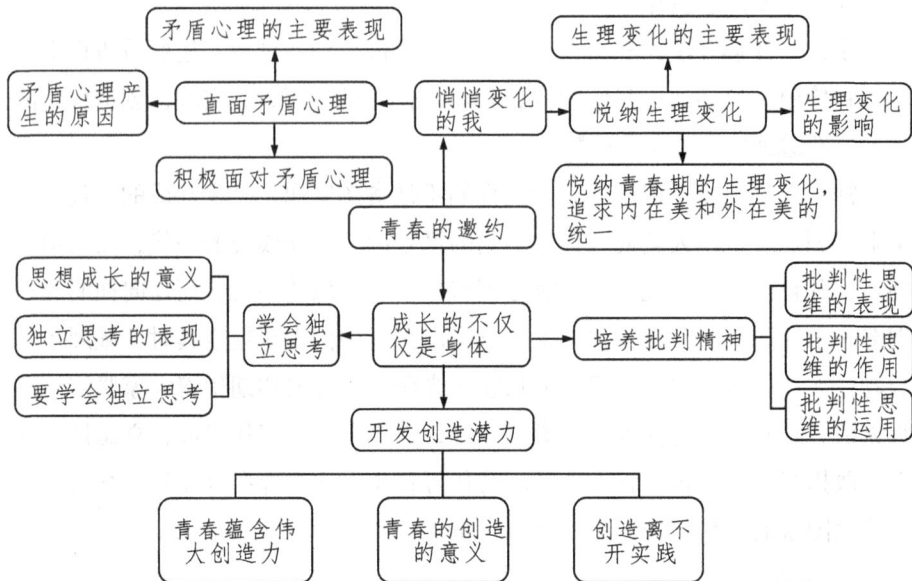

第二课　青春的心弦

◆ **课标依据** ....

课程目标	第四学段目标	健全人格：认识青春期的身心特征，建立同学间的友谊，把握与异性交往的尺度。
课程内容	第四学段	生命安全与健康教育：掌握青春期性心理知识，正确对待两性关系；提高预防性骚扰和性侵害的能力。

摘自《义务教育道德与法治课程标准（2022年版）》

◆ **学情分析** ....

　　异性交往是人类社会生活不可缺少的重要组成部分，是人际交往的重要内容，在个体成长历程中的许多阶段都是必不可少的。

　　青春期的学生正在经历性别角色社会化的过程，学会与异性交往，是青春期重要的目标之一。心理学相关研究表明，异性同学之间的正常交往具有激励作用，有利于学习进步，增进对异性的了解，丰富自身的情感，扩大社会交往的范围，增强与人交往、沟通的能力，有利于增强进取意识，激发愉悦情绪，激励并强化良好行为，促进个性全面和健康发展。异性同学之间的交往若处理不当，则会引发一些不良情绪和不当行为，妨碍其身心健康成长。比如，随着青春期的到来，学生对异性同学产生兴趣，开始关注异性，希望与异性交往，却往往表现出对异性的故意疏远或排斥；一些学生的"纸条恋爱"和朦胧状态下的"狂热初恋"，影响了正常的学业与友谊。因此，教师应帮助学生建立积极向上、健康发展的异性友谊，这对促进他们的成长具有重要意义。

　　本课旨在使学生了解男生女生性别差异，学会正确对待性别差异，明确男生女生交往的必要性，学会从不同的角度欣赏异性，树立健康的异性交往观念，掌握与异性交往的原则和尺度，正确认识并接受青春期开始出现的对异性的爱慕心理，能够运用理性调控异性交往中存在的情感问题，初步形成有关友谊的正确价值观，在健康交往中积极成长。

◆ **核心概念** ·······················

男生女生优势互补，促进共同进步；掌握与异性交往的原则与尺度；正确处理异性之间的朦胧情感。

◆ **学习目标** ·······················

1. 概述青春期男生女生的性别差异和性别优势。

2. 倾向于以正确的态度对待性别差异，扬长避短、取长补短，共同成长。

3. 收集事例分析异性交往的意义，掌握与异性交往的原则与尺度。

4. 知道青春期心理萌动的表现。辨析友情与爱情的界限，学会恰当处理异性之间的朦胧情感。

◆ **设计思路** ·······················

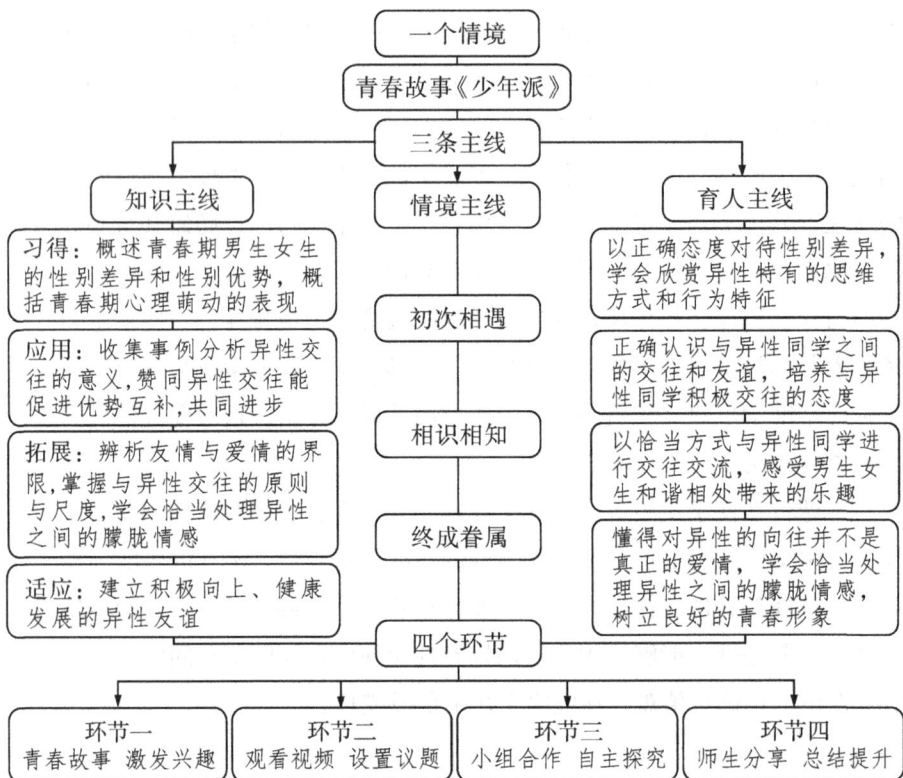

根据七年级学生身心发展特点以及教学目标要求，用四个环节完成新课教学。环节一：青春故事　激发兴趣——教师首先邀请学生分享关于两性差异的认识，在此基础上引出本课青春故事《少年派》。环节二：观看视频　设置议题——播放电视剧《少年派》故事概要，学生结合情境议题自主探究学习。环节三：小组合作　自主探究——学生看完视频后，以小组形式进行讨论，自主、合作探究。环节四：师生分享　总结提升——学生分享，教师引导，生成本课知识，实现本课学习目标。

◆ 青春故事 ·················

《少年派》剧情介绍

《少年派》讲述了相识于高中的林妙妙、邓小琪、钱三一和江天昊等人，迎着阳光、风雨努力奋斗，经历波折，找到了各自的方向，最终收获成长的故事。

初次相遇

精灵活泼的少女林妙妙中考超常发挥，意外考入重点高中。进入高中后，她心地善良、热情大方，很快和邓小琪、江天昊成为好朋友，还认识了全市中考成绩第一、长相帅气的钱三一。

初次相遇时，正值开学大扫除，钱三一由于学习成绩优异，被老师特许不用搬桌子，这引起了林妙妙的反感。而林妙妙大大咧咧、幼稚的表现也让钱三一感到很奇怪。因为成绩的差异、性格的差异，他们初次相遇后就成了死对头，于是在教室里、教室外、广播室内、游乐场里都能见到两个人互相吐槽、打闹的身影。

相识相知

经过一段时间的相处，他们发现彼此身上的闪光点，习惯了彼此的存在。他们一起学习、一起打篮球、一起去饭堂打饭、一起探讨未来大学方向，慢慢走进了对方的心房。

随着高考临近，学习成绩较差的林妙妙非常着急，此时钱三一主动站出来帮助林妙妙提高学习成绩，不仅为林妙妙提供高效率的学习方法，而且每天督促林妙妙认真学习。在钱三一的陪伴下，林妙妙的学习成绩有了很大的进步，同时也变得越来越自信。另外，林妙妙乐观开朗的性格也感染着钱三一，钱三一的原生家庭给他带来了创伤，但林妙妙就像一个充满活力的小太阳，治愈着钱三一的心灵。林妙妙和钱三一这段弥足珍贵的感情始终埋在他们心中，没有互相表明。

终成眷属

时间转瞬即逝，高考成绩公布，林妙妙选择留在本地读大学，而钱三一决定去清华大学求学。他们知道彼此心中的感情，但为了对方的未来，他们选择暂时放弃，将对彼此的欣赏和爱慕深埋在心底，期待着未来羽翼丰满后的再次相遇。

一晃四年过去了，大学毕业在即，林妙妙与钱三一再次相遇，他们大方地袒露了对彼此的感情，共同迎接未来人生的挑战。

——整合自百度百科、豆瓣电影

◆ **学习过程** ……………………

环节一：青春故事　激发兴趣

师：在青春这个美丽的季节里，总有一种关注让我们心存感激，总有一种情愫让我们难以割舍，总有一种选择让我们兴奋或纠结……拨动着青春的心弦。青春犹如一条奔流不息的岁月之河，带着我们坚定地奔向浩瀚的生命海洋，一路蜿蜒曲折，却又风光无限。青春路上，同学们是如何看待与异性同学的相处的？

生1：与异性同学相处是我们成长的必修课。但有时候在与异性同学交往中也会产生很多的烦恼，比如很难把握交友的尺度与界限。

生2：有时候男生只与男生交往，女生只与女生说话，男生女生在交往的过程中存在隔阂。与异性同学交往过密，又怕同学会说闲话，还是少交往为好。

师：今天就让我们通过电视剧《少年派》中林妙妙、邓小琪、钱三一和江天昊等面对青春的兴奋和纠结，最终迎着阳光、风雨努力奋斗，收获成长的青春故事，共同解决大家遇到的这些问题。

展示材料，介绍剧情：电视剧《少年派》讲述相识于高中的林妙妙、邓小琪、钱三一和江天昊等人，迎着阳光、风雨努力奋斗，经历波折，最终找到了各自的方向，收获成长的故事。

【设计意图】

结合学生的成长经历，引导学生在自我观察、自我反思中概述自己在与异性交往中遇到的困惑，引发情感共鸣，激发学生对"正确认识异性同学之间的交往与友谊，把握原则与尺度"的思考和进一步探究的热情，为后续教学奠定情感基础。

环节二：观看视频　设置议题

师：请同学们带着对以下情境议题的思考去观看电视剧《少年派》故事概要，结合视频信息进行自主探究学习。

情境议题1：林妙妙、邓小琪、钱三一和江天昊为什么能成为好朋友？

情境议题2：对于林妙妙与钱三一的相处方式，你怎么看？

情境议题3：林妙妙与钱三一之间的感情是真正的爱情吗？请说明理由。

【设计意图】

进入青春期的学生大都喜欢关于青春的电视剧或电影，以电视剧《少年派》的剧情梗概为结构化情境，让学生在轻松的心境下进行课堂学习，四个具有鲜明性格特征的同龄人能够快速吸引学生的注意力，容易激发学生学习、探究的欲望。

环节三：小组合作　自主探究

学生分小组对三个情境议题进行讨论，自主、合作探究，配背景音乐，教师巡堂，适当指点。

【设计意图】

观看视频之后，基于结构化情境议题，小组合作讨论，自主探究，有利于培养学生的团结合作意识，提高其语言表达能力、理性思考能力，以及发现问题、分析问题和解决问题的能力。

环节四：师生分享　总结提升

【活动一】学生分享汇报合作学习成果：林妙妙、邓小琪、钱三一和江天昊为什么能成为好朋友？

【设计意图】

这一情境议题的设置与探究，旨在引导学生学会辩证看待男生女生性别差异，正确看待性别刻板印象。

师：进入高一，林妙妙、邓小琪、钱三一和江天昊为什么那么快就成为好朋友？

生：他们四人虽然性格截然不同但却相互吸引。林妙妙活泼开朗、心地善良、热情大方；钱三一学习成绩优异，冷静理智；江天昊自信有活力，在学校乐于助人，对朋友够仗义；邓小琪爱打扮、爱漂亮。

师：他们表现出各自鲜明的特点，相互吸引，相互欣赏，最终成为好朋友。同学们能分别用哪些词来形容最欣赏的男生或女生形象？

生1：男生高大帅气、阳光开朗、炫酷自信、善良温和……

生2：女生长相甜美、温柔体贴、多才多艺、心思细腻……

师：到了青春期，男生女生在生理方面的差异会更加明显。在社会文化的影响下，男生女生在性格特征、兴趣爱好、思维方式等方面，越来越多地表现出各自的特点。我们应如何正确对待男生女生的性别差异？

生1：对于青春期特有的生理变化，我们应平静而欣然地接受。正确对待性别角色，不要因过于受性别刻板印象的影响而限制了我们自身潜能的发挥。

生2：对性别角色的认识，可以帮助我们了解自己与异性的不同特点，要学会如何塑造自我形象，如何与异性相处。

　　师：性别刻板印象是人们对男性或女性角色特征的固有印象，表明人们对性别角色的期望和看法。性别刻板印象会影响自身潜能的发挥，不利于与异性正常交往。

┌─ **知识归纳** ─────────────────────────────────

　　青春期男生女生在生理、性格特征、兴趣爱好、思维方式等方面，越来越多地表现出各自的特点。要正确对待男生女生的性别差异，不要过于受性别刻板印象的影响。

└──

　　【活动二】学生分享汇报合作学习成果：对于林妙妙与钱三一的相处方式，你怎么看？

【设计意图】

　　本活动基于结构化情境和青春期学生遇到的典型烦恼，鼓励学生各抒己见，充分表达观点，有理有据地发表意见，充分尊重学生的生活经验和心理感受，引发学生对与异性交往的意义、与异性交往的原则与尺度等问题进行思考。

　　师：电视剧中林妙妙与钱三一的相处方式吸引了不少观众，你们怎么看？

　　生1：他们之间相互理解，相互帮助，相互学习，共同进步。比如，他们在相处中发现彼此身上的闪光点，一起学习、一起打篮球、一起在广播站工作、一起探讨未来大学方向。当钱三一恐高症发作时，林妙妙一直安慰他；在被他人误解时，林妙妙也帮钱三一保守秘密。

　　生2：当林妙妙学习上遇到困难时，钱三一主动站出来帮助林妙妙提高学习成绩，不仅为她提供高效率的学习方法，而且每天督促林妙妙认真学习，于是林妙妙的学习成绩有了很大的进步。

　　师：林妙妙与钱三一在相处中建立了深厚的友谊，从他们身上能看到男生女生拥有各自的性别优势。欣赏对方的优势，有助于我们不断完善自己。男生女生如何做到优势互补？

　　生1：不仅要认识自己的优势，而且要发现对方的优势，相互取长补短。

生2：应相互理解，相互帮助，相互学习，共同进步。

知识归纳

我们不仅要认识自己的优势，而且要发现对方的优势，相互取长补短，让自己变得更加优秀。不同性别的个体具有差异，要学会正确看待自己的优势和不足。男生女生应相互理解，相互帮助，相互学习，共同进步。

师：有同学认为，在青春期，与异性交往很容易被其他人误解，还是少交往好。其他同学怎么看？

生1：男生女生有各自的性别优势，与异性交往有助于我们了解异性的思维方式、情感特征。

生2：与异性交往是我们成长的一个重要方面。异性之间的友谊，可能让人敏感、遭到质疑，但只要我们内心坦荡、言谈得当、举止得体，注意交往的方式方法与时间、地点，这份友谊就会成为我们青春美好的见证。

师：男生女生共同构成我们的学习生活圈，男生女生交往可以扩大我们的交往范围，使我们拥有更多朋友；我们可以学习异性同学的性格优势，增强我们的进取意识，促进个性全面、健康发展；我们可以在学业上取长补短，促进我们共同进步。与异性交往时，我们要做到内心坦荡、言谈得当、举止得体。

知识归纳

与异性交往是我们成长的一个重要方面。异性之间的友谊，是我们青春美好的见证。与异性相处，有助于我们了解异性的思维方式、情感特征。与异性交往时，我们要做到内心坦荡、言谈得当、举止得体。

【活动三】学生分享汇报合作学习成果：林妙妙与钱三一之间的感情是真正的爱情吗？请说明理由。

【设计意图】

　　基于对这一情境议题的探究，引导学生体会青春期对异性的情感，澄清对男生女生情感现象的认识，引导学生正确对待青春期的朦胧情感，也是学生自我教育的过程。通过中外名人对爱情的看法，引导学生思考并感悟什么是真正的爱情，旨在指导学生通过不断学习获取爱的能力，树立正确的爱情观。

　　师：在青春期，与异性交往是我们成长的一个重要方面，也是对我们的考验。林妙妙与钱三一之间的感情是真正的爱情吗?

　　生：我认为，高中时代的钱三一为了林妙妙主动加入广播站，林妙妙有一次专门穿裙子，希望得到钱三一的喜欢。在异性面前，有自我表现的欲望，更加在意自己的形象，渴望得到异性的肯定和接受。这是青春期心理萌动的表现，这份"朦胧的情感"不能称为"爱情"。在高中学习期间，林妙妙和钱三一这段弥足珍贵的感情始终埋在他们心中，没有互相表明。高考后，他们知道彼此心中的感情，但为了对方的未来，他们选择暂时放弃，将对彼此的欣赏和爱慕深埋在心底，期待着未来羽翼丰满后再次相遇。大学毕业在即，林妙妙与钱三一再次相遇，他们大方地袒露了对彼此的感情，共同迎接未来人生的挑战。他们之间此时的感情是建立在责任和能力之上的，经历了时间的考验。这时候的这份感情才算是真正的爱情。

　　师：这名同学的回答特别好!青春期的我们心中开始萌发一些对异性朦胧的情感，这是青春成长中的正常现象。因为对异性的欣赏、对美好的向往而愉悦，也容易使我们把这种欣赏和向往理解为爱情，但是这并不是真正的爱情。林妙妙与钱三一面对感情能做到慎重对待、理智处理，直到大学将要毕业，在责任和能力的基础上，他们才真正大方地袒露了对彼此的感情。

展示材料：名人说爱情

　　在我看来，真正的爱情是表现在恋人对他的偶像采取含蓄、谦恭甚至羞涩的态度，而绝不是表现在随意流露热情和过早的亲昵。

——马克思

　　爱情是一门艺术。人们要学会爱情，就要像学习其他的艺术——如音乐、绘画、木工或者医疗艺术和技术一样的行动……如果没有爱他人的能力，如果不能真正谦恭地、勇敢地、真诚地和有纪律地爱他人，那么人们在自己的爱情生活中也永远得不到满足。

——弗洛姆

知识归纳

萌发对异性的朦胧情感是青春成长的正常现象。对异性的欣赏和向往并不是真正的爱情。爱情是一种高尚的情感。爱情意味着欣赏和尊重，更需要责任和能力。我们要树立正确的爱情观。面对生活中可能出现的朦胧的情感，我们应该慎重对待、理智处理。

◆ **课堂小结**

阳光男孩，青春女孩，都是校园美丽的风景。男生女生存在差异，各有优势，与异性相处，有助于我们了解异性的思维方式、情感特征，有利于我们学习对方身上的优秀品质，促进优势互补、共同成长，给我们带来快乐和美好的感受。在异性面前，我们有自我表现的欲望，在意自己的形象，渴望得到异性的肯定和接受。与异性交往，我们要做到内心坦荡、言谈得当、举止得体，把握好交往的原则与尺度。

相遇青春，我们心中开始萌发一些对异性的朦胧情感，希望与异性同学建立真挚的友谊，这是青春成长中的正常现象，但我们也容易把这种朦胧的情感错误地理解为爱情。其实，这并不是真正的爱情。真正的爱情是一种高尚的情感，意味着欣赏与尊重，更需要责任和能力。所以，面对生活中可能出现的朦胧情感，我们应该慎重对待、理智处理。既然我们身在春天，就不要做秋天的事情。

◆ **知识整合** ························

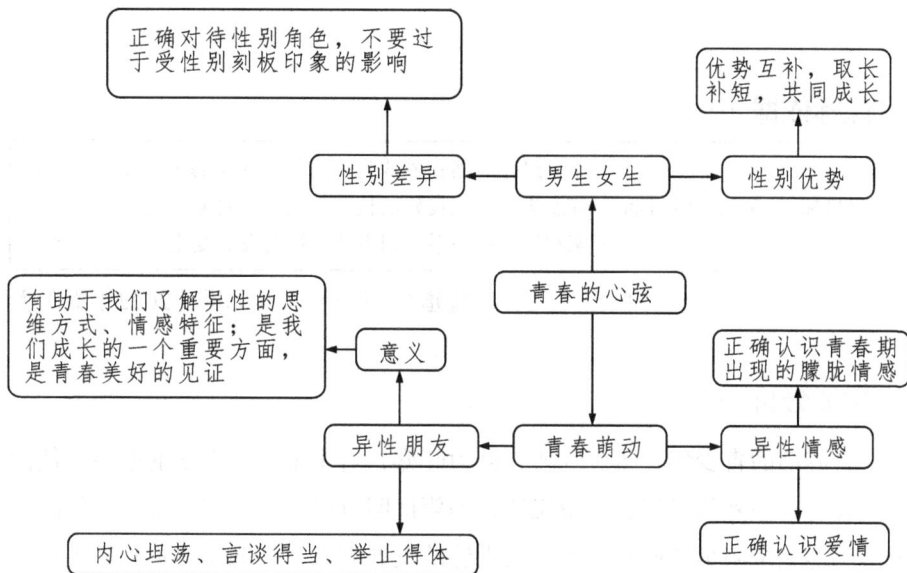

第三课　青春的证明

◆ 课标依据 ·················

课程目标	第四学段目标	健全人格：养成自尊自信的人生态度，在生活中磨炼意志，形成良好的抗挫折能力。理解个人与社会、国家和世界的关系，积极适应社会发展变化。

摘自《义务教育道德与法治课程标准（2022年版）》

◆ 学情分析 ·················

　　青春期的青少年，年少气盛，精力旺盛，对未来有着无尽的遐想。他们对成长有着强烈的渴望，渴望飞翔，渴望证明自己。但是现实生活和外部环境不可能完全满足他们独立性和成人感的发展需求，当愿望得不到满足时，他们容易陷入失落、挫败，变得敏感、脆弱和自卑，甚至有意逃避或者出现攻击性行为。因此，需要对学生进行正确的价值观引领和精神关怀，激励学生探索青春，在探索青春的路上积累自信，学会自强，用积极的行动释放青春的力量，并在探索中不断发现自己、认识自己、证明自己，不辜负美好的青春时光，把激情奋斗作为最好的青春证明。

　　正确引导青少年将青春活力化为成长的正能量，这既是青少年的现实需要，也是教育者的职责所在。然而，当前社会上存在一些是非模糊、善恶不明、荣辱错位、价值虚无的现象。青少年作为最容易接受新鲜事物的群体，受到上述现象的影响，在价值整合过程中容易陷入价值混乱、无所适从的状况，有些"跟着感觉走"的青少年会推崇极端个人主义、享乐主义、拜金主义，追求生命当下的快感，信奉实用主义思想，甚至会做出一些出格的行为。这不仅会阻碍青少年自身的成长，还会影响到他人、集体、社会和国家的发展。这警示我们必须弘扬社会主义核心价值观，加强对青少年的精神关怀和正确的价值观引领，帮助他们学会正确面对复杂的社会生活和多元的价值观念，学会对自己的行为负责，坚守道德底线，增强法治观念，"行己有耻"，修身为本，积善成德，追求至善，让自己青春无悔。

◈ **核心概念** ·················

　　成长的渴望是青春探索的脚步，青春的探索需要自信、自强。"行己有耻""止于至善"。

◈ **学习目标** ·················

　　1. 通过对故事的探析，感知青春的意蕴，体会青春的幸福和美好，释放青春的活力，激发青春的热情。

　　2. 概述自信、自强对于成长的意义，辩证、理性地看待青春，能够规划青春路径，培养自信、自强的优秀品质，做到自尊自爱。

　　3. 通过故事人物的人生经历，知道"行己有耻""止于至善"的内涵和要求，懂得如何把握青春。

　　4. 向榜样人物学习，认同中华优秀传统文化，增强公民意识和法治观念，重视修身，养成自我省察的习惯，"行己有耻"，追求至善的人生境界。

◈ **设计思路** ·················

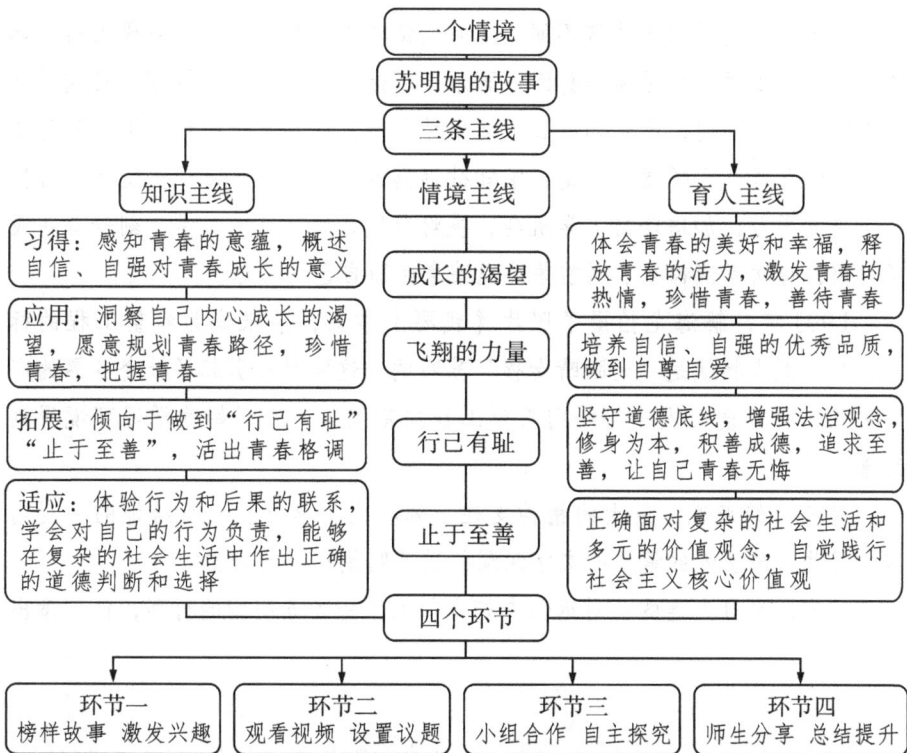

根据七年级学生身心发展特点以及教学目标要求，用四个环节完成新课教学。环节一：榜样故事　激发兴趣——教师首先邀请学生分享关于青春的观念，在此基础上引出本课榜样人物苏明娟。环节二：观看视频　设置议题——播放2018年《开学第一课》"'大眼睛'拍摄者解海龙分享追梦故事，寻梦路上点燃孩子们的希望"和苏明娟青春追梦的视频，学生结合情境议题自主探究学习。环节三：小组合作　自主探究——学生看完视频后，以小组的形式进行讨论，自主、合作探究。环节四：师生分享　总结提升——学生分享，教师引导，生成本课知识，实现本课学习目标。

◆ **榜样故事**　•••••••••••••••••••••••••••

"大眼睛女孩"的奋斗青春

苏明娟，出生于安徽省金寨县的一个贫困家庭，父母靠打鱼、养蚕、养猪和种田、种板栗为生，一家人过着辛劳、拮据、简朴的乡村生活。因家庭条件有限，每年上学的100元学费成为整个家庭的经济负担。但是其父母没有放弃孩子上学的机会，省吃俭用地供孩子读书、买学习用品。

在农村，交通出行非常不便，苏明娟每次上学都要走很长一段山路，如果时逢刮风下雨，更是要一脚泥一脚水地行走，她所在的学校因为长期得不到重视和资金问题，十年如一日地使用茅草屋，课桌更是破烂不堪，学习条件和教学环境令人唏嘘。但是，求知欲满满的苏明娟始终表现出坚定的自信和无畏的勇敢，加倍珍惜上学机会，挑灯夜战是她学习的日常，刻苦奋斗成了习惯，每次考试都以名列前茅的成绩来回馈自己的父母。

1991年，解海龙拍摄了照片《我要上学》，后来成为希望工程的标志，其原型人物就是"大眼睛女孩"苏明娟。这张照片引起了社会各界的广泛关注，许多爱心人士纷纷向希望工程捐款捐物，苏明娟的学习环境得到改善。

对苏明娟来说，最大的精神支柱是爱心人士李万叔叔写给她的一封封信。那些饱蘸着爱的笔墨的文字深深扎进苏明娟幼小的心里。

后来，来自大连的一对退休夫妇也加入了资助苏明娟的行列，他们拿出了仅有的退休金，还在信中安慰道："别为我们的生活而担心。"善良忠厚的父亲对苏明娟说："这钱我们不能要，因为我们已经有别人的帮助了。爸爸妈妈还能干活，还能养活你和弟弟。"苏明娟将钱还给老人，老人不要，后来在征得他们的同意后，苏明娟将这笔钱全部捐给了希望工程。

苏明娟至今还记得当年父亲对她说的话："姑娘，你要懂得知恩图报。"每到过年，苏明娟的母亲都会用这个家特有的方式报答那些曾经帮助过他们的人，将自己制作的布鞋、腊肉等寄给解海龙、李万和那对退休夫妇。

2003年，苏明娟考入大学，终于实现了"我要上大学"的梦想。进入大学初期她就要求停止希望工程的捐款，在整个大学期间，她通过勤工俭学赚取生活费，并将辛辛苦苦攒下来的钱捐给需要帮助的孩子们。在一次暑假期间，她还组织几个同学去金寨县另一个贫困村做义务支教工作。在这次支教过程中，她看到了有户人家与曾经的自己有同样的境况：屋顶漏风漏雨、家里只有母女二人相依为命。临走时她给这家人留下了1000元钱，回去的路上她不禁感慨，如果每个人都做一些小事，那么将会改变千万户的命运。

大学毕业后，她如愿进入工商银行工作，经过国家的帮助和自己多年的努力，如今的苏明娟已经有了自己的家庭和事业。工作之余，苏明娟始终坚持投身公益事业，向贫困地区的孩子们捐献学习用品和资金。

2018年6月，她来到安徽省青少年发展基金会、安徽省希望工程办公室，办理了设立以苏明娟本人名字命名的"苏明娟助学基金"的相关事宜，并拿出3万元家庭积蓄作为助学基金的启动资金。在注册成立当天，该基金就收到了第一笔善款。该基金2018年首次资助5名2018级贫困大学生，后来的资助范围扩大至留守儿童教育、贫困地区优秀教师奖励及农村学校基础设施建设等方面。从被资助到主动资助，她用行动阐述了感恩与爱，更展现了中国青年的奋斗精神以及风采，弘扬了中华民族传统的奉献精神。

——整理自腾讯网《"大眼睛女孩"苏明娟：因为一张照片改变命运》

◆ **学习过程** ·····················

环节一：榜样故事　激发兴趣

师：1915年，《青年杂志》（后改名为《新青年》）发刊词里写道："青春如初春，如朝日，如百卉之萌动，如利刃之新发于硎，人生最宝贵之时期也。"同学们，你们眼中的青春是怎样的？

生：青春意味着向上的活力；青春是无所畏惧；青春有使不完的劲儿……

师：郎平说，青春由汗水浇铸，青春因梦想延续；在"大眼睛姑娘"苏明娟看来，青春又是什么？今天，我们一起来学习苏明娟的青春故事，看她是如何把握青春，不负韶华的。

展示图片，介绍人物：苏明娟，出生于安徽省金寨县的一个贫困家庭，父母靠打鱼、养蚕、养猪和种田、种板栗为生，一家人过着辛劳、拮据、简朴的乡村生活。因家庭条件有限，每年上学的100元学费成为整个家庭的经济负担。但是其父母没有放弃孩子上学的机会，省吃俭用地供孩子读书、买学习用品。

【设计意图】

　　以《青年杂志》发刊词创设了一个思考感悟的情境，既能够渗透革命传统教育和爱国主义教育，又容易激发学生的兴趣，引起学生的共鸣，从而使学生能够主动打开心扉，说出自己对青春的理解，为导入新课作情感的铺垫。

环节二：观看视频　设置议题

师：请同学们带着对以下情境议题的思考去观看2018年《开学第一课》"'大眼睛'拍摄者解海龙分享追梦故事，寻梦路上点燃孩子们的希望"和苏明娟青春追梦的视频，结合视频信息进行自主探究学习。

情境议题1：从苏明娟那双明亮的大眼睛中，你看到了什么，有什么感想？

情境议题2：奋斗的青春最美丽。苏明娟身上有哪些美好的精神品质？

情境议题3：苏明娟为何要婉拒退休夫妇的资助，并在进入大学初期就要求停止希望工程的捐款？

情境议题4："见贤思齐"，我们应怎样向苏明娟学习，达到"止于至善"的精神境界？

【设计意图】

讲好故事，激发前行的力量。学生在具体可感的榜样人物苏明娟的青春奋斗故事中进行有关青春的思考，以情动情、以人育人。在讲好故事的过程中，走进学生心灵，提升思政课的亲和力与魅力，实现润物细无声的教育效果。

环节三：小组合作　自主探究

学生分小组对四个情境议题进行讨论，自主、合作探究，配背景音乐，教师巡堂，适当指点。

【设计意图】

观看视频之后，基于结构化情境议题，小组合作讨论，自主探究，有利于培养学生的团结合作意识，提高其语言表达能力、理性思考能力，以及发现问题、分析问题和解决问题的能力。

环节四：师生分享　总结提升

【活动一】学生分享汇报合作学习成果：从苏明娟那双明亮的大眼睛中，你看到了什么，有什么感想？

【设计意图】

借助苏明娟青春逐梦的实例，让学生体会成长的渴望是青春飞扬的前提，理解"心之所向，身之所往"的内涵，引导学生思考想与做、理想与现实的关系，鼓励学生不仅要敢想敢做，还要做好青春规划，积极向榜样学习，志存高远，让梦想照亮前行的路，让青春无悔。

师：从苏明娟那双明亮的大眼睛中，你看到了什么？

生：对知识的渴望，对未来世界的好奇，对美好生活的期盼，对理想的追求……

师： 照片《我要上学》中的苏明娟，眼里充满着无数的渴望，而就是这种渴望，激励着她不断向前，勤奋学习，最终考上了大学，用知识改变了自己的命运。对此，同学们有什么感想？

生： 青春的我们内心充满无数的渴望，成长的渴望是青春探索的脚步。这些成长的渴望是我们对美好未来的憧憬，激励着我们奋进的脚步。而要把渴望变成现实，最重要的是要落实到行动中，否则渴望永远停留在渴望上。

师： "志之所趋，无远弗届，穷山距海，不能限也。"面对青春，我们都有不同的理想，这些理想让我们兴奋，让我们跃跃欲试。回望我国历史上的名人事迹可以得知，司马迁少年时就立志编一本优秀的史书；孙中山12岁赴檀香山学习，从小就有寻求救国真理的愿望；周恩来从小立志"为中华之崛起而读书"……因此，我们要向这些榜样学习，志存高远，及早规划好自己的青春路径，永不停止探索，将成长的渴望转化为现实的行动，将青春的梦想变为现实。

> **知识归纳**
>
> 　　青春满载着我们内心的渴望。成长的渴望是青春探索的脚步。要做好青春规划，永不停止探索，将成长的渴望转化为现实的行动，将青春的梦想变为现实。

【活动二】学生分享汇报合作学习成果：奋斗的青春最美丽。苏明娟身上有哪些美好的精神品质？

【设计意图】

　　苏明娟的身上有很多能够助力青春成长的重要品质，如自尊、自信、自强、勤奋等。只有用积极的行动释放青春的力量，才能为青春插上飞翔的翅膀。苏明娟的故事真实、生动、有说服力，能够很好地引发学生对青春力量的深度思考。

师： 奋斗的青春最美丽。苏明娟身上有哪些美好的精神品质？

生： 坚定的自信、无畏的勇敢（自强）、勤奋好学、艰苦奋斗、知恩图报、热心公益、无私奉献……

师：自信的精神品质对苏明娟的成长有什么意义？

生："自信人生二百年，会当水击三千里"，正是有了这样的勇气，苏明娟才能毫无畏惧地面对生活中的各种困难和挑战，始终保持积极乐观的心态，敢于展现优势与才华，激发潜能与活力，获得更多的实践机会与创造可能，最终通过知识改变了命运，创造了幸福人生。

师：自信让我们充满激情。有了自信，我们才能怀有坚定的信心和希望，开始伟大而光荣的事业。但是自信不是一朝一夕就可以形成的，获得自信的两个重要的法宝：一是自强，二是进步和成功。因为自强，我们不断进步；因为进步，我们不断获得成功的体验；因为成功，我们变得越来越自信。

> **知识归纳**
>
> 　　自信的青春热情，自强的青春态度，助力青春成长。

【活动三】学生分享汇报合作学习成果：苏明娟为何要婉拒退休夫妇的资助，并在进入大学初期就要求停止希望工程捐款？

【设计意图】

　　基于对这一情境议题的探究，引导学生明白"行己有耻"的内涵，明确"行己有耻"是青春探索的底线。通过列举生活中的一些具体事例，让学生感悟"行己有耻"，事理交融，更容易让学生理解。列举有关"耻"的名言警句，渗透中华优秀传统文化教育，有利于加强中华优秀传统文化对学生精神人格的引领。

师：苏明娟为何要婉拒退休夫妇的资助，并在进入大学初期就要求停止希望工程捐款？

生：苏明娟有知耻之心，坚持青春的底线。

师：我们要怀有知耻之心，知廉耻、懂荣辱，有所为、有所不为。"行己有耻"体现了中华优秀传统文化的思想精髓，是人之为人要遵守的基本底线。如何做到"行己有耻"？

生：孟子说："羞恶之心，义之端也。"做到"行己有耻"需要我们不断提高辨别"耻"的能力。

师：提高辨别"耻"的能力在于以"羞恶之心"为引导，形成是非善恶判断标准，构建内心法庭，关注行动前、行动中、行动后三个节点，强调行动前审视愿望，行动中监督调解，行动后反思结果。羞恶之心在于对做错事、坏事感到羞耻、憎恶。我们要常怀羞恶之心，及时地对自己的行为进行矫正、调整、弥补，使其符合道德规范。除此之外，我们还要怎么做？

生：树立底线意识，触碰道德底线的事情坚决不做，违反法律的事情坚决不做，如在校园中不得欺凌同学。要磨砺意志，拒绝不良诱惑，不断增强自控力，如在日常生活中，看到别人闯红灯，我们不能跟随，而要及时予以制止和劝阻。

师：我们要有底线意识，法律是道德的底线，遵守法律是最基本的道德。触犯道德底线的事情不做，违反法律的事情坚决不做。这是对自己的行为负责，也是对"行己有耻"的行为要求。

知识归纳

　　"行己有耻"是青春探索的底线。我们要知廉耻，懂荣辱；有所为，有所不为；有知耻之心，不断提高辨别"耻"的能力；树立底线意识，触碰道德底线的事情坚决不做，违反法律的事情坚决不做；磨砺意志，拒绝不良诱惑，不断增强自控力。

【活动四】学生分享汇报合作学习成果："见贤思齐"，我们应怎样向苏明娟学习，达到"止于至善"的精神境界？

【设计意图】

　　基于对这一情境议题的探讨，让学生感受什么是"止于至善"以及"止于至善"的内在要求。苏明娟的人生经历和"圆点公益"的故事具有榜样引领的作用，能够引导学生更好地理解"善是传统美德"，同时可以感召学生行动起来，向榜样学习，从点滴小事做起，积少成多，积善成德，一直行走在"止于至善"的道路上，享受这种精神追求，让对"至善"的追求"落地"。

师： "行己有耻"是青春探索的底线，飞扬的青春还要有对"至善"的追求。"止于至善"，就是达到道德的最高境界，把人性中的善与光明的那一面发挥到极致。"见贤思齐"，我们应怎样向苏明娟学习，达到"止于至善"的精神境界？

生： 从点滴小事做起，自觉弘扬中华民族无私奉献的传统美德，关心关爱他人，热心公益，服务社会，积少成多，积善成德。

师： 青年正处于价值观形成和确立的重要时期，要坚持勤学、修德、明辨、笃实，从现在做起、从自己做起、从小事做起，切实"扣好人生第一粒扣子"，使社会主义核心价值观成为自己的基本遵循，并身体力行将其推广到全社会，努力做到明大德、守公德、严私德，彰显新一代爱国青年的风采。一个人的道德成长，在于弘扬高尚的品德，在于关爱他人，在于明大德、守公德、严私德，在于不断追求更高的道德境界。对于青少年学生来说，立志报效祖国，服务人民，这是大德。同时，要做好小事，踏踏实实修好私德，学会劳动，学会勤劳，学会感恩，学会助人，学会自律。除此之外，我们还要怎么做？

生： 要"见贤思齐"，学习苏明娟的优秀精神品质，汲取前行的力量，养成自我省察的习惯，修身为本，不断弥补自身的不足。

师： 《论语》有云，"见贤思齐焉，见不贤而内自省也"。"贤"指的是学习的榜样，看到榜样人物，要向他学习，向他看齐，强调了榜样对于个人的作用。我们要从好的榜样身上汲取完善自我的力量，不断发展。寻找好的榜样，从榜样中汲取力量，不管是对于我们个人，还是对于社会、国家，都有积极的意义。

> **知识归纳**
>
> 榜样不仅是一面镜子，而且是一面旗帜。好的榜样昭示着做人、做事的基本态度，激发我们对人生道路和人生理想的思考，给予我们自我完善的力量。善于寻找好的榜样、向榜样学习、汲取榜样的力量，我们的社会、我们的国家才会变得更好。

生："修身齐家治国平天下"，"止于至善"的根本在于修身，一切当以修身为根本。我们要向苏明娟学习，行走在"止于至善"的道路上，让"止于至善"成为青春最好的证明。

师（过渡）：除了苏明娟，广东实验中学"圆点公益"也一直在行动，引领着师生朝着"止于至善"的道路前行。

展示材料："圆点公益"一直在行动

广东实验中学"圆点公益"紧紧围绕学校"以人为本、以德树人、激扬生命、引领发展"的德育理念，秉承学校"爱国、团结、求实、创新"的校训，积极践行社会主义核心价值观，帮助学生养成亲社会行为，努力培养学生的公益意识和社会责任感。

"圆点公益"自成立以来，开展一系列主题志愿活动，包括爱心助学志愿活动、党建红色主题志愿活动、抗疫志愿活动、帮扶心智障碍青年志愿活动等。其中，爱心助学志愿活动跨省市对接，在帮助广州困境学生的同时，服务范围还覆盖了贵州三都水族自治县、广东清远市及连南瑶族自治县等地区；党建红色主题志愿活动在广州各区红色景点、党建基地以及志愿者驿站开展志愿讲解服务，开展建党100周年暨八一建军节系列活动；在2021年抗疫志愿活动中，捐赠价值2万余元的物资给一线医护人员；在2022年抗疫志愿活动中，捐赠价值逾12万元的物资给一线志愿者和封控区居民，惠及广州市三个行政区八个街道。在阳光助残项目上，多次帮扶心智障碍青年就业，活动覆盖广州市三个行政区六个街道，帮扶困难家庭超过50个，惠及街道清洁工人及保安200余人。"圆点公益"活动受到了社会的广泛关注，并获得了多家媒体的认可和报道，包括"学习强国"、广东电视台、广州日报、羊城晚报、南方都市报、网易新闻、腾讯新闻、中华网等十多家媒体。

截至2022年7月，"圆点公益"已经组织开展各种活动150次，拓展活动点17个，参加人数2500余人次，开展志愿服务总时长约为68804小时，其中第五届"圆点公益"志愿服务时长达37076小时，创历史新高；与广东省立中山图书馆、广州市少年儿童图书馆、中共三大会址纪念馆、广州市白云区全国未成年人保护示范区、广州志愿驿站旗舰站、广州市海珠区巾帼志愿服务协会、广州市心友心智障碍者服务协会等单位以及多个街道党群服务中心建立了友好合作关系。其中，组织开展"心友伴读活动"6次、志愿讲解服务100多人次、致敬老党员与老军人服务300多人次、常规志愿服务500多人次，平均每人志愿服务时长达56小时以上。"圆点公益"也先后被广东实验中学评为"感动省实2018年度特别奖"获得者，被广州志愿驿站旗舰站评为"最美志愿服务集体"，被广州市海珠区巾帼志愿服务协会评为"志愿服务培育基地"，被广州市心友心智障碍者服务协会评为"支持心青年就业志愿活动基地"。"圆点公益"未来计划与中国共青团广州市委员会、广州志愿驿站旗舰站联合共建粤港澳大湾区青年志愿服务实践基地。

广东实验中学带着青春之火热、青春之力量，与你携手并进、一路同行！

师：同学们参加了哪些"圆点公益"活动？说说你的感受。

生1：我参加了帮扶心青年、抗疫捐帐篷等活动，在完成志愿活动的过程中，我学会了责任和担当，明白了"温暖自己、照亮他人"的道理。我们要通过志愿服务实现自身价值，为社会作出贡献，将志愿服务的优秀品质和精神更好地发扬出去，传播广州志愿文化。

生2：我参加了中秋赠月饼活动、探访老人活动、共享单车归位活动、北京路值班活动等。省实的"圆点公益"是集合省实人的爱心、传达省实人的爱心、帮助青少年认识公益活动重要价值的平台。省实的同学们坚持"把爱传出去"的理念，将个人的爱心传递给他人，甚至是社会和国家。这些都是值得我们发扬的品质。

师：老师真的要为同学们点赞。"圆点公益"活动形式丰富多样，得到了学校和一些社会组织的高度评价，已经成为省实一张亮丽的名片。省实"圆点公益"带着省实学子行走在"止于至善"的道路上，让同学们的青春真正飞扬，让"止于至善"成为青春最好的证明。弘扬正能量，让我们的生活变得更加美好、更加和谐温暖。

知识归纳

做到"止于至善"，要弘扬高尚的德行，关爱他人，明大德、守公德、严私德，不断追求更高的道德境界；要从点滴小事做起，积少成多，积善成德；要"见贤思齐"，在生活中寻找"贤"，将他们作为榜样；要养成自我省察的习惯，检视自身的不足，不盲目自责，积极调整自己，通过自省和慎独，端正自己的行为；要以修身为本，行走在"止于至善"的路上，在学习中成长，在成长中收获。

◆ **课堂小结**

通过学习，我们从苏明娟身上感受到，善是一种坚持的过程，每天行善是小善，长期坚持才是大善。榜样就在身边，我们也可以成为他人的榜样。"人的一生只有一次青春。现在，青春是用来奋斗的；将来，青春是用来回忆的。"奋斗是青春最亮丽的底色。让我们一起扬起自信、自强的风帆，"行己有耻""止于至善"，在奋斗中释放青春激情、追逐青春理想。

◆ **知识整合**

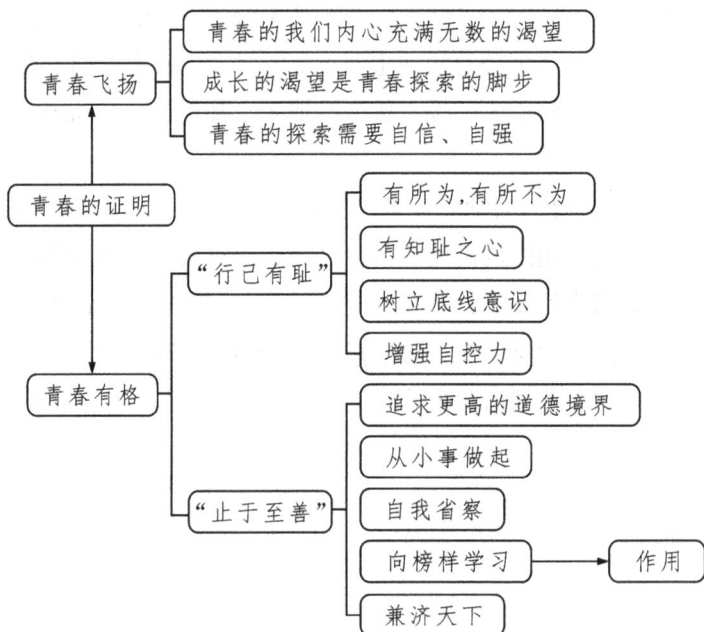

第二单元　做情绪情感的主人

☀ 单元主题分析

　　本单元接续青春生命成长的主题，聚焦初中学生在身心发展关键期的情绪特点与广泛意义上的情感生活，旨在沿"情绪—情感—情操"这条线索促进学生的品德发展、心理成长，以及在道德与价值观层面对其进行引导。

　　帮助学生认识自我、发展品格、健全人格是道德与法治课程的目标之一。初中学生处于青春期，其情绪容易走向"急风暴雨"和"闭锁"的极端，而情绪的偏差容易导致行为的偏差。本单元在心理教育的过程中融入道德与价值观教育，以青春期情绪的自我觉察、认知为基础，融入社会主义核心价值观（友善、文明、和谐等）的引导，将情绪管理从心理学意义上的自我调节，扩展到人际交往中具有伦理学意味的情绪表达、情绪感染，帮助学生正确对待青春的情绪。

　　情感生活是初中学生青春生命成长的重要领域，与他们的道德学习、法治学习密切关联。学生通过现实生活中的种种关系获得的安全感、归属感、信任感、力量感、责任感等基础性情感是学生丰富情感体验、获得道德成长、参与法治建设的重要基石。基于此，教材关注学生在广泛意义上的情感生活，着力引导学生在生活经验不断扩展的基础上，体会更加丰富、深刻的情感，倡导学生不断创造、积累美好的情感体验，传递情感正能量。这些内容恰恰是青少年时期形成健全人格，涵养宽广博大胸怀，学会关爱他人、关爱社会的重要基础。

　　情绪情感伴随人的一生，只有学会情绪表达和调节，积极创造正面情感体验，处于青春期的中学生才能更好地成长发展。人的情绪与情感密切联系，相互促进。

☀ 单元大目标

本单元教学旨在帮助学生了解青春期情绪的特点，学会情绪管理，认识情感的作用，增强情感体验，做情绪情感的主人。

☀ 单元大概念

情绪的种类和作用、情绪的影响因素、情绪的管理，我们的情感世界、体味情感、传递情感正能量。

第四课　揭开情绪的面纱

◆ 课标依据

课程目标	第四学段目标	健全人格：能够自主调控自身的情绪波动，具有良好的沟通能力，主动建立良好的人际关系。
课程内容	第四学段	生命安全与健康教育：正确认识顺境和逆境的关系，学会情绪调控，能够正确看待生活中的挫折，具备迎接挑战的能力。

摘自《义务教育道德与法治课程标准（2022年版）》

◆ 学情分析

　　人的心理发展是一个连续的过程，也是一个渐进的过程，在不同的发展阶段表现出的心理特征有显著的差异性。青春期是青少年由儿童发育到成人的过渡时期，是人生发展最为活跃的时期，是人的一生中最关键的时期，也是发展的可塑性极强的时期。这一时期的情绪常如"暴风骤雨"般发生剧变，具有不稳定性，如教育与培养能提供及时的指导，他们的情绪发展便会顺利健康地进行；否则，他们的身心将难以健康地发展。

　　现代心理学研究表明，情绪对认知的水平和发展、对现实态度的形成和发展、对个性的形成和发展都有重要的影响，对社会交往和人际关系的协调也有影响。多数情绪障碍和不良人格的形成与青春期情绪的发展关系密切。因此，在青春期针对青少年情绪发展进行引导，帮助他们顺利地度过这一关键发展期，对他们人格和心理的健康发展有着不可忽视的作用。

◆ 核心概念

　　情绪的种类、情绪的影响因素、学会恰当地表达情绪、掌握情绪调节的方法。

◆ 学习目标 ·······················

1. 识别情绪的种类、影响情绪的因素和青春期情绪的特点。

2. 结合具体事例，评析情绪的作用；激发正面的情绪感受，积极面对负面情绪。

3. 知道情绪表达对身心发展和人际关系的影响，理解情绪会互相感染，学会恰当地表达自己的情绪。

4. 学习并掌握情绪调节的方法，做情绪的主人，懂得运用情绪调节的方法帮助他人改善情绪。

◆ 设计思路 ·······················

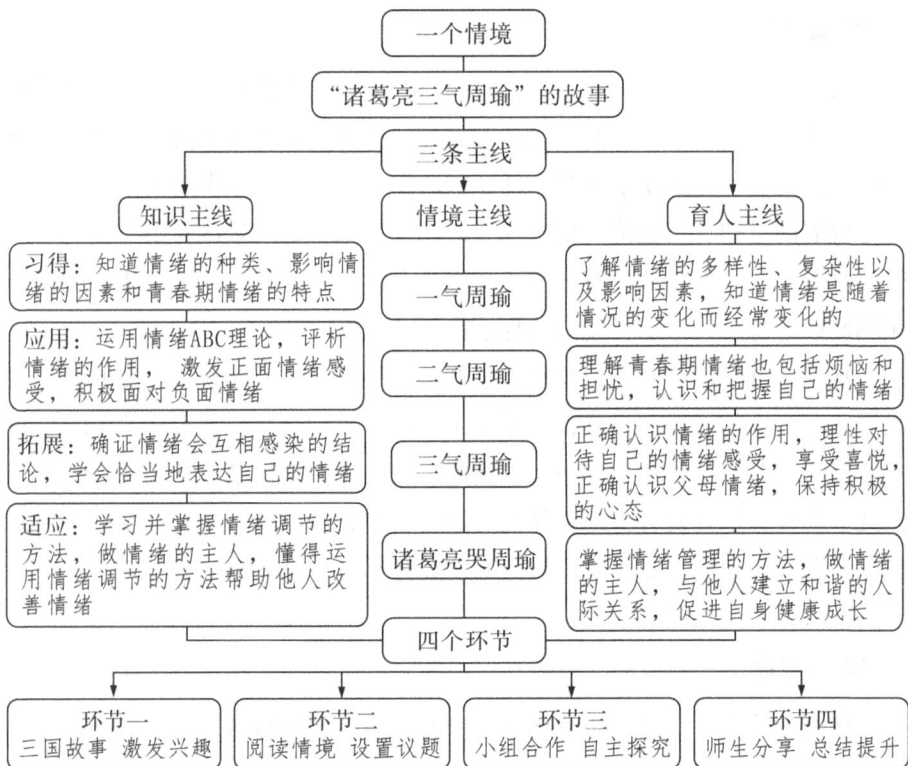

根据七年级学生身心发展特点以及教学目标要求，用四个环节完成本课教学。环节一：三国故事 激发兴趣——教师首先请学生分享《三国演义》中诸葛亮三气周瑜的故事，在此基础上引出本课学习情境素材。环节二：阅读情境 议题设置——学生带着对情境议题的思考去阅读诸葛亮三气周瑜的故事。环节三：小组合作 自主探究——学生看完视频后，以小组的形式进行讨论，合作探究。环节四：师生分享 总结提升——学生分享，教师引导，生成本课知识，实现本课学习目标。

◆ 三国故事 ·······················

诸葛亮三气周瑜的故事

诸葛亮三气周瑜是明代小说家罗贯中所创作的一篇故事，出自《三国演义》第五十一回、第五十五回、第五十六回。

一气周瑜

《三国演义》"第五十一回 曹仁大战东吴兵，孔明一气周公瑾"：周瑜和诸葛亮约定，如果周瑜夺取南郡失败，刘备再去取。周瑜第一次夺取南郡失利、受伤，然后将计就计，打败了曹兵，但是诸葛亮却乘机夺取了南郡等地，既没有违约，又夺取了地盘，气得周瑜金疮迸裂，摔下马来。

二气周瑜

刘备的夫人死后，孙权按照周瑜的计策假意把自己的妹妹孙尚香许配给刘备，想把刘备骗到东吴，再将其杀害。谁知吴国太（孙权的母亲）看中了刘备，不仅不许孙权杀他，还真把孙尚香许配给他。周瑜便想让刘备长期与诸葛亮、关羽、张飞等人隔开，并且用声色迷惑刘备，使之丧失得天下的雄心，但是失败了。诸葛亮又使计让刘备安然地回到了荆州，并且让周瑜中了埋伏，还让士兵讥讽周瑜"周郎妙计安天下，赔了夫人又折兵"，周瑜气得金疮再次迸裂。这就是"赔了夫人又折兵"这句俗语的由来了。

三气周瑜

《三国演义》"第五十六回　曹操大宴铜雀台，孔明三气周公瑾"：刘备向东吴借取荆襄九郡，图谋发展壮大自己。然而东吴怕养虎为患，刘备强大后会对自己构成威胁，三番五次要求其归还荆州，刘备和诸葛亮就以攻取西川后才归还荆州为由推脱。看到刘备迟迟不攻打西川，周瑜气急败坏，遂想出了过道荆州帮助刘备攻取西川的计谋，因为欲攻取西川必须途经荆襄，周瑜实则是要攻取荆州。此计被诸葛亮识破，使得周瑜被围，周瑜气急，加之旧伤复发，不治身亡。

诸葛亮哭周瑜

诸葛亮得知周瑜去世后，来到祭祀周瑜的地方。到了周瑜的灵堂后，诸葛亮先为周瑜倒了一杯酒，而后扶柩痛哭。诸葛亮以"想君当年，雄姿英发；哭君早逝，俯地流血。忠义之心，英灵之气；命终三纪，名垂百世"来哭悼周瑜。在场的将士们听着诸葛亮给周瑜写的悼文，无一不掩面哭泣，感慨诸葛亮对周瑜的悼念之情。东吴将士们说："人尽道公瑾与孔明不睦，今观其祭奠之情，人皆虚言也。"周瑜的部下都被诸葛亮的真情所感动了，大家都以为诸葛亮和周瑜并不友好和睦，今日一见诸葛亮如此为周瑜恸哭，都认为世人误解诸葛亮了。鲁肃为诸葛亮所打动，认为诸葛亮是位重情之人，周瑜倒显得有些狭隘了。

◆ **学习过程** ·····················

环节一：三国故事　激发兴趣

师：《三国演义》是我国古代四大名著之一，里面有很多富有教育意义的故事，比如诸葛亮三气周瑜，同学们知道这个故事吗？

生：诸葛亮三气周瑜的故事在《三国演义》中分别是"第五十一回　曹仁大战东吴兵，孔明一气周公瑾""第五十五回　玄德智激孙夫人，孔明二气周公瑾"和"第五十六回　曹操大宴铜雀台，孔明三气周公瑾"。

师：你的记性真好！那老师很好奇，堂堂六郡八十一州大都督周瑜为什么会被"村夫"诸葛亮气？而且还是一而再，再而三地被气。

生：那是因为周瑜虽然少年得志，但是却不懂得管控自己的情绪，心理承受能力较差，一旦遇到不称心的事就气急败坏，遇到聪明的人就妒火中烧，就像一个被娇惯的孩子。

师：是的，诸葛亮三气周瑜这个故事的教育意义主要就在于启示我们要懂得调控和管理自己的情绪，使自己保持乐观豁达的心态，这样才能更好地面对生活中的各种挫折、困难，健康成长。今天，我们一起来通过学习诸葛亮三气周瑜的故事，揭开情绪的面纱，掌握科学有效的情绪管理方法。

展示材料，介绍情境：诸葛亮三气周瑜发生在孙刘联合破曹期间。第一次是周瑜在孙刘联合作战中受伤，诸葛亮调赵云先夺城池，周瑜怒火攻心；第二次是周瑜和孙权设下美人计骗刘备到东吴，企图陷害，被诸葛亮识破，结果东吴"赔了夫人又折兵"；第三次是周瑜欲偷袭荆州，孔明将计就计，打败周瑜，周瑜大呼"既生瑜，何生亮！"后被气身亡。

【设计意图】

中华优秀传统文化是中华民族的文化根脉，其蕴含的思想观念、人文精神、道德规范，不仅是我们中国人思想和精神的内核，对解决人类问题也有重要价值。《三国演义》是我国古代四大名著之一，通过让学生讲述其中的诸葛亮三气周瑜的故事引入新课，不仅能让学生有话能说、有话想说，充分体现学生的主体地位，激发学生的课堂参与热情，快速导入新课，还能增强学生的文化认同、文化自信。

环节二：阅读情境　议题设置

师：请同学们带着对以下情境议题的思考去阅读诸葛亮三气周瑜的故事，结合视频信息进行自主探究学习。

情景议题1：请结合周瑜的经历，说说他的情绪经历了什么样的变化。在这个过程中，影响周瑜情绪变化的因素有哪些？

情景议题2：周瑜的部下听了诸葛亮给周瑜写的悼文，为什么都掩面哭泣？周瑜气急败坏，导致旧伤复发，不治身亡，这说明长期处于负面情绪中对我们有什么不良影响？

情景议题3：假如让你回到三国时期，你会对周瑜提出哪些管理情绪的建议？

【设计意图】

让学生自主阅读情境材料进行探究学习，可以帮助学生建立课本知识与情境材料之间的联结，有利于提升学生自主学习、解读和获取信息、反思质疑和理解归纳、解决问题的能力，使得深度学习发生。

环节三：小组合作　自主探究

学生分小组对三个情境议题进行讨论，自主、合作探究，配背景音乐，教师巡堂，适当指点。

【设计意图】

阅读情境材料之后，基于结构化情境议题，小组合作讨论，自主探究，有利于培养学生的团结合作意识，提高其语言表达能力、理性思考能力，以及发现问题、分析问题和解决问题的能力。

环节四：师生分享　总结提升

【活动一】学生分享汇报合作学习成果：请结合周瑜的经历，说说他的情绪经历了什么样的变化。在这个过程中，影响周瑜情绪变化的因素有哪些？

【设计意图】

阅读情境，讨论交流。让学生结合视频中相关人物的表情，快速阅读情境材料，引导学生代入故事情境感受周瑜当时的情绪，从中体会情绪的丰富性、复杂性，让学生充分理解各种各样的情绪丰富了人们的生活，体会情绪渗透到生活的各个方面，人的一言一行无不包含着情绪的成分，生理、心理、行为等都反映出情绪的存在，更加深刻地感受到影响情绪的因素有内在因素，也有外部因素，从而进一步反思自己在日常生活中的情绪表现。同时，这一活动设计还能有效激发学生的兴趣，调动学生的积极性，营造出轻松有趣的课堂氛围。

师：看了视频中相关的人物表情和阅读了情境材料后，如果你是周瑜，你当时的情绪感受是怎样的?

生:如果我是周瑜,当诸葛亮中了自己的计谋时,我会感到非常欢喜和兴奋;当得知自己的计谋被诸葛亮识破时,我会感到非常焦虑和恐惧;当知道自己反过来还上了诸葛亮的当,吃了大亏,我会感到非常愤怒和厌恶。

师:当面对不同的情境时,我们所表现出来的生理和心理状态都不一样,会有不同的情绪表现,如我们会表现出喜、怒、哀、惧等基本情绪,还有害羞、焦虑、厌恶和内疚等复杂情绪。可见,情绪是复杂多样的,各种各样的情绪丰富了我们的生活。

知识归纳

情绪的种类:喜、怒、哀、惧等基本情绪外,还有害羞、焦虑、厌恶和内疚等复杂情绪。各种各样的情绪丰富了我们的生活。

师:影响周瑜情绪变化的因素有哪些?

生1:周瑜的计谋接二连三地被诸葛亮识破,他还上了诸葛亮的当,吃了大亏,因此而生气,影响他情绪的因素是对某事情的预期。身体的伤痛让周瑜更加气急败坏,这时影响他情绪的因素有生理因素。

生2:周瑜中了诸葛亮的埋伏,还被讥讽"周郎妙计安天下,赔了夫人又折兵",这让周瑜气得金疮再次迸裂,这时影响他情绪的因素有周围的舆论氛围。

师:情绪渗透到了我们生活的各个方面,我们的一言一行无不包含着情绪的成分,生理、心理、行为等都反映出情绪的存在。影响我们情绪的因素有个人的生理周期、对某件事情的预期、周围的舆论氛围、自然环境等。随着周围情况的变化,我们的情绪也经常变化。

知识归纳

影响情绪的因素有个人的生理周期、对某件事情的预期、周围的舆论氛围、自然环境等。随着周围情况的变化,我们的情绪也经常变化。

师： 我们的情绪并不是一成不变的，它受多方面的影响。随着身体的发育和生活范围的不断扩展、生活经验的不断丰富，处于青春期的青少年的自我意识不断增强，新的需要不断产生，情绪体验和情绪表现经常发生变化。三十多岁的周瑜情绪变化都如此复杂多样，更何况处于青春期的你们。同学们，你们知道青春期的情绪具有哪些特点吗？

生： 青春期的情绪，有时反应强烈，有时富有激情热情，有时平静细腻，有时闭锁烦躁，有时又波动起伏……青春期的我们情绪表现复杂多样。

师： 我们要正确看待这些青春期的情绪表现，这是我们健康成长的需要。

> **知识归纳**
>
> 青春期情绪特点的主要表现：情绪反应强烈、情绪波动与固执、情绪的细腻性、情绪的闭锁性和情绪的表现性。

【活动二】学生分享汇报合作学习成果：周瑜的部下听了诸葛亮给周瑜写的悼文，为什么都掩面哭泣？周瑜气急败坏，导致旧伤复发，不治身亡，这说明长期处于负面情绪中对我们有什么不良影响？

【设计意图】

情感体验是道德与法治课教学的重要方法，学生在体验的过程中收获新知，建构意义，升华情感。对这一情境议题的探析，一方面，使学生在进行情感体验的基础上理解情绪是如何影响人们的观念和行动的，进一步理解人与人之间的情绪会相互感染，引导学生学会在生活中用积极的情绪感染他人，促进身心健康发展，促进人际交往；另一方面，通过深入分析负面情绪的影响，使学生懂得适度的负面情绪可以帮助个体适应突发事件，同时也能意识到持续地处于负面情绪状态可能危害身心健康，从而激发学生调节负面情绪的主动性。

师： 我们的情绪并不是一成不变的，它受多方面的影响。周瑜的部下听了诸葛亮给周瑜写的悼文，为什么都掩面哭泣？

生： 诸葛亮哭祭周瑜，在听了诸葛亮给周瑜写的悼文后，在场的将士们无一不掩面哭泣，一方面是因为对周瑜的死感到十分的悲痛，另一方面是被诸葛亮的真情流露所感动，这说明情绪是可以相互感染、相互作用的。

师：在场的将士们被诸葛亮的真情所感动，认为诸葛亮是位重情义之人，反观周瑜因为心胸狭隘、气急败坏导致旧伤复发，不治身亡，英年早逝，未免过于可惜了。这说明长期处于负面情绪中对我们有什么不良影响？

生：长期处于负面情绪中会让我们每天愁眉苦脸、消极悲观，不利于伤病的恢复，对我们的身心健康和人际交往产生极大的负面作用。

师：面对失败、挫折，不同的情绪体验会产生不同的结果。

拓展提升

　　美国心理学家埃利斯的情绪ABC理论：诱发事件A与情绪、行为结果C之间还有一个对诱发事件A的看法B。

师：对待失败、挫折，如果周瑜表现出积极乐观的情绪，就更容易激励自己克服困难、努力向前，取得胜利。但周瑜却选择了愤怒苦恼、消极悲观，最终导致旧伤复发，不治身亡，让人感叹不已。可见情绪的作用非常神奇，影响着我们的观念和行动，它可能激励我们克服困难、努力向上，也可能让我们因为某个小小的挫败而止步不前。

知识归纳

　　情绪的作用非常神奇，影响着我们的观念和行动。它可能激励我们克服困难、努力向上，也可能让我们因为某个小小的挫败而止步不前。

师：因此，基于对情绪的双重作用分析，我们可以得到怎样的启示？

生：要善于激发正面的情绪感受，积极面对负面情绪。

师：周瑜因为长期处于负面情绪之中，最终导致旧伤复发，不治身亡，那是否意味着我们就一定不能表现出负面情绪？

生：不是的，适度的负面情绪表达是每个人正常的生理需求。如前面议题中讲到的，当遇到失败、挫折时，周瑜会感到非常愤怒和忧愁，这时候他如果通过恰当的方式把这种负面、压抑的情绪表达出来，让自己的负面情绪得到释放，就不至于旧伤复发，不治身亡。

师： 相关研究表明，适度表达负面情绪能让人更冷静、谨慎。但我们也应该明确，情绪是会相互感染的，即使没有言语交流，一个人的表情、声调、姿态和动作所表达的情绪也会影响周围的人。持续的负面情绪会给人带来危害。我们要积极面对自己的情绪，用恰当的方式表达负面情绪，激发正面情绪，用积极的情绪表达感染他人。

知识归纳

> 人与人之间的情绪会相互感染。情绪的表达不仅与自己的身心健康有关，而且关乎人际交往。我们需要了解自己的情绪，接受它们，并学会以恰当的方式表达出来。

【活动三】学生分享汇报合作学习成果：假如让你回到三国时期，你会对周瑜提出哪些管理情绪的建议？

【设计意图】

> 青春期的学生自我中心意识较强，有时不懂得站在别人的角度看问题，共情能力较弱，生活中不知道如何安慰他人。这一活动基于青春期学生的心理发展特点，引导学生在生活中运用一些方法和技能安慰他人，帮助他人改善情绪状态，同时发现适合自己的情绪调节方法，合理管理自己的情绪，保持积极乐观的心态，在人际交往中学会与人友善相处，共建和谐关系。

师： 情绪不仅仅需要以恰当的方式表达出来，更需要进行有效的管理和调节。假如让你回到三国时期，你会对周瑜提出哪些管理情绪的建议？

生1： 一气周瑜的故事，孙刘两家计划夺取南郡，周瑜对诸葛亮说自己先去夺取，如果失败，刘备再去夺取，诸葛亮同意了。这就是契约，虽然是口头的，但也必须遵守。结果周瑜第一次夺取失败，受了伤，等他调整部署，将计就计，终于打败曹兵时，诸葛亮已经派兵夺取了南郡。周瑜很生气，可他不该生气，因为诸葛亮并未违约。这个不难理解，好比如今的合同、约定、承诺等，关系双方权利和义务互相统一，目的只有一个：双赢。基于这样的分析，我会首先建议周瑜把注意力放在自己的伤病上，毕竟自己身居要位，是东吴的顶梁柱，只有把伤病养好了，才能更好地领兵作战。其次，我会建议周瑜转变思维方式，改变态度，换一个角度看问题，以积极情绪代替消极情绪。虽然诸葛亮夺取了南郡，但最终打败了曹兵，阻碍了曹兵侵略东吴的势头，这也是大功一件。这是转移注意和改变认知评价的方法。

生2：在二气周瑜的故事里，周瑜生气的理由是"上当了"。这时候我会设身处地，对他表示理解，耐心地听他说，帮助他把自己的愤怒用一种恰当、合理的方式宣泄出来，帮助他放松和缓解压力，排解愤怒；同时，还可以邀请他一起郊游、骑马、打猎等，帮助他转移注意，放松身心。

师：总之，情绪调节的方法多种多样，使用哪种方法因人而异。只有采取恰当的、适合自己的方法，才能真正起到调节情绪的作用，让自己保持积极的情绪状态。我们也应该认识到，帮助他人改善情绪，每个人都可以有所作为。我们要注意关爱身边的家人和朋友，感受人间真情，尽最大的努力帮助他人，弘扬友善的社会主义核心价值观，让更多的人保持积极乐观的心境。

知识归纳

调节情绪的方法主要包括：改变认知评价、转移注意、合理宣泄和放松训练等。运用情绪调节的方法，我们还可以帮助同学、家人改善情绪，使他们保持积极乐观的心境。

◆ 课堂小结

通过学习，我们了解了什么是情绪，知道了情绪的复杂性和多样性，知道了情绪的影响因素及情绪的作用，分析了青春期情绪的特点，认识到人的情绪会相互感染，懂得了生活中要恰当地表达自己的情绪，初步学习了如何合理地调节情绪，并掌握了一定的方式方法，力争保持积极的心态，做情绪的主人。人生路漫漫，有喜也有悲。我们要善于管理自己的情绪，保持积极乐观的心态，与他人友善相处，这样，我们的生活将更加美好！

◆ **知识整合** ·······················

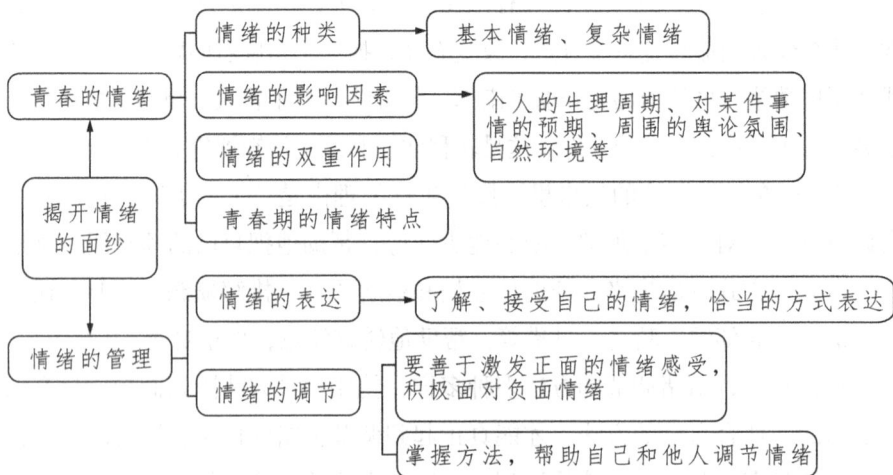

第五课　品出情感的韵味

◈ 课标依据

课程目标	第四学段目标	健全人格：能够自主调控自身的情绪波动，具有良好的沟通能力，主动建立良好的人际关系。
课程内容	第四学段	生命安全与健康教育：正确认识顺境和逆境的关系，学会情绪调控，能够正确看待生活中的挫折，具备迎接挑战的能力。

摘自《义务教育道德与法治课程标准（2022年版）》

◈ 学情分析

情感是人的生命的重要表现方式，具有动力系统的优势，能够打开通往价值理性的施教道路。情感发展伴随人的一生。情感既包含情感反应过程中的情绪，也包含情感体验和感受。情感对于人的发展的价值包括两方面：一是工具性价值，即情感在促进人的发展方面具有某些功能；二是本体性价值，即情感本身就有价值。人的情感状态就是人的生命状态的一种表现，人的情感发展过程就是人的生命成长过程。

情感教育本质上属于道德教育范畴，包括价值引导和价值判断，它不是一个独立的教育过程，而是学校教育过程的组成部分。情感教育关注学生的情绪、情感、态度、价值观，致力于改善认知过程、提高认知效率，促进学生个性的和谐发展和全面健康成长。就其本质而言，情感教育是目的与手段的统一。

从身心发展特点来看，初中学生思维发展处于从具体运算阶段到形式运算萌芽阶段，道德发展按皮亚杰的划分是由客观责任阶段转向主观责任阶段，情感发展则从单方面的尊敬进入多方面的尊敬，其基本特征是：情感与思维从儿童期的自我中心解脱出来，把别人作为情感对象，自己的情绪表现也把别人作为参照系；有自我确认的强烈需求，学业中的胜任感、交友中的有力感和师生间的信任感，是学生安宁、自足、愉悦情感的主要来源；重视集体、社会、他人的评价，珍视友谊；同时，由于神经系统的兴奋性提高，情绪、情感的敏感性较强，容易激动，遇到困难时甚至会产生强烈的反抗情绪。因此，帮助初中学生将生活中的情感体验与道德学习、价值学习相联系，引导学生在觉察、认识自己的情感世界的基础上，将青春的创造力与自身情感经验、对生活的美好愿望、社会主义核心价值观的方向性引导相融合，激发学生丰富的情感体验，使其获得道德成长，传递情感正能量。

◆ 核心概念 ·················

　　情感与情绪紧密相关；情感是人最基本的精神需求；体味美好情感，传递情感正能量。

◆ 学习目标 ·················

　　1. 理解情绪与情感的区别与联系，概括情感的丰富性。

　　2. 评述情感的作用，确证情感对个人成长的价值。

　　3. 区分正面情感和负面情感，倾向于创造正面情感，调适负面情感，形成积极、乐观的生活态度。

　　4. 创造愉悦的经历，产生美好情感，传递情感正能量，提升创造美好生活的能力。

◆ 设计思路 ·······················

```
                    一个情境
              武汉76天战"疫"故事

                    三条主线

        知识主线        情境主线        育人主线

   习得：理解情绪与情感                   形成对情感复杂性的基本
   的区别与联系，概括情      丰富的情感      认知，提高对自身情感状
   感的丰富性                           态的觉察水平，增强对生
                                       活体验的敏感性

   应用：使用事例，评述                   理解不同年龄阶段对情感
   情感的作用，确证情感      情感的作用      的体验不同，体会情感是
   对个人成长的价值                       随着生命成长不断变化的

   拓展：区分正面情感和负                  感受和分享生活中的美好
   面情感，倾向于创造正面     体味美好情感     情感，认识美好情感对于
   情感，调适负面情感                     个体生命成长的价值，保
                                       持积极乐观的生活态度

   适应：创造愉悦的经历，                  运用适合自己的方式方法
   产生美好情感，传递情      传递情感正能量    去创造正面的情感体验，
   感正能量，提升创造美                   主动影响身边环境，创造、
   好生活的能力                          传递情感正能量

                    四个环节

     环节一          环节二          环节三          环节四
  战"疫"故事 激发兴趣  观看视频 设置议题  小组合作 自主探究  师生分享 总结提升
```

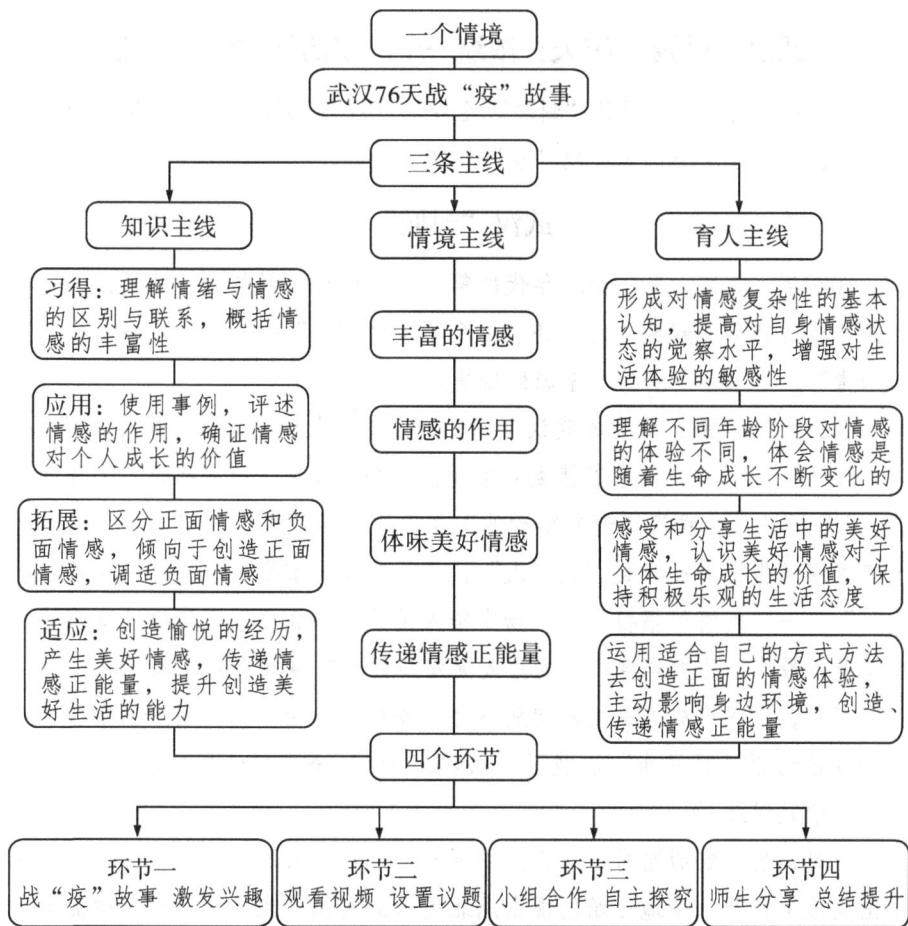

　　根据七年级学生身心发展特点以及教学目标要求，用四个环节完成新课教学。环节一：战"疫"故事　激发兴趣——教师首先邀请学生分享对情绪与情感的认识，在此基础上引出本课战"疫"故事《武汉"封城"76天：浓缩一个国家的战"疫"轨迹》。环节二：观看视频　设置议题——播放关于武汉76天战"疫"过程的视频，学生结合情境问题自主探究学习。环节三：小组合作　自主探究——学生看完视频后，以小组形式进行讨论，自主、合作探究。环节四：师生分享　总结提升——学生分享，教师引导，生成本课知识，实现本课学习目标。

◆ 战 "疫" 故事 ·····················

武汉 "封城" 76天：浓缩一个国家的战 "疫" 轨迹

从（2020年）1月23日 "封城" 至今（2020年4月8日），武汉的76个日日夜夜，浓缩了一个国家的战 "疫" 轨迹。

武汉 "封城"

2020年，是进入新世纪20年代的第一年。但让人始料未及的是，与这个充满希望的新年一起到来的，还有一个不速之 "客" ——后来被命名为 "新冠病毒"，带来了一场席卷全球的疫情。

2019年12月底，湖北省武汉市疾控中心监测发现不明原因肺炎病例。

2020年1月8日，国家卫健委专家评估组初步确认 "新冠病毒" 为疫情病原。1月20日，在武汉实地考察后的国家卫健委高级别专家组组长钟南山代表专家组通报，新冠肺炎 "人传人"，"除非极为重要的事情，一般不要去武汉"。——疫情警报拉响，一场中华人民共和国成立以来传播速度最快、感染范围最广、防控难度最大的重大突发公共卫生事件突如其来。

当日，武汉市成立新型冠状病毒肺炎疫情防控指挥部。国家卫健委次日开始疫情通报 "日发布"。截至1月20日24时，全国累计报告确诊病例291例，其中武汉258例。

此时，已是农历腊月二十六。中国春运，一场人类最大规模的迁徙正在中国大地上拉开。多地开始出现由湖北输入的病例，武汉 "封城" 被提上议事日程。

1月23日，农历除夕的前一天。当家家户户门前代表祝福与喜庆的大红灯笼和对联还被笼罩在黎明前的黑暗中时，武汉市疫情防控指挥部发布1号通告：自当日上午10时起，全市城市公交、地铁、轮渡、长途客运暂停运营；机场、火车站离汉通道暂时关闭。

武汉 "封城" ！900多万人留在了这座被迫按下暂停键的城市之中。

至暗时刻

此时，外界对新冠病毒缺乏认知，医院床位不够、检测条件不足、医疗物资匮乏，未来形势不明，"封城令"下的武汉陷入前所未有的恐慌中。

更让人惊惧的是，武汉的每日病例领衔全国疫情数据，以令人揪心的速度上涨。1月27日，武汉新增病例从此前的两位数陡增至892例，30个省（自治区、直辖市）新增确诊病例1771例，首次突破千例。在湖北省内，孝感、黄冈相继告急；在湖北省外，新冠病毒袭击了中国最后一块净土，西藏1月28日报告确诊病例，疫情至此，31个省（自治区、直辖市）全部启动重大突发公共卫生事件一级响应。

1月31日，全国新增确诊病例首次超过2000例（2102例），累计确诊破万例（11791例）。仅仅3天后，全国累计确诊病例超过两万例（20438例）。2月13日，湖北新增确诊病例（4823例）占全国（5090例）近95%，武汉当日新增确诊病例（3910例）占湖北的81%；湖北累计确诊病例（51986例）占全国（63851例）的81%，武汉累计确诊病例（35991例）占湖北的近70%。

疫情阴霾下的武汉进入至暗时刻，这也是中国战"疫"最吃劲时期。

生命至上，刻不容缓。以"中国速度"建造的火神山、雷神山医院和临时改建的方舱医院成为照亮至暗时刻的光。武汉"封城"当天，火神山医院启动建造，仅仅10天后就开始接收患者。随后雷神山医院和16家方舱医院投入使用，为患者打开生命和健康之门。

举国一盘棋中，逆行者的身影成为温暖这个萧瑟寒冬的"火"。1月24日，在万家团圆的除夕之夜，第一支援鄂医疗队抵达武汉。迄今，全国各地300多支医疗队、4万多名医护人员驰援湖北。与此同时，全国各地织密加牢防护网，中国战"疫"人人皆"兵"。

发起总攻

武汉胜则湖北胜，湖北胜则全国胜！

2月14日，中央赴湖北工作组发布动员令，一场"武汉保卫战""湖北保卫战"全面总攻正式打响。2月17日至19日，武汉开启二次拉网式排查，到21日完成全市"四类人员"核酸检测存量筛查，从22日起，做到当日新增当日检测清零；收治"四类人员"的定点医院、方舱医院和相关隔离点均实现了"床等人";3月1日,武汉硚口武体方舱医院不再接收患者,成为首家"休舱"的方舱医院,意味着武汉的病例存量被逐渐消化,滞留在社区的病人基本清理完毕。

湖北各地防控升级。截至2月14日零时,湖北已有孝感市云梦县、十堰市张湾区、孝感市大悟县三地实现"战时管制"。各级党员干部深入一线防控,城乡社区人传人现象得到有效遏制,截至3月3日,武汉无疫情村(大队)1165个,占1943个村(大队)中的60%。

在患者救治上,统筹国家医疗队、各地的医疗队和湖北医疗资源,提高救治水平。集中收治重症患者,发挥专家荟萃和中西医结合的优势。武汉重症病例占比从2月11日的31.6%波动下降到2月27日的22.4%,病死率从1月26日最高点9.0%下降到2月27日的4.4%。截至3月3日,武汉市累计治愈出院病例首超现有确诊病例,治愈率升至50.2%,连续19日上升。

武汉"封城"也遏制了疫情的蔓延。从2月4日至19日,除湖北外,全国新增确诊病例连续16天呈下降态势,至3月3日降至个位数(4例),28个省(自治区、直辖市)无新增确诊病例。

根据国内疫情防控的新形势,国务院联防联控机制于2月17日印发指导意见,要求各地科学防治、精准施策、分区分级做好疫情防控工作,制定差异化的县域防控和恢复经济社会秩序的措施。部分省(自治区、直辖市)下调应急响应级别,各地陆续复工复产,疫情下的中国逐渐恢复活力。

决战决胜

3月4日,中央指导组副组长、中央政法委秘书长在武汉市疫情防控指挥部指导督导疫情防控工作时指出,目前武汉疫情防控形势呈现出持续向好态势,"武汉保卫战"进入了决战决胜新阶段。

提高治愈率、降低病死率成为"武汉保卫战"决胜阶段的重中之重。逾万名重症医学科、感染科、呼吸科、心血管科和麻醉科的专家留守武汉"攻坚"。为消除传染源、阻断传染链,武汉继续采取最严格的防控措施,按照"疫情零发生、防控全到位"标准,创建"无疫情小区""无疫情社区"。

3月11日,武汉新增确诊病例首次降至个位数(8例);18日,首次实现零报告；3月18日至4月7日的21天里，除了其中两天各有1例确诊病例外，其他时间均无新增病例。

根据疫情风险等级评估，武汉于3月25日被列入中风险地区。当日，除武汉外的湖北其他地区率先"解封"。此时，全国本土疫情防控形势保持稳定向好的局面，当疫情在全球蔓延之时，中国成为世界上最安全的国家之一。

4月8日，武汉"解封"。这个曾因疫情重灾区而举世瞩目的城市终于打开城门，标志着中国战"疫"取得阶段性重大胜利。截至4月7日24时，全国现有本土确诊病例降至476例。

据法新社报道，多国研究人员发表在美国权威学术刊物《科学》杂志上的一篇论文称，在新冠疫情暴发初期，中国政府"封锁"武汉的决定延迟了病毒的传播并可能由此防止了70万例确诊病例的出现。这也意味着，武汉"封城"不仅成为中国遏制疫情进一步蔓延的关键之举，也为世界抗疫赢得了宝贵的时间。

如今，武汉虽已"解封"，但中国战"疫"仍未结束。正如武汉市疫情防控指挥部副指挥长所言，零新增不等于零风险，解封通道不等于解除防疫，打开城门不等于打开家门。刚刚"重启"的武汉和正在复苏的中国，仍需以耐心和信心迎接这场抗疫决战的最后胜利。

注：此处全国数据为31个省（自治区、直辖市）和新疆生产建设兵团数据。

——摘编自中国新闻网《武汉"封城"76天：浓缩一个国家的战"疫"轨迹》

◆ **学习过程** ·····················

环节一：战"疫"故事　激发兴趣

教师播放《我和我的祖国》快闪活动视频。

师：同学们，围绕歌曲《我和我的祖国》出现了各种不同版本的快闪作品，有的同学可能在不同的情境下听过这首歌，但不论是哪一种版本，都让人心潮澎湃！刚才视频中的人物唱着唱着就不自觉地流下了泪水。听到这首歌时，你有什么样的想法和感受呢？

生：我感到很激动，为伟大的祖国而自豪，我和我的祖国，一刻也不能分割。

师："激动""自豪"这两个词分别代表着情绪和情感，情绪和情感有怎样的区别和联系？请大家再看以下的这组照片。

展示图片：钟南山院士号召大家不要前往武汉，但自己却乘坐高铁赶赴武汉，支援抗疫。

师：84岁的钟南山院士赴战"疫"一线，他劝大家没事别去武汉，自己却上了前往武汉的高铁。在接受访谈时，他哽咽着说："全国帮忙，武汉是能过关的。武汉本来就是一个很英雄的城市。"同学们看到这组照片时，内心感受又是怎样的？

生：非常感动！

师："感动"和刚才说的"激动"一样，是一种情绪，随着这种情绪的积累和发展，我们对钟南山院士和无数在一线奋战的英雄会逐渐产生什么情感？

生：敬佩感、信任感等。

师：这里的敬佩和信任，和刚才说到的自豪，就是稳定的情感了。由此可以看出，在时间上，情绪是短暂的，情感具有持久性。在变化上，情绪是不稳定的，会随着情境的改变而变化；情感则是我们在生活中不断强化、逐渐积累的，相对稳定，伴随着情绪反应逐渐积累和发展。我们对某些人或者事物的情绪，随着时间的推移形成比较稳定的倾向，就可能产生某种情感。所以，情感与情绪紧密相关。

> **知识归纳**
>
> 情感与情绪紧密相关，伴随着情绪反应逐渐积累和发展。我们对某些人或者事物的情绪，随着时间的推移形成比较稳定的倾向，就可能产生某种情感。（联系）
>
> 情感与情绪也有区别。情绪是短暂的、不稳定的，会随着情境的改变而变化；情感则是我们在生活中不断强化、逐渐积累的，相对稳定。（区别）

师： 除了同学们刚才说的"自豪感""敬佩感""信任感"外，在生活中还有哪些主要的情感体验？今天，我们深入了解了武汉战"疫"期间的人与事，一起体味更多美好的情感，涵养情怀，陶冶情操。

展示材料，介绍故事：没有一个冬天不可逾越，没有一个春天不会到来。从2020年1月23日"封城"到2020年4月8日"解封"，武汉的76个日日夜夜，浓缩了一个国家的战"疫"轨迹。

【设计意图】

基于学生的认知基础和生活实际，借助歌曲《我和我的祖国》，从爱国的情感体验入手，让学生初步感受情感，从而引入教学主题。借助"共和国勋章"获得者钟南山院士的故事承上启下，一方面帮助学生区分情绪与情感，使学生明确情绪是短暂的、不稳定的，情感是持久的、稳定的，在生活中不断得到强化；另一方面也为后面学生更深刻地感受武汉战"疫"故事奠定情感基础。

环节二：观看视频　设置议题

师： 请同学们带着对以下情境议题的思考去观看视频《全景式回顾武汉76天战"疫"过程》，结合视频信息进行自主探究学习。

情境议题1：视频中展现了哪些情感？请简单举例说明。

情境议题2：你对视频中展现的哪种情感印象最深刻？它发挥了什么作用？

情境议题3：视频中展现了病人不敢睡觉的恐惧感、医护人员因为母亲离世而自己不在身边的愧疚感等负面情感。你觉得负面情感一定会带来负面影响吗？说说它存在的意义。

情境议题4：结合视频，谈谈我们应如何传递情感正能量。

【设计意图】

　　课堂是立德树人的主阵地、教化育人的大舞台。实现思政课"化人与育人"效能的最大化，就要设置真实的情境活动，让学生真正参与其中。这一活动旨在让学生在结合视频进行自主探究学习的过程中，将生活中的情感体验与道德学习、价值学习相联系，将社会主义核心价值观的方向性引导与学生基于自身情感发展需求的自我教育相融合。

环节三：小组合作　自主探究

　　学生分小组对四个情境议题进行讨论，自主、合作探究，配背景音乐，教师巡堂，适当指点。

【设计意图】

　　观看视频之后，基于结构化情境议题，小组合作讨论，自主探究，有利于培养学生的团结合作意识，提高其语言表达能力、理性思考能力，以及发现问题、分析问题和解决问题的能力。

环节四：师生分享　总结提升

　　【活动一】学生分享汇报合作学习成果：视频中展现了哪些情感？请简单举例说明。

【设计意图】

　　本活动旨在引导学生从武汉战"疫"的各种感人瞬间中获得丰富的情感体验。各种感人瞬间涉及的范围很广，其蕴含的情感具有一定的价值引领作用：有危难时刻医护人员挺身而出，写下气壮山河的请战书的使命感与责任感；有一方有难，八方支援的同胞情、爱国之情；有病人因康复出院而对医护人员表达的感恩之情；有经过艰苦奋战看到战"疫"胜利曙光的自豪感；等等。

　　师：视频中展现了哪些情感？请简单举例说明。

　　生：面对突如其来的疫情的恐惧感；危难时刻医护人员挺身而出，写下气壮山河的请战书的使命感与责任感；一方有难，八方支援的同胞情、爱国之情；送爱人上战"疫"一线的爱情；亲人离世而无法送别的愧疚感、亲情；病人因康复出院而对医护人员表达的感恩之情；经过艰苦奋战看到战"疫"胜利曙光的自豪感；等等。

师：情感是复杂的，也是丰富的。复杂性是丰富性的进一步延伸和体验。情感有基础性情感，如安全感、信任感、责任感、胜任感、归属感等；有高级情感，如道德感、理智感、美感等；有正面体验的情感，如爱的情感等；还有负面体验的情感，如恐惧感等；还有正负混杂体验的情感，如敬畏感等。通过对情感的分类，我们对情感形成了更深入细致的认知，有利于体验更细腻的情感。

知识归纳

情感是复杂的，也是丰富的。情感既有基础性情感，也有高级情感；既有正面的情感体验，也有负面的情感体验，还有正负混杂的情感体验。

【活动二】学生分享汇报合作学习成果：你对视频中展现的哪种情感印象最深刻？它发挥了什么作用？

【设计意图】

基于对这一情境议题的探究学习，引导学生认识情感对个人成长的作用。通过介绍马斯洛需求层次理论，强调基础性情感与高级情感的区别。

师：你对视频中展现的哪种情感印象最深刻？它发挥了什么作用？

生：危难时刻医护人员挺身而出，写下气壮山河的请战书的使命感与责任感。这种情感激励着他们始终坚守在战"疫"一线。

师：由此可知，情感反映了我们对人和事的态度、观念，影响着我们的判断和选择，驱使我们做出行动。根据马斯洛需求层次理论，人的需求主要有生理需求、安全需求、归属需求、尊重需求和自我实现需求。前四个需求是基础性需求，而自我实现需求是成长性需求。情感是人最基本的精神需求。责任感、使命感、道德感等就是属于自我实现的成长性需求，有利于让我们的情感体验更加丰富深刻，情怀更加宽广博大。

师（追问）：其他同学对视频中展现的哪种情感印象最深刻？

生：让我印象最深刻的还有同样是作为医生，巾帼不让须眉，冲在疫苗研发第一线的女将军——"人民英雄"陈薇院士。新冠疫情暴发后，她紧急前往武汉参与科研及疫情防控工作，在基础研究和疫苗、防护药物研发方面取得重大成果，为疫情防控作出重大贡献。

师：陈薇院士作为医生、院士的这份责任感、使命感激励着她勇于探索未知，全身心投入科研及疫情防控工作。在陈薇院士等科学家的努力下，我国疫苗研究进展保持在国际先进行列，展现出了"中国速度"。

知识归纳

情感是人最基本的精神需求，影响着我们的判断和选择，驱使我们做出行动。丰富、深刻的情感有助于我们更全面地观察事物、探索未知，让我们的情感体验更加丰富深刻，情怀更加宽广博大。

【活动三】 学生分享汇报合作学习成果：视频中展现了病人不敢睡觉的恐惧感、医护人员因为母亲离世而自己不在身边的愧疚感等负面情感。你觉得负面情感一定会带来负面影响吗？说说它存在的意义。

【设计意图】

本活动充分挖掘情境素材，引导学生辩证地看待负面情感的作用，掌握将负面情感转化为正面的、美好的情感的方式方法，将学生带入对正面的、美好的情感的体验和向往之中，引发学生对正面的、美好的情感的深度思考，为下一活动埋下伏笔。

师：视频中展现了病人不敢睡觉的恐惧感、医护人员因为母亲离世而自己不在身边的愧疚感等负面情感。你觉得负面情感一定会带来负面影响吗？

生：不一定，适当体验负面感受未必是坏事。

师：请你说说负面情感存在的意义。

生：负面情感可以丰富我们的人生阅历，使我们的生命变得更加饱满丰盈。学会承受一些负面感受，善于将负面情感转变为成长的助力，可以让我们从中获得美好的情感体验，不断成长。例如，医护人员因为母亲离世而自己不在身边的愧疚感会促使她更加全身心、义无反顾地投入战"疫"工作中，照顾病人，抢救生命，不辜负母亲对自己的期望。

知识归纳

　　体验负面感受未必是坏事，它可以丰富我们的人生阅历，使我们的生命变得更加饱满丰盈。学会承受一些负面感受，善于将负面情感转变为成长的助力，可以让我们从中获得美好的情感体验，不断成长。

　　师：我们的生活不会总是一帆风顺，有时难免会遇到波澜。情感体验不总是积极正面的，也有可能是消极负面的。一些看起来并不美好的负面感受，对于我们的成长也是有积极作用的。我们要正确认识和面对负面情感，学会转化负面情感，从中获得美好的情感。转化负面情感，最直接的方法是获得美好的情感。如何获得美好的情感呢？

　　生1：情由心生，它是在人的社会交往、互动中自然引发的，不能强迫，比如在战"疫"过程中，医护人员与病人之间的深厚情谊；一方有难，八方支援的同胞之情；等等。

　　生2：我们也可以通过阅读、与人交往、参与有意义的社会活动等方式获得美好的情感，如完成一项自己喜欢的活动、走进博物馆或大自然等。

　　师：美好的情感是我们内心美好的愿望向外投射的结果。怀着美好的理想，通过与人交往、与外界环境的积极互动，获得美好的情感。结合生活习惯，探索适合自己的行为方式，努力获得美好的情感。

知识归纳

　　通过有意义的社会活动获取美好的情感，通过完成喜欢的活动创造正面情感体验，学会承受负面情感体验。

　　【活动四】学生分享汇报合作学习成果：结合视频，谈谈我们应如何传递情感正能量。

【设计意图】

　　基于对这一情境议题的探究学习，引导学生学会主动改善外部环境，在人际交往中传递积极正面的能量。

　　师： 我们不仅要懂得将负面情感转化正面的、美好的情感，还要学会传递情感正能量。结合视频，谈谈我们应如何传递情感正能量。

　　生1： 传递情感正能量，我们应该用热情和行动来温暖他人，传递美好的情感，如像医护人员那样写下气壮山河的请战书，义无反顾地投身于战"疫"一线。

　　生2： 情感需要表达、回应，需要共鸣。要用自己的热情和行动来影响环境，在与他人的情感交流中，传递美好的情感。我们要把抗击新冠疫情中的感人故事广为传颂，让更多的人了解这些故事，激起全社会对抗疫英雄的敬佩、尊重之情，促使人们向英雄学习。在传递情感正能量的过程中，我们也会不断获得新的感受，这些感受让我们的生命更有力量，周围世界也因为我们的积极情感而多一份美好。

　　师： 情感需要表达、回应，需要共鸣。情感的积累与发展总是跟生活中那些有意义的事件息息相关的。我们要在生活中积极创造美好的情感，用自己的热情和行动为自己、为他人、为社会增添美好的情感体验。

> **知识归纳**
>
> 　　传递正能量，我们应该主动影响环境，用热情和行动来温暖他人，在情感的积极表达、回应与共鸣中，一起传递情感的正能量，共同创造美好的生活。

◆ **课堂小结**

　　通过学习，我们认识到情绪与情感的联系与区别，知道情感是丰富的、复杂的，感受到情感对于自身生命成长的重要价值。我们要继续关注自身的情感发展，在生活中有意识地发掘美好的生命体验，通过人际交往和与外界环境的积极互动，获得美好的情感，将负面情感转化为成长的动力，努力携手传递情感正能量，共创美好生活。

◆ **知识整合** ·······················

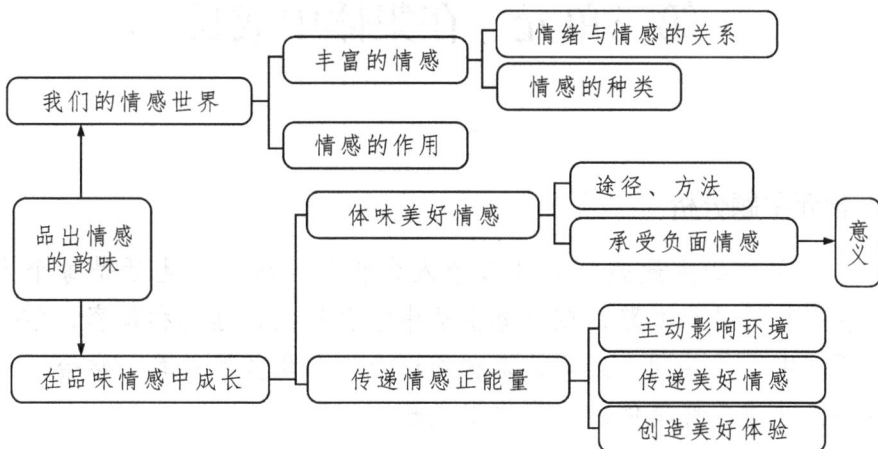

第三单元　在集体中成长

☀ 单元主题分析

本单元的主题是"集体与个人成长"。过集体生活是每个人青春成长的必经之路，在集体生活中学会接纳、理解和包容，学会在不同中寻找共同，正确认识和处理个人与集体的关系，学会互相帮助，共建美好集体，在集体中成长。

本单元接续前面所学的内容，将学生的道德学习从自我认识、与他人交往等方面扩展到集体生活。同时，通过在集体生活中逐渐渗入公共生活的元素，进一步拓展青春生命成长的学习资源，为后面聚焦法治生活以及社会公共生活奠定基础。

教材将集体生活视为学生社会性发展的重要园地，而社会性发展与个性发展又是相辅相成的，学生的自我意识需要在集体生活中获得健全发展。教材的立意，不仅坚持马克思主义的集体主义教育，注重培养个人的责任担当意识，同时重视集体生活中的民主与自治，着力发掘集体对个人成长的价值，强调集体对学生个性的丰富与完善，引导学生学会过集体生活，使集体主义教育体现社会主义核心价值观的要求。

☀ 单元大目标

本单元旨在帮助学生正确认识和处理个人与集体的关系，在集体生活中发展良好个性，积极锻炼成长，并在共建美好集体、共创美好生活中学会责任担当。要让学生懂得：集体生活对个人的成长具有重要意义；过集体生活需要学会处理个人与集体、小群体与集体之间的矛盾和冲突；建设美好集体，离不开每个人的努力。让学生在共建集体中学会担当，做负责任的人，在建设美好集体的过程中不断成长。

☀ 单元大概念

　　集体生活对个人的成长具有重要意义。正确认识和处理个人利益与集体利益的关系，坚持集体主义。建设美好集体，离不开每个人的努力。

第六课 "我"和"我们"

◈ **课标依据** ⋯⋯⋯⋯⋯⋯

课程目标	第四学段目标	健全人格：正确认识自己，能够自我反思，不断完善自我，保持乐观的态度，学会合作，树立团队意识。
课程内容	第四学段	生命安全与健康教育：客观认识和对待自己，形成正确的自我认同，提高自我管理能力；理解不同的社会角色，形成亲社会行为；能正确认识和处理自己与同学、朋友的关系，个人和集体的关系，在团队活动中增强合作精神。

摘自《义务教育道德与法治课程标准（2022年版）》

◈ **学情分析** ⋯⋯⋯⋯⋯⋯

中国有着悠久的集体主义文化传统，中华传统文化历来重视"集体"以及与此主题相关的"他人""共同""公共"等价值和精神。集体主义是社会主义道德建设的基本原则，是社会主义社会应当倡导和弘扬的主流价值观之一。有国才有家，天下为公，大家对小家、集体对个人的矛盾也显示出其更高层面上的伦理意义。美国心理学家马斯洛的需求层次理论认为，安全的需求、归属和爱的需求、尊重的需求是每个人的基本需求，这三大需求表现为个人参与集体生活的心理和情感需要，对于个人的健康成长非常重要。

对青少年进行集体主义教育符合社会主义核心价值观的要求。七年级学生进入初中生活近一年的时间，生活阅历和分析问题的能力有所提升，对集体生活以及在集体生活中尊重他人等方面都有不同程度的感受和了解，更加需要获得集体归属感。过集体生活是初中生的情感需要，也是初中生成长必不可少的经历。集体生活给初中生的成长提供了广阔的平台。初中生需要学会在集体生活中与他人合作，寻找自己在集体中的位置，找到个人成长的力量之源，在集体生活中借助集体和他人的帮助，获得安全感和自信心，为未来的社会化奠定基础。同时，初中生在集体生活中遇到的矛盾和冲突也会相应增加，给初中生带来焦虑感和紧张感。初中生的自我意识越来越强，从依赖师长慢慢走向独立，有了更多的个性化需求。因此，需要指导学生在与他人的积极互动中认识和发现自我，在对集体和社会的奉献中不断成长。

◈ 核心概念

过集体生活是个人成长的需要。个人的力量是分散的、有限的，集体的力量是强大的。在集体中涵养品格，发展个性。

◈ 学习目标

1. 结合事例，理解集体的内涵，知道参与集体生活是人的情感需要。

2. 感知集体带给自己的安全感、归属感、自豪感，产生集体荣誉感，赞同集体的力量是强大的。

3. 结合事例，评述集体对个人发展的重要作用。

4. 学会在集体生活中涵养品格，发展个性。

◈ 设计思路

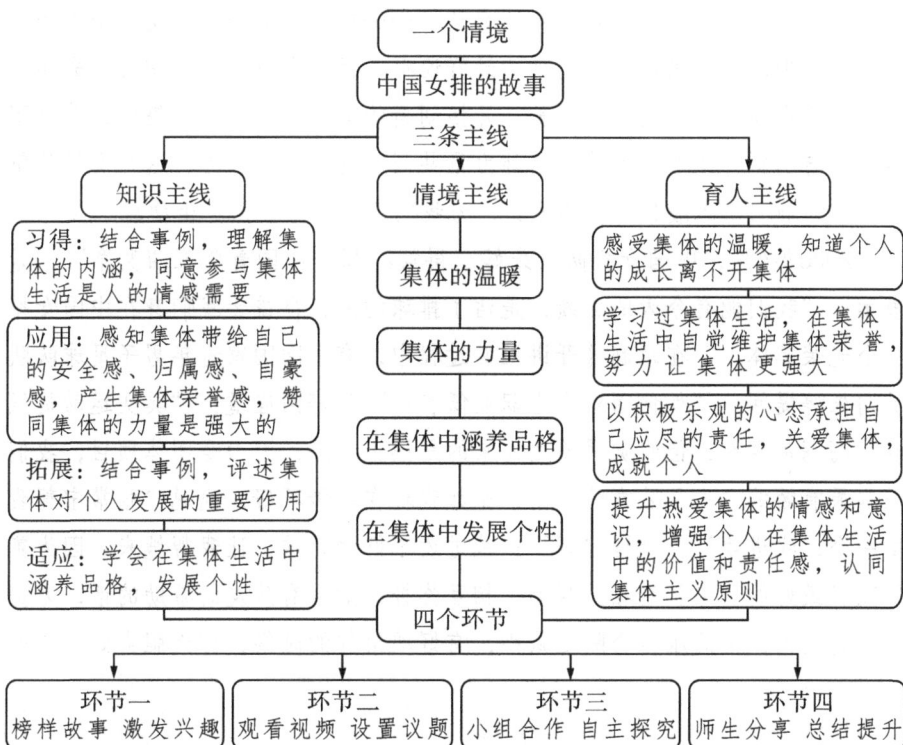

根据七年级学生身心发展特点以及教学目标要求，用四个环节完成新课教学。环节一：榜样故事　激发兴趣——教师首先邀请学生分享关于集体的观念，在此基础上引出本课榜样人物中国女排的故事。环节二：观看视频　设置议题——播放关于中国女排故事的视频和朱婷在《开讲啦》演讲的视频，学生边看边思考问题。环节三：小组合作　自主探究——学生看完视频后，以小组形式进行讨论，合作探究。环节四：师生分享　总结提升——学生分享，教师引导，生成本课知识，实现本课学习目标。

◆ 榜样故事 ······

女排精神，国人的集体记忆

女排精神代表着一个时代的精神，喊出了为中华崛起而拼搏的时代最强音，也是国人脑海中挥之不去的集体记忆。回望中国女排勇夺奥运冠军的征程，从根本上讲，中国女排所收获的，是团队精神和技术实力的双重胜利。"她们不是一个人在战斗，靠的是团队的集体努力""技术专业、实力过硬、拧成一股绳，这就是团队的力量"……中国女排夺冠，是每个人团结奋进的结果，更是集体主义精神的最好诠释。世界上没有随随便便的成功，中国女排重登巅峰，是博采众长、开拓创新的必然结果。心怀集体、精诚团结、矢志创新，让专业素养与精神力量共同激发出强大合力，这是女排队伍赢得"如滔滔江水般景仰"的密钥，为我们每一个人提供了生动启示。

2020年4月，中国女排队长朱婷获得第24届"中国青年五四奖章"，她表示："我们能有今天的成绩，是沾了排球的光，得益于我们身在中国女排这个光荣集体。"在录制《开讲啦》过程中，有中国国家青年男子足球队队员向朱婷提问："如何面对人生职业低谷？"朱婷回应道："其实运动员低谷和高潮都会有，但我觉得随之而来的是摆正心态，因为是团体项目，我们采取最有效的方式是队友的帮助，比如我现在一传不好，我说'张常宁帮我接一个，我进攻'，她说'好'；她进攻不好的时候，让我帮她来。因为集体项目最好的优势就是相互帮助、相互弥补，如果有队友的帮助的话，力量就会特别大，你的压力会随之减小，有好球给你的时候，你大胆去做；不好的球给你的时候，要避免在自己身上直接丢分。"主持人问朱婷："让你给我们的绿茵场上同行说一句心里话，会是什么？"朱婷在思忖后说道："共同成长。"

近年来，朱婷带领中国女排连续获得奥运会、世界杯等大赛冠军，自己也屡获殊荣。接受采访时，朱婷多次强调遇到中国女排是自己的幸运，是中国排球队这个集体培养了自己。她说："中国排球给了我所有，给我鲜花、掌声，培养我的吃苦劲儿。整个团队都配合得很好，谁有好点子，大家相互学习，积极响应，都会跟着做。谁遇到技术上或生活上的困难，大家也会主动帮忙。为了赢一个球、一场比赛，我们充分尊重郎指导的调配，心甘情愿地服从安排，每个队员都成长得很快……"即使在自己不擅长的领域，她也敢于跳出舒适圈，不断追求解锁新技能，直面自己的缺点与不足。朱婷的回答也很朴实："我就是想挑战一下自己，多尝试一下。"在完成团队目标的同时，朱婷也展示了自己的特点，提高了自身的能力。在排球赛场，朱婷正一步步迈上新的台阶。

中国女排用实绩告诉人们，集体主义精神永远不会过时。凝聚在团结的旗帜下，不断更新体育理念，更好发挥举国体制在攀登顶峰中的重要作用，我国体育事业才能在激烈的国际竞争中焕发出新的光彩。

——整合自《女排精神，国人的集体记忆》（《中国体育报》，2021年11月16日）、
朱婷在《开讲啦》的演讲

◆ **学习过程** ·····················

环节一：榜样故事　激发兴趣

师：俗话说，"大河有水小河满，大河无水小河干"。怎样才能让一滴水不干涸？

生：一滴水只有放进大海里才永远不会干涸。

师：同理，一个人只有在把自己和集体融合在一起的时候才能最有力量。请说出你知道的集体。

生：班级/军队/管乐团……

师：集体是人们联合起来的有组织的整体。我们在集体中生活，在集体中是否感受到温暖，取决于集体的联结度。集体的联结度通常与以下因素密切相关——成员间相互关联的程度、集体对成员的重要性、成员间相互交流的频率、成员对共同目标的共识程度、成员间的默契程度、集体存在的时间长短。以上因素赋值越大，集体的联结度就越高。集体的联结度越高，个体感知到的集体温暖就越多。

知识归纳

集体是人们联合起来的有组织的整体，是有共同目标、分工明确的整体。

师："在我的字典里，'女排精神'包含着很多层意思。其中特别重要的一点，就是团队精神。"中国女排原主教练郎平说，女排当年是从低谷处向上攀登，没有多少值得借鉴的经验，但是在困难的时候，大家总能够团结在一起，心往一块想、劲往一处使。"中国女排"从一开始便不只是一份成绩或荣誉，更是集体主义精神的代名词。集体对于个人成长到底有何价值和意义？在集体生活中，我们应如何自觉维护集体荣誉？我们今天一起通过中国女排的故事来对这些问题进行探析。

展示材料，榜样介绍：朱婷在《开讲啦》节目中谈及，女排姑娘们在训练中无数次磕伤、碰伤，但还是把训练当中的这种小磕碰当成荣耀。女排精神就是在这种一次次倒下又爬起的坚持、再坚持当中，一点点成长和成型，最终成为我们看到的顽强拼搏、永不放弃的精神。中国女排姑娘们的美，早就超越了普通女孩的外表美，她们身上的伤疤成为她们最美的勋章。朱婷多次强调，遇到中国女排是自己的幸运，是中国排球队这个集体培养了自己。中国女排用实绩告诉人们，集体主义精神永远不会过时。希望当代青少年可以不断传承中国女排精神，将女排精神发扬到各行各业当中去！

【设计意图】

　　课堂导入非常重要，轻松愉悦的导入可以迅速拉近师生之间的距离。本活动通过关于个人与集体关系的名言和为社会大众所熟知的中国女排的故事导入，更能让学生直观感受到集体的力量和集体的重要性，为后面的学习打下良好的情感基础。

环节二：观看视频　设置议题

　　师：请同学们带着对以下情境议题的思考去观看关于中国女排故事的视频和朱婷在《开讲啦》演讲的视频，结合视频信息进行自主探究学习。

　　情境议题1：中国女排取得了令全国人民都骄傲和自豪的成就，她们取得的成就得益于什么力量？

　　情境议题2：作为集体项目，团结协作是排球项目制胜的关键因素。这充分说明了个人与集体有着怎样的关系？

　　情境议题3：中国女排是一个让人羡慕的集体，它成就了朱婷。在完成团队目标的过程中，朱婷自己收获了什么？

【设计意图】

　　中国女排是我们中国人引以为豪的团队，学生比较熟悉，结合视频观看中国女排故事，更能激发学生的学习兴趣，便于学生感受集体的作用。通过探析中国女排的故事，可以让"集体生活成就我"的观点更具有说服力。将榜样人物引入教学，讲好爱国故事，可丰富教学内容，厚植爱国情怀，使学生受到思想洗礼，产生情感共鸣，达到知行合一。

环节三：小组合作　自主探究

　　学生分小组对三个情境议题进行讨论，自主、合作探究，配背景音乐，教师巡堂，适当指点。

【设计意图】

　　观看视频之后，基于结构化情境议题，小组合作讨论，自主探究，有利于培养学生的团结合作意识，提高其语言表达能力、理性思考能力，以及发现问题、分析问题和解决问题的能力。

环节四：师生分享　总结提升

【活动一】学生分享汇报合作学习成果：中国女排取得了令全国人民都骄傲和自豪的成就，她们取得的成就得益于什么力量？

【设计意图】

> 　　基于对这一情境议题的探析，引导学生感受集体带给自己的安全感、归属感，体会集体荣誉感，感受集体的温暖。以中国女排的事例进行引申，渗透爱国主义教育，培育和弘扬社会主义核心价值观，增强学生的政治认同和责任意识。

师：中国女排取得了令全国人民都骄傲和自豪的成就，她们取得的成就得益于什么力量？

生：正如"榜样故事"中所说的那样，中国女排夺冠，是每个人团结奋进的结果，更是集体主义精神的最好诠释。

师：万众拼搏奋进的时代，一枚金牌的意义，早已超出了体育的范畴。2019年9月30日，习近平在会见女排代表时指出："广大人民群众对中国女排的喜爱，不仅是因为你们夺得了冠军，更重要的是你们在赛场上展现了祖国至上、团结协作、顽强拼搏、永不言败的精神面貌。女排精神代表着一个时代的精神，喊出了为中华崛起而拼搏的时代最强音。"

生：作为集体项目成员，女排队员在场上各有分工，但也需要及时、有效地相互补位，团结协作是排球项目制胜的关键因素。中国女排自建队以来，始终坚持和发扬集体主义精神，无论是教练员、运动员，还是其他工作人员，每个人都为了集体的荣誉拼搏、奋斗。

师：正是每个人都为了集体的荣誉拼搏、奋斗，散发着自己的光和热，使得集体中的每个人都可以从中获得安全感、归属感和认同感，彼此传递关爱和温暖，满足了自身的情感需要，中国女排这个集体才更加有力量。我们今天生活在这样一个伟大的时代、伟大的民族，沐浴着新时代的春风，应该感到幸福，要加倍珍惜、热爱我们的国家（集体），为国家的发展成就感到骄傲、自豪，自觉承担起实现中华民族伟大复兴的历史重任，做担当民族复兴大任的时代新人。

知识归纳

　　每个人都有过集体生活的情感需要。在集体中，我们可以获得安全感和归属感，体验到集体荣誉感。作为集体的一员，我们也要散发自己的光和热，彼此传递关爱和温暖。

　　【活动二】学生分享汇报合作学习成果：作为集体项目，团结协作是排球项目制胜的关键因素。这充分说明个人与集体有着怎样的关系？

【设计意图】

　　基于对这一情境议题的探究学习，让学生思考个人力量与集体力量之间的关系问题，明确集体的力量来源于成员共同的目标和团结协作，提高良好集体影响个人成长的认识水平，并在集体中找到自己的位置，找到为集体努力的目标。

　　师：作为集体项目，团结协作是排球项目制胜的关键因素。这充分说明个人与集体有着怎样的关系？

　　生：中国女排为了实现"升国旗、奏国歌"的共同目标，团结协作，精诚配合，使个人有限的力量在集体中汇合，产生巨大的合力，激发出强大的精神力量。就是凭借着强大的精神动力，中国女排才能屡创佳绩，为国争光。由此充分说明，个人与集体是紧密相连、不可分割的。

　　师：有网友把女排的主力阵容叫作"七仙女"，在中国女排原主教练郎平的精心指导下，每个队员精神高度专注，意志高度集中，行动果敢得力。而作为一个集体，她们虽有不同的角色、不同的站位，但她们有共同的意念、共同的追求，从而达成心灵的高度默合、行动的高度默契，全队精气神都高度地凝聚于每一球的争夺、每一场的比拼中，与其说是七个人在打球，不如说已整合成一个人的极致协调协同，这样的精气神焉有不胜之理？这充分说明：团结就是力量，团结才能奋进。

知识归纳

个人的力量是分散的、有限的。集体的力量是强大的，在某种程度上可以影响甚至改变一个人。个人在集体中会自觉不自觉地产生与集体要求相一致的态度和行为。集体有助于我们获得安全感和自信心，也有助于我们学习他人的经验，扩大视野，健康成长。

师（追问）：中国女排的故事启示我们怎样才能把集体变成一个优秀的团队？

生：一个真正的集体是有着共同目标、分工明确的整体，能为了同一目标而奋战，既发挥各自的优势，又通力协作。我们要学会融入集体之中，做到心中有他人、有集体，这样的集体才能变得更加优秀。

师：团结的集体是有共同目标、分工明确的整体，集体的力量来源于成员共同的目标和团结协作。我们要学会融入集体之中，通过优化组合与他人实现优势互补，产生强大合力。借助这种合力，我们得以完成许多单凭一己之力无法完成的事情。生活在集体中，应该努力完善自我，团结他人，共同营造文明、向上的集体氛围。

知识归纳

个人力量在集体中汇聚，通过优化组合可以实现优势互补，产生强大合力。借助这种合力，我们得以完成许多单凭一己之力无法完成的事情。

【**活动三**】学生分享汇报合作学习成果：中国女排是一个让人羡慕的集体，它成就了朱婷。在完成团队目标的过程中，朱婷自己收获了什么？

【**设计意图**】

集体对学生成长的推动作用不言而喻，但是简单的说教难以让学生认同。本活动采用话题的形式，让学生从中国女排的故事和朱婷的演讲中，感悟"集体生活成就我"的道理，既丰富了课堂教学的形式，也加深了学生对集体对于个人成长重要作用的认同，激发学生对集体的热爱之情，为其将来进入社会打好基础。

师： 2020年4月，中国女排队长朱婷获得第24届"中国青年五四奖章"。朱婷说："'中国青年五四奖章'是共青团中央和中华全国青年联合会共同授予中国青年的最高荣誉奖。能在五四青年节到来之际获得这样的表彰，我感到非常光荣。作为中国女排队长，我是代表这个团结奋斗的集体接受这项殊荣。郎指导多次跟我说过，我们都是离不开团队的人。一个人再出色，她的成长进步也离不开集体的培养。我们能有今天的成绩，是沾了排球的光，得益于我们身在中国女排这个光荣集体。"在中国女排这个光荣集体中，朱婷收获了些什么？

生： 收获了归属感、安全感和荣誉感，感受到了集体的温暖，有助于她学习他人的经验，扩大视野，成长发展。

师（追问）： 具体是哪些方面的成长？请举例说明。

生1： 在中国女排这个集体中，朱婷涵养了自己的品格，培养了负责任的态度和能力，以及人际交往的基本态度和能力。例如，朱婷说，中国女排培养了她的吃苦劲儿，有时候训练很辛苦，她就会想到，打排球不仅仅是为了自己，还是集体荣誉的一部分，就会咬牙坚持下去。在球队中，她们亲如姐妹，谁有好点子，大家相互学习，积极响应，都会跟着做；谁遇到技术上或生活上的困难，大家也会主动帮忙。她们共同成长，成就彼此。

生2： 中国女排这个集体，为朱婷搭建起与他人、与周围世界交往的平台，给她提供了很多学习的资源，促进了朱婷的个性发展。例如，即使在自己不擅长的领域，朱婷也敢于跳出舒适圈，不断追求解锁新技能，直面自己的缺点与不足，完善和丰富个性。在完成团队目标的同时，朱婷也展示了自己的特点，提高了能力，一步步迈上新的台阶。

师： 因此，我们要充分认识到集体对个人成长的重要性，集体生活成就我。在集体交往中，我们不仅能学习到他人的长处，得到他人的认同、支持，涵养了品格，还收获了宝贵的友谊，促进了自己的个性发展。在集体生活中，我们要学会彼此接纳、尊重、理解和包容，与他人友好相处，学习他人的优点，积极参与共同的活动，把握机遇，自主发展，使自己的个性不断丰富。

知识归纳

　　个人的成长离不开集体。在集体中涵养品格，在集体中发展个性，集体生活成就我。在集体中，我们要学会接纳、理解和包容，学会在不同中寻找共同，经历成长，学会互相帮助，学会合作，学会承担责任。

◆ **课堂小结**

　　"人者固非可孤立生存于世界也，必有群然后人格始能立。" 水滴必须汇入河海，才能成为波涛；人在集体中生活，才能更有力量。我们要学会过集体生活，提升在集体中关爱他人、努力担当、为集体争得荣誉的能力，提升在集体生活中进行人际交往的能力，提升在集体生活中自我觉察、自我认识和自我发展的能力，在对集体和社会的奉献中不断成长。

◆ **知识整合**

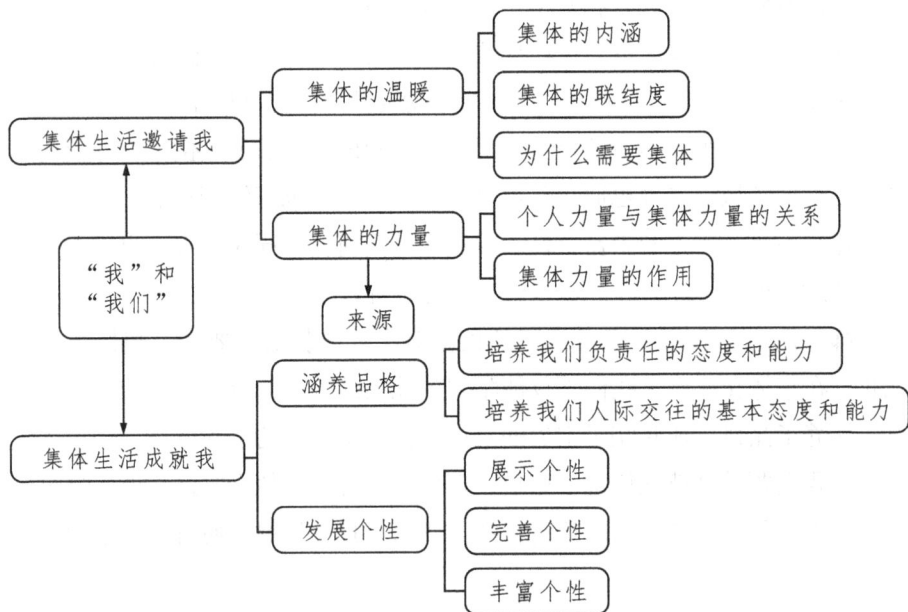

第七课　第一框　单音与和声

◆ **课标依据** ··················

课程目标	第四学段目标	健全人格：正确认识自己，能够自我反思，不断完善自我，保持乐观的态度，学会合作，树立团队意识。
课程内容	第四学段	生命安全与健康教育：客观认识和对待自己，形成正确的自我认同，提高自我管理能力；理解不同的社会角色，形成亲社会行为；能正确认识和处理自己与同学、朋友的关系，个人和集体的关系，在团队活动中增强合作精神。

摘自《义务教育道德与法治课程标准（2022年版）》

◆ **学情分析** ··················

　　马克思主义认为，人们奋斗所争取的一切，都同他们的利益有关。利益是社会关系的核心。在众多的利益关系中，个人利益与集体利益的关系是最为基本的。本框通过让学生直面初中生在集体生活中可能遭遇的矛盾和冲突，使学生辩证看待个人意愿与集体规则之间的关系，培养理性精神，同时引导学生重视集体生活中的民主与自治，学会过集体生活，提升公共参与能力。另外，坚持马克思主义的集体主义教育，也能很好体现社会主义核心价值观的要求，很好地落实"民主""和谐""友善"等社会主义核心价值观。

　　七年级学生正处于生理和心理急速变化的关键时期，尤其在心理上，他们从依赖、幼稚走向独立、成熟。这个阶段的学生有激情、有想法，但也容易盲目冲动、缺乏理性，想要在集体中表达自己的意愿，但是未掌握正确的方法和途径，因此会产生这样的情况：学生潜意识里想积极投身于集体活动，但往往会与集体的共同目标、发展需求产生冲突；学生盼望与他人交流，但往往会与他人产生冲突。引导学生处理好集体生活中的矛盾和冲突，处理好个性化需求和集体共同要求的关系，不仅有利于学生的身心健康发展，而且有助于集体与个人求同存异，实现双赢，也是集体发展的动力来源。

◈ **核心概念** ·····················

遵守规则，恰当表达意见；正确处理个人利益与集体利益的关系，坚持集体主义。

◈ **学习目标** ·····················

1. 结合新闻事例，理解个人意愿与集体规则之间的辩证关系。

2. 澄清个人与集体的关系，处理好个性化需求和集体共同要求的关系，树立集体观念，识大体、顾大局。

3. 坚持集体主义，掌握正确处理个人利益与集体利益冲突的方法。

◈ **设计思路** ·····················

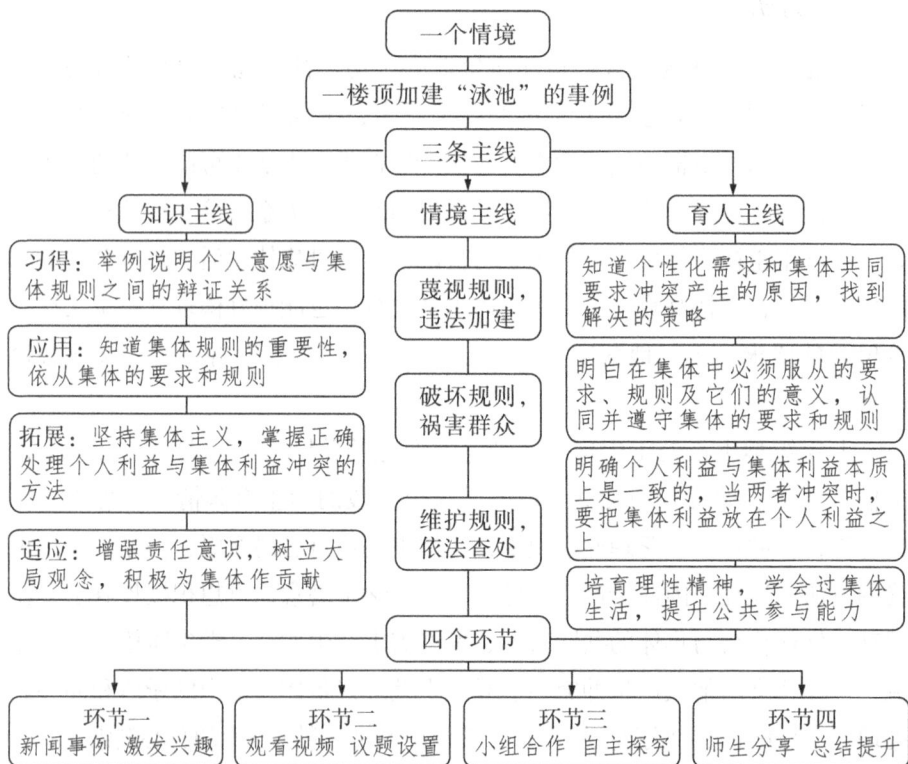

　　根据七年级学生身心发展特点以及教学目标要求，本框题以社会热议的新闻事例"一楼顶加建'泳池'"为情境载体，以点带面，引发学生对"个人与集体的关系""个人意愿与集体规则的关系""个人利益与集体利益的关系"的思考，帮助学生培养正确处理个人与集体关系的能力，树立集体观念，识大体、顾大局，掌握正确处理个人利益与集体利益冲突的方法。

　　具体用四个环节完成本框题内容教学。环节一：新闻事例　激发兴趣——教师首先邀请学生分享自己对日常生活中规则的认识，在此基础上引出本框题新闻事例。环节二：观看视频　议题设置——播放"一楼顶加建'泳池'"的视频，学生结合情境问题自主探究学习。环节三：小组合作自主探究——学生看完视频后，以小组形式进行讨论，自主、合作探究。环节四：师生分享　总结提升——学生分享，教师引导，生成本框题知识，实现本框题学习目标。

◆ 新闻事例 ·················

一楼顶加建"泳池"

　　广州市番禺区一些街坊反映，他们住宅的楼顶被物业公司私自建了一个只供他们老板使用的花园和泳池。在谈及自己住宅楼顶的情况时，居民冉先生表示："上面已经建成了一个私人的豪华游泳池，还有更衣室、空中花园，花园里种的绿植非常多。我们测量了一下（泳池），长、宽大概是25米、8米，深大概是2米。"

　　据了解，涉事楼栋为22层高的商住一体楼，该栋业主们表示，这个"泳池"是物业公司私自修建的，事前并未征得他们的同意，开发商老板直接将楼顶占为己有，居民要求上楼顶查看，遭物业人员阻拦，物业人员还使用各类工具封堵了楼顶的多个出入口，甚至包括消防通道。有居民认为，楼顶空间应属于全体业主共有，不应该成为某人的"私家花园"。同时，自该"泳池"建成后，楼栋内不少人家中墙壁出现了多处裂痕。"自从泳池蓄水以后，这个问题就暴露出来，每个楼道都有（裂缝），几十条的垂直裂缝，从20楼一直到14楼、13楼。"居民杨先生说。

2023年7月下旬，番禺区钟村街道办回复居民投诉称，此处水池是"天面消防水池"。

究竟是"泳池"，还是"消防水池"，此事引起外界广泛关注。针对此事，2023年7月31日，番禺区人民政府官网通报称，相关媒体报道和群众反映广州市番禺区楼顶建设游泳池的问题，番禺区高度重视，立即成立了由规划、住建、城管、消防等部门以及属地街道组成的联合工作组，本着"安全至上、依法依规"的原则迅速开展有关核查处理工作。经现场勘查，该楼顶水池不属于消防水池。目前，该水池已全部排空，消防通道已打开。

通报表示，联合工作组已迅速开展处置工作：由区住建部门组织开展房屋安全鉴定，依法开展涉嫌占用物业共用部位、擅自变动建筑主体和承重结构、增加楼面荷载问题的核查及处理；由区城管部门牵头依法开展涉嫌违法建设的核查及处理；由区消防部门开展消防安全检查，对涉及违反消防安全的问题依法进行查处。番禺区将对相关单位履职情况依法依纪进行监督。

——摘编自腾讯网

◈ **法条链接** ·······················

《中华人民共和国民法典》部分法条

第二百七十一条　业主对建筑物内的住宅、经营性用房等专有部分享有所有权，对专有部分以外的共有部分享有共有和共同管理的权利。

第二百七十二条　业主对其建筑物专有部分享有占有、使用、收益和处分的权利。业主行使权利不得危及建筑物的安全，不得损害其他业主的合法权益。

第二百七十三条　业主对建筑物专有部分以外的共有部分，享有权利，承担义务；不得以放弃权利为由不履行义务。

业主转让建筑物内的住宅、经营性用房，其对共有部分享有的共有和共同管理的权利一并转让。

第二百七十八条　下列事项由业主共同决定：

（一）制定和修改业主大会议事规则；

（二）制定和修改管理规约；

（三）选举业主委员会或者更换业主委员会成员；

（四）选聘和解聘物业服务企业或者其他管理人；

（五）使用建筑物及其附属设施的维修资金；

（六）筹集建筑物及其附属设施的维修资金；

（七）改建、重建建筑物及其附属设施；

（八）改变共有部分的用途或者利用共有部分从事经营活动；

（九）有关共有和共同管理权利的其他重大事项。

业主共同决定事项，应当由专有部分面积占比三分之二以上的业主且人数占比三分之二以上的业主参与表决。决定前款第六项至第八项规定的事项，应当经参与表决专有部分面积四分之三以上的业主且参与表决人数四分之三以上的业主同意。决定前款其他事项，应当经参与表决专有部分面积过半数的业主且参与表决人数过半数的业主同意。

第二百八十六条　业主应当遵守法律、法规以及管理规约，相关行为应当符合节约资源、保护生态环境的要求。对于物业服务企业或者其他管理人执行政府依法实施的应急处置措施和其他管理措施，业主应当依法予以配合。

业主大会或者业主委员会，对任意弃置垃圾、排放污染物或者噪声、违反规定饲养动物、违章搭建、侵占通道、拒付物业费等损害他人合法权益的行为，有权依照法律、法规以及管理规约，请求行为人停止侵害、排除妨碍、消除危险、恢复原状、赔偿损失。

业主或者其他行为人拒不履行相关义务的，有关当事人可以向有关行政主管部门报告或者投诉，有关行政主管部门应当依法处理。

◆ **学习过程** ·····················

环节一：新闻事例　激发兴趣

师： 无规则不成方圆。在学校中和社会中有哪些常见的规则？这些规则发挥了什么作用？

生： 饭堂排队就餐，自觉进行垃圾分类，上课安静听讲，自觉遵守集体的规章制度……遵守这些规则有利于更好地实现我们的自由。

师： 良好的秩序是一切美好集体的基础，它的实现有赖于规则的制定和遵守。在个人融入集体的过程中，必然面临规则与自由之间的矛盾，经历从他律到自律的转变。尤其是在涉及公共安全的时候，我们更应该自觉遵守相关社会规则，为维护社会公共安全贡献自己的力量！今天，我们一起通过在社会上一度引起热议的新闻事例"一楼顶加建'泳池'"来探析如何正确处理"个人与集体的关系""个人意愿与集体规则的关系""个人利益与集体利益的关系"。

展示材料，介绍事例：广州市番禺区一楼顶加建"泳池"一度引发热议。广州市番禺区一些街坊反映称，他们住宅的楼顶被物业公司私自建了一个只供他们老板使用的花园和泳池。自从"泳池"建成后，楼栋内不少人家中墙壁出现了多处裂痕。2023年7月31日，广州市番禺区人民政府发布通报，指出"楼顶水池不属于消防水池。目前，该水池已全部排空，消防通道已打开"。

【设计意图】

让学生结合学校和社会的实际生活畅谈集体生活中的规则，充分体现以学生为中心的教学观，更能调动学生学习的积极性和主动性。结合真实的事例，引导学生感受自我需要和集体需要之间的矛盾，有助于后续教学中学生加深理解，从而想出更多理智的解决冲突的办法，也有助于学生反思自我，从而找到改正方法，做到显性教育与隐性教育相统一。

环节二：观看视频　议题设置

师： 请同学们带着对以下情境议题的思考去观看"一楼顶加建'泳

池'"的视频，结合视频信息进行自主探究学习。

情景议题1：为什么住户们对楼顶加建"泳池"如此关注？请从住户个人、居民集体等不同角度予以分析。

情景议题2：假如你是该栋楼房的物业公司管理人员，你会如何做好该事件的后续事宜？

情景议题3：这起事件启示我们如何才能让集体和声更美？

【设计意图】

以一度引起社会广泛关注的新闻事例让学生直观感受现实生活中存在的个人至上的不和谐音符，把新课标要求的课程内容转化成学生学习活动的任务，培养学生独立思考、小组协作、获取关键信息的能力，摒弃了教师的简单说教，让学生在自主探究学习中明白在集体中必须服从的要求、规则及它们的意义所在，思考在集体生活中遇到矛盾冲突时的解决方法。

环节三：小组合作　自主探究

学生分小组对三个情境议题进行讨论，自主、合作探究，配背景音乐，教师巡堂，适当指点。

【设计意图】

观看视频之后，基于结构化情境议题，小组合作讨论，自主探究，有利于培养学生的团结合作意识，提高其语言表达能力、理性思考能力，以及发现问题、分析问题和解决问题的能力。

环节四：师生分享　总结提升

【活动一】学生分享汇报合作学习成果：为什么住户们对楼顶加建"泳池"如此关注？请从住户个人、居民集体等不同角度予以分析。

【设计意图】

为了维护良好的秩序，集体生活中一定会有许多规则存在。基于对这一情境议题的探究，让学生借助小组的力量梳理、审视集体的规则，并自主分析不服从规则的影响，在价值冲突中深化了理解，在比较、鉴别中提高了认识，实现认同、坚信集体生活中规则作用的价值引领，有利于学生自觉遵守集体的要求和规则。

师：为什么住户们对楼顶加建"泳池"如此关注？请从住户个人、居民集体等不同角度予以分析。

生1：从住户个人的角度来看，依据《中华人民共和国民法典》的有关规定，楼顶空间应属于全体业主共有，物业公司未经住户同意私自修建游泳池，侵犯了住户的合法权益。

生2：从居民集体的角度来看，物业人员使用各类工具封堵了天台的多个出入口，甚至包括消防通道，游泳池建成蓄水后，每个楼道都出现了裂缝。开发商的这些行为不仅损害了全体居民的合法权益，更重要的是已经危害到整栋楼房的住房安全，一旦发生火灾等意外，后果不堪设想，对公共安全造成了极大的隐患。

师：修建游泳池属于个人意愿，改建、重建建筑物及其附属设施需要由业主共同决定，这是集体规则。为什么这两者会产生冲突？

生：我们每个人都自觉遵守社会生活中的相关规则和要求，有利于营造温馨和谐、安全的生活环境，维护良好的社会秩序，保障社会公共利益，捍卫社会公平正义，促进社会文明进步。物业公司如果在修建游泳池之前，先征询业主们的意见，让业主们共同讨论决定，可能就不会出现这样的情况。正是由于个人意愿与集体规则不一致，所以才产生了事例中的冲突。

师：是的，在集体生活中，既有个人意愿，也有共同规则。有时会感受到集体规则与我们的某些个性化需要之间存在矛盾甚至冲突。这可能基于一方有不正当或不合理的要求，也可能基于个人和集体的不同需要。共同规则的作用是保障集体和声更加动听，使集体的发展更加和谐，让每一个人都能发挥个性特长，发展自我。当集体规则与我们的个人意愿一致，并且能够保障个人利益时，我们更乐于积极遵守和维护。就如本事例中，《中华人民共和国民法典》的相关规定是保障居民合法权益的有力武器。

知识归纳

在集体中，每个人都有自己的意愿，集体又必须有一些共同的规则。集体规则能够保证集体的和声更和谐。当集体规则与我们的个人意愿一致，并且能够保障个人利益时，我们更乐于积极遵守和维护。有时集体规则可能会与我们的某些个性化需要之间存在矛盾甚至冲突。我们要正确认识个人意愿与集体规则的关系。

【活动二】学生分享汇报合作学习成果：假如你是该栋楼房的物业公司管理人员，你会如何做好该事件的后续事宜？

【设计意图】

坚持"价值性和知识性相统一""灌输性和启发性相统一"，彰显课程本质，提升育人实效。基于对这一情境议题的探讨，让学生置身于情境之中，引导学生深入认识集体规则的重要性，在集体生活中学会理性的价值判断，作出合理的价值选择，学会处理集体利益与个人利益之间的冲突，掌握处理冲突的策略，从而达到在活动中明理、在明理中育人的教学目标。

师：番禺区人民政府及相关部门介入处理了该事件，假如你是该栋楼房的物业公司管理人员，你会如何做好该事件的后续事宜？

生1：应当积极配合番禺区人民政府的部门开展相关善后事宜，首先，依法拆除违建的游泳池及花园，将堵塞消防通道的杂物清除干净，尽快恢复楼顶原状。其次，对于居民反映的楼栋内不少人家中墙壁出现了多处裂痕的问题，聘请第三方机构对楼房安全进行鉴定，对相关住户房屋修复给予一定的费用补偿。

生2：我认为物业公司还应该认真吸取本次事件的教训，自觉遵守《中华人民共和国民法典》等相关法律法规，切实维护公共安全，尊重居民的共同意愿，依法维护居民们的合法权益和住房安全，为营造温馨和谐、安全文明的生活环境担当责任。

师：同学们的分析很理性，也很符合实际。面对冲突，我们通常会让个人意愿服从集体的共同要求。实际上，个人意愿与集体的共同要求之间往往不是完全对立的。修建游泳池如果能够符合全体居民的共同要求，体现居民的共同利益，就能够得到居民们的积极支持和拥护。因此，面对个人意愿与集体要求相冲突时，我们要理解集体要求的合理性，反思个人意愿的合理性和实现的可能性，这样就可能找到解决冲突的平衡点。

知识归纳

面对冲突，我们通常会让个人意愿服从集体的共同要求。实际上，个人意愿与集体的共同要求之间往往不是完全对立的。理解集体要求的合理性，反思个人意愿的合理性和实现的可能性，我们就可能找到解决冲突的平衡点。

【活动三】学生分享汇报合作学习成果：这起事件启示我们如何才能让集体和声更美？

【设计意图】

党的二十大报告强调："育人的根本在于立德。"作为立德树人的关键课程，道德与法治课程需要引导学生坚持集体主义，正确处理集体利益和个人利益的关系。基于对这一情境议题的探讨，引导学生学会在集体生活中处理与他人的各种关系，坚持集体主义精神，以集体为重，乐于奉献，全面发展。

师：针对这起楼顶违法建设游泳池事件，2023年8月2日晚，番禺区人民政府官网再次发布情况通报。

展示材料一：

通报称，经调查，番禺区联合工作组认定该水池为物业公司内部使用的游泳池，属于违法建设行为。番禺区城市管理和综合执法局、住房和城乡建设局已对建设方搭建游泳池、玻璃棚等建（构）筑物的违法建设行为和擅自占用、改建物业共用部位的违法行为立案查处，责令限期拆除、恢复原状，并依法严肃处罚。

在调查期间，联合工作组发现，番禺区××街道办事处在处理群众投诉时，将其称为"消防水池"的回复错误。××街道办事处和有关单位在该事件处理过程中存在工作作风不实，使群众投诉长期得不到重视、解决；对于违法违规行为监管不力；对群众投诉事件定性草率、与实际情况严重不符等情形。区纪委监委已成立调查组，对相关单位及工作人员履职情况进行调查，以"零容忍"的态度依规依纪依法严肃追责问责。

通报表示，此次事件教训深刻，个别单位和人员履职不当，我们诚恳接受社会各界批评。我们将认真汲取教训，在全区深入开展政务服务能力和作风提升专项行动，以实际工作成效回应广大群众、新闻媒体的监督和关切。

师：这起事件启示我们如何才能让集体和声更美？

生1：通过这起事件，我们看到了番禺区人民政府对于破坏集体规则、损害集体利益的物业公司违法行为"零容忍"，依法依规严肃处置。这启示我们要让集体和声更美需要尽力做好自己，遵守规则，以保持集体和声的和谐之美。

生2：对于街道办事处和有关单位在该事件处理过程中存在工作作风不实，使群众投诉长期得不到重视、解决等情形，相关居民的处置方式也相当理性，他们没有因为自己的合法权益受到侵害而采取一些过激的行为，而是通过媒体曝光、向上一级政府部门反映等合理、合法的方式依法维护自己的合法权益。番禺区人民政府和纪委监委更是高度重视，成立调查组，对相关单位及工作人员履职情况进行调查，以"零容忍"的态度依规依纪依法严肃追责问责，认真接受广大群众和新闻媒体的监督。要给居民理性维权和番禺区人民政府相关部门雷厉风行的作风点赞！

师：是的，我国政府是人民的政府，政府的权力来自人民，应当为人民服务，捍卫人民利益，接受人民监督。对于政府工作中出现的不合理因素，我们可以通过恰当的方式表达自己的意见，提出积极的改进建议。政府的工作也会因为我们积极建言献策而变得越来越好，更能体现和维护广大人民群众的合法权益。由此可见，个人与集体、个人利益与集体利益是相互依存的。

展示材料二："我们有一口吃的，坚决不让他们（K396次列车乘客）饿着"

2023年7月30日，由于强降雨，内蒙古乌海西开往北京丰台的K396次列车被迫停在北京门头沟区落坡岭火车站。K396次列车被困后，乘客在工作人员的引导下留在车里避险，后因为缺少物资、路基冲刷严重，经联系后被安置到了附近的落坡岭社区。社区的居民们熬粥、煮挂面、切咸菜，拿出家里所有物资帮助被困乘客。回忆起这一幕幕，落坡岭党支部书记孟二梅忍不住哽咽。孟二梅介绍，社区内常住人口不足400人，以老年人居多，近1000名乘客涌入社区，社区接待压力非常大，但居民们都尽己所能提供帮助。"居民的车都变成了乘客的栖身之处。所有的老百姓，把家里所有吃的全都拿出来，成锅成锅地做面条、疙瘩汤。"K396次列车的乘客动容地说："其实很多居民家里，已经没有粮食和水了，但是他们去摘黄瓜、茄子，拿咸菜给我们吃。"回忆起这些经历，孟二梅不禁泪目："中国人的力量真的无与伦比！世界上没有比中国人再坚强、再团结的了！"

展示材料三："快点，我得再快点！父老乡亲还等着我们呢！"

2023年8月1日晚上，从山东赶赴河北涿州的救援队员们忙碌了一天，由于时间紧迫，有些队员选择在冰冷的水中吃东西充饥。"快点，我得再快点！父老乡亲还等着我们呢！"

2023年8月2日凌晨2点，涿州一饭店所有厨师顶着高温，用仅存的水蒸馒头、做菜，为近200名刚从一线返回休整的救援人员提供热饭菜。饭店老板说："热饭菜是最好的安慰，中国人团结必须的！"

师：洪水无情，人间有爱！只要我们手牵着手、心连着心，就没有任何困难能将我们打倒！材料二和材料三中的事例启示我们要让集体和声更美，需要做到什么？

生1：我们要向落坡岭社区居民和涿州饭店的老板及厨师们学习，学会处理与他人的关系，积极关心他人，热心帮助他人，奉献大爱。

生2：要向奋战在抗洪抢险第一线的所有人民子弟兵、救援队伍和工作人员学习，不畏艰辛，负重前行，识大体、顾大局，自觉服从抗洪抢险大局的需要，始终把集体利益放在个人利益之上，坚持集体主义。

师：每逢遇到大灾大难，我们的社会、我们的国家里，总会涌现出许许多多的英雄人物，他们挺身而出，冲锋在前，守护人民安宁。他们舍小家为大家，把集体利益放在个人利益之上，诠释着集体主义、爱国之心。他们毫不利己、专门利人，是我们学习的榜样，也是我们民族的脊梁。我们要向他们学习，以集体利益为重，正确处理集体利益与个人利益之间的关系，坚持集体主义，反对只顾自己、不顾他人的极端个人主义。

相关链接：集体主义

集体主义是个人与集体辩证统一关系在道德上的反映，也是集体利益与个人利益发生矛盾时正确的价值取向。它要求一切以人民群众的利益为根本出发点，强调集体利益的道德权威性，坚持集体利益高于个人利益，个人利益服从集体利益。这种集体利益为实现个人利益奠定了现实基础。同时，它承认个人利益的合理性，保障个人正当利益的实现，保证个人利益与集体利益的结合与协调，促进集体利益与个人利益在辩证统一中不断发展。

知识归纳

让和声更美，需要：尽力做好自己，遵守规则，保持集体的和谐；对于集体要求中存在的不合理因素，可以通过恰当的方式表达自己的意见，提出积极的改进建议；认识到在集体中个人利益与集体利益本质上是一致的，当个人利益与集体利益发生冲突时，要把集体利益放在个人利益之上，坚持集体主义，反对只顾自己、不顾他人的极端个人主义；要学会处理与他人的各种关系，当遇到矛盾和冲突时，我们要冷静考虑，慎重选择适当的处理方式，心中有集体，识大体、顾大局，不得因个人之间的矛盾做有损集体利益的事情。

◆ **课堂小结** ·····················

通过本框题的学习，我们了解到集体规则的作用，认识到集体规则与个人需要之间产生冲突的原因。通过充分讨论，我们分析了遵守规则的重要性，认识到当对规则有看法时，可以用合理的方式表达自己的建议。在材料分析中，我们认识到：个人利益与集体利益在本质上是一致的，要坚持集体主义，识大体、顾大局，学会在集体中处理与他人的关系，以集体为重，乐于奉献，全面发展。

第七课　第二框　节奏与旋律

◆ **课标依据** ·············

课程目标	第四学段目标	健全人格：正确认识自己，能够自我反思，不断完善自我，保持乐观的态度，学会合作，树立团队意识。
课程内容	第四学段	生命安全与健康教育：客观认识和对待自己，形成正确的自我认同，提高自我管理能力；理解不同的社会角色，形成亲社会行为；能正确认识和处理自己与同学、朋友的关系，个人和集体的关系，在团队活动中增强合作精神。

摘自《义务教育道德与法治课程标准（2022年版）》

◆ **学情分析** ·············

集体主义是处理集体利益和个人利益关系的根本准则，是我国社会主导的价值理念。习近平指出："青年一代有理想、有本领、有担当，国家就有前途，民族就有希望。"因此，坚持马克思主义的集体主义教育，重视和培养学生的责任担当是教学工作的重中之重。

集体生活是学生社会性发展的重要园地。对初中生而言，日常的学习小组、班级、社团、学校等都是能够带来归属感的集体。初中生在这多种多样的集体中扮演众多角色，他们愿意去适应角色期待，但由于不能灵活自如地转换角色，易引发角色间的冲突。这一系列的冲突，使初中生开始质疑自我或质疑他人，心理烦恼增加。进入七年级后，学生在交友方面容易形成小群体，小群体既有积极作用，也有消极作用。因此，要帮助学生增强辨别意识，学会处理不同角色之间的矛盾，以便更好地适应校园生活。应对集体中的各种问题，了解个体在不同集体中的不同责任，正确认识不同群体的原则，以及学会处理群体间的矛盾，是本框的学习重点。

◆ **核心概念** ·············

在不同的集体中扮演不同的角色、承担不同的责任，坚持集体主义、反对小团体主义。

◆ 学习目标 ‥‥‥‥‥‥‥‥‥‥‥‥‥‥‥

1. 理解人在多个集体中承担多重责任，愿意在集体生活中承担责任。

2. 澄清小群体与集体的区别和联系，学会处理小群体与集体的矛盾和冲突，自觉坚持集体主义。

3. 理性分析、正确对待集体中的矛盾和冲突，提升分辨是非善恶的能力，认同并践行"民主""和谐""友善"等社会主义核心价值观的要求。

◆ 设计思路 ‥‥‥‥‥‥‥‥‥‥‥‥‥‥‥

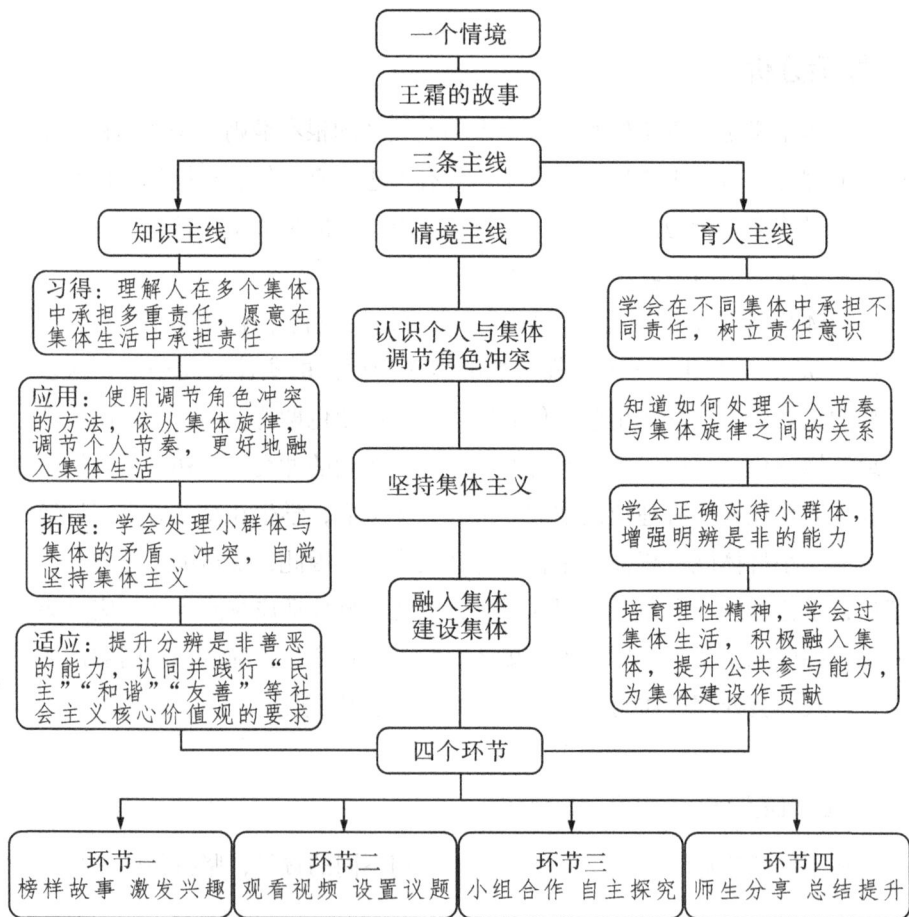

　　根据七年级学生身心发展特点以及教学目标要求，本框题以榜样故事《王霜：踢球的女孩》为情境载体，设置情境议题，引导学生认识到人在多个集体中承担多重责任，学会过集体生活，在集体生活中积极承担责任；通过对王霜成长故事的探析，使学生学会正确对待小群体，增强明辨是非的能力，学会处理小群体和集体的矛盾、冲突，调节小群体的节奏以使其融入集体，积极为集体建设作贡献。

　　具体用四个环节完成本框题教学。环节一：榜样故事　激发兴趣——教师介绍本框题榜样人物王霜，激发学生的求知欲与好奇心。环节二：观看视频　设置议题——播放榜样人物王霜的故事，学生结合情境问题自主探究学习。环节三：小组合作　自主探究——学生看完视频后，以小组形式进行讨论，自主、合作探究。环节四：师生分享　总结提升——学生分享，教师引导，生成本框题知识，实现本框题学习目标。

◆ 榜样故事 ·················

王霜：踢球的女孩

　　"95后"女孩王霜出生于湖北武汉，是中国职业女子足球运动员。2021年4月13日，中国女足队员王霜发挥出色，在奥运会女足预选赛亚洲赛区加时赛中劲射破门，帮助中国女足成功反超比分，以总比分4：3淘汰韩国女足，成功冲进东京奥运会。沉寂多年的中国女足再次进入人们的视野，作为中国女足的"当家球星"，王霜更是成为媒体追逐的对象。

学校里唯一踢足球的女孩，"没觉得自己不一样"

　　王霜的表哥曹国栋是足球运动员，王霜最早跟着表哥一起踢球，后来在俱乐部接受正规训练，并显示出惊人的足球天赋。1999年夏天，世界杯亚军、奥运会银牌让中国女足赢得了"铿锵玫瑰"的称号。然而，随着世界女足快速步入职业化发展时代，中国女足距离昔日荣光越来越远，面临无人喝彩的尴尬。

　　王霜说："很残酷，可能只有通过国家队的舞台，人家才能够看得到你。因为平时在俱乐部，包括我们女足联赛没有那么多的转播，也没有那么多人能到现场去看你踢球。所以，当你能够站在世界级舞台，让更多人看到的时候，你就会有一种很强烈的代表自己国家出战的融入感，特别渴望和珍惜这种机会。"

国内"无人喝彩"，法甲大放异彩

2018年，王霜决定到法国踢球，那里有更为先进的足球文化和更高强度的比赛对抗。她与法国足球甲级联赛巴黎圣日耳曼足球俱乐部签了一份为期两年的合同。在法国，王霜用了两堂训练课就赢得了首发位置。在22轮法国足球甲级联赛中，除了因征战亚运会错过首轮，其余21轮比赛中，王霜出场18次，14次首发，贡献了7个进球和8个助攻。在欧洲冠军联赛中，她4次首发，贡献了1个进球和1个助攻，以及1个角球直接造成的对手乌龙。巴黎圣日耳曼足球俱乐部女足主帅评价王霜："这是一个会用脑子踢球的球员。"

世界杯表现乏善可陈，曾经"失去了踢球的快乐"

2018年，王霜获得"亚洲足球小姐"称号，这是中国球员时隔12年再次获此殊荣，这也让人们对2019年的法国世界杯中国队的成绩多了一些期待。然而，在这届世界杯上，压力巨大的王霜表现乏善可陈，3场小组赛没能打满全场，也没能取得1个进球，最终，中国女足止步于16强。

记者：那是一种什么感受？

王霜：先不说没进球，当你不能在球场上帮助到团队，甚至连一次漂亮的助攻都没有的时候，你会很失望。不可否认，我在巴黎的时候，每次比赛都有很多球迷看，我也算活得光彩照人。但是我后来逐渐意识到，我们国家队需要的是通过长期磨合，打造一支钢铁的团队，我个人的发光发彩只是让我个人能力有所提高，却无法带动中国女足的进步，所以那段时间我就不太想踢球了，失去了踢球的快乐。

2019年世界杯后，王霜提前与巴黎圣日耳曼足球俱乐部解约回国，和中国女足的队友们一起备战奥运。

最长预选赛之后，要在东京奥运会赛场"摧坚决胜"

因为疫情，东京奥运会推迟举办。长达130天的备战，让王霜重新找回了自己，也让她更好地融入了中国女足。在对阵韩国的两回合比赛中，王霜用自己的技术和力量，证明了自己的价值。

王霜：很开心媒体朋友能够更多地去宣传我们中国女足，让更多的人去了解中国女足。我们女足球员很珍惜每一次国家队的舞台，因为我们可以让更多人看到女足运动员也能够这么健康、阳光、美丽，相信我们这支团队能够在东京奥运会上有所突破，也希望球迷朋友们能够认识我们新一代中国女足。

记者：用一个词语来描述你对东京奥运会的期待？

王霜：摧坚决胜。

——整理自《面对面》专访《王霜：踢足球的女孩》等

◆ **学习过程** ·······················

环节一：榜样故事　激发兴趣

师：节奏和谐、旋律优美的音乐，往往很容易吸引人的注意，引发人们的共鸣。然而，当个别节奏与整体旋律不一致的时候，就形成了嘈杂的噪声。生活在集体中，当个人的节奏与集体的旋律不一致时，往往容易产生矛盾与冲突。今天，我们通过榜样人物王霜的故事，一起来探究个人节奏与集体旋律的关系。

出示图片，介绍人物：王霜，出生于湖北武汉，中国职业女子足球运动员。2021年4月13日，她在奥运会女足预选赛亚洲赛区加时赛中劲射破门，帮助中国女足成功反超比分，以总比分4∶3淘汰韩国女足，成功冲进东京奥运会。

【设计意图】

　　用音乐类比集体生活，可以引发学生思考个人节奏与集体旋律之间的辩证关系，让课堂更有趣味性。同时，以榜样人物王霜的故事引入，更能激发学生的求知欲与好奇心，快速高效地导入新课。

环节二：观看视频　设置议题

师：请同学们带着对以下情境议题的思考去观看榜样人物王霜的故事，结合视频内容进行自主探究学习。

情境议题1：视频中反映了王霜在不同的集体中扮演着哪些角色？

情境议题2：王霜为什么出人意料地选择了和巴黎圣日耳曼足球俱乐部提前解约？

情境议题3：如何理解"我们需要的不是某一球星，需要的是一支能战斗的队伍"这句话？

情境议题4：王霜小时候所在的足球运动小群体是怎样形成的？这个小群体对她的成长带来了哪些影响？

【设计意图】

创设情境，启迪思维；提出开放性问题，发散思维。本框题用四个情境议题搭建起了课堂学习的框架，基于对这些情境议题的探讨，讲透、讲深、讲活学习内容。学生在教师的引领下，把《节奏与旋律》这一框题的内容入耳、入脑、入心，在无形中形成了迁移、辨析等高阶思维能力。

环节三：小组合作　自主探究

学生分小组对四个情境议题进行讨论，自主、合作探究，配背景音乐，教师巡堂，适当指点。

【设计意图】

观看视频之后，基于结构化情境议题，小组合作讨论，自主探究，有利于培养学生的团结合作意识，提高其语言表达能力、理性思考能力，以及发现问题、分析问题和解决问题的能力。

环节四：师生分享　总结提升

【活动一】学生分享汇报合作学习成果：视频中反映了王霜在不同的集体中扮演着哪些角色？

【设计意图】

　　王霜的故事贴近学生的生活，学生会发现自己身上原来也有王霜的影子。让学生回想自己在不同集体中扮演的角色，可以增强学生的参与意识和角色意识。本情境议题帮助学生从生活体验中感悟排解由于角色冲突带来烦恼的方法。

　　师：视频中反映了王霜在不同的集体中扮演着哪些角色？

　　生：在北京师范大学本硕连读；北京师范大学高水平女子足球队主力队员；中国女足司职中场、前锋；曾是巴黎圣日耳曼足球俱乐部成员，现为武汉江汉大学女子足球俱乐部一员……

　　师：我们从中可以得出什么结论？

　　生：我们同时属于多个集体。在不同的集体中，我们扮演不同的角色，承担不同的责任。

> **知识归纳**
>
> 　　我们同时属于多个集体，每个集体都有自己的旋律。在不同的集体中，我们扮演不同的角色，承担不同的责任。

　　师：我们在学习和社会交往过程中逐渐认识、理解到不同角色的规范，能够动态性实践我们所扮演的角色。青春期是学会扮演各种角色、实现角色自我认同的关键期。我们要树立角色意识，不断地调整角色的过程也是一个不断成长的过程。你在不同集体中扮演了哪些角色？

　　生：少先队员、学校篮球队成员、七年级学生……

　　师：在集体生活中，你们有没有因自己的节奏和集体的旋律不一致而带来烦恼？

　　生1：我是班里的学习委员，我的烦恼是，学习委员应该做好榜样，取得好成绩，而进入初中快一个学年了，我在学习方面有点跟不上。

　　生2：作为校篮球队成员，一周要训练三次，训练时间过多，需要挤出时间训练。

　　师：每个人都有自己的生活节奏，当自己的节奏与集体的旋律和谐时，我们就可以顺利地融入集体；反之则不然。因此，为保持集体旋律的和谐，我们需要调整自己的节奏。

知识归纳

我们需要调整自己的节奏，保持集体旋律的和谐。

【活动二】学生分享汇报合作学习成果：王霜为什么出人意料地选择了和巴黎圣日耳曼足球俱乐部提前解约？

【设计意图】

基于对这一情境议题的探究，以小见大、以个别见一般，引导学生思考个人与集体之间的关系，同时渗透爱国主义教育。

师：王霜在2018—2019赛季前往法国留学，加盟了法甲女足劲旅巴黎圣日耳曼足球俱乐部。王霜在各项赛事中共代表巴黎女足出场28次，打进8球，助攻10次，可以说表现很出色。但是，在2019年夏天，王霜却出人意料地选择了和巴黎圣日耳曼足球俱乐部提前解约，并回到中国与武汉江汉大学女子足球俱乐部签约。王霜为什么会这样做？

生：王霜说："我个人的发光发彩只是让我个人能力有所提高，却无法带动中国女足的进步，所以那段时间我就不太想踢球了，失去了踢球的快乐。"尤其是中国队在2019年的法国世界杯中止步于16强，让她更深刻地体会到要为国家效力。所以，她决定返回国内踢球，以便更好地为国效力。

师：回国比赛，在中国踢球，和中国队一起享受荣耀更有归属感，王霜的选择充分说明她更关注的是国家利益，坚持集体主义，能够把集体利益放在个人利益之上，心中有集体，识大体、顾大局。

师（过渡）：王霜回国效力，为什么主教练却说："我们需要的不是某一球星，需要的是一支能战斗的队伍。"你如何理解这句话？

【活动三】学生分享汇报合作学习成果：如何理解"我们需要的不是某一球星，需要的是一支能战斗的队伍"这句话？

【设计意图】

　　基于对这一情境议题的探究，结合王霜的经历，引导学生思考在遭遇角色冲突带来的烦恼时，如何依据自身情况理智对待，教会学生树立大局观，让局部利益服从整体利益，正确处理个人利益与集体利益之间的关系，使集体主义教育在潜移默化中顺利实现。

　　生：作为中国女足这个集体中的一员，王霜要明白自己在球队中的位置，明确比赛取得胜利需要团队的配合，而不是一个球星的表演；应从整体利益出发，自觉地让局部利益服从整体利益，个人利益服从集体利益。因此，王霜需要不断调整自己的节奏，与团队成员共同配合，让自己更好地融入集体，让团队产生更大的力量。

　　师：王霜这种能力出众的球员，因为无法排解角色冲突带来的烦恼，影响了自己在球队中的发挥，无法帮助中国女足进入下一轮的竞争。后来，在备战奥运会的过程中，她逐渐与球队融合，重新找回了自己，用自己的技术和力量，证明了自己的价值。因此，在集体生活中，我们要考虑自己更关注哪个集体，或在集体中的角色和责任的重要性，努力调整自己的节奏，让自己更好地融入集体。

知识归纳

　　当遇到班级、学校等不同集体之间的矛盾时，应从整体利益出发，自觉地让局部利益服从整体利益，个人利益服从集体利益。要在不断调整自己的节奏和解决不同集体的角色冲突中学习过集体生活，让自己更好地融入集体，感受集体生活带给我们成长的快乐。

　　【活动四】学生分享汇报合作学习成果：王霜小时候所在的足球运动小群体是怎样形成的？这个小群体对她的成长带来了哪些影响？

【设计意图】

　　结合王霜的经历和学生的亲身体验，能引发学生的共鸣，有利于激发学生的参与兴趣。基于对本情境议题的探究，引导学生辩证地认识集体中的小群体，树立正确的价值导向，在小群体中明辨是非，坚持集体主义原则。

师：王霜从小就热爱足球运动，很早就和表哥一起踢足球。武汉市的汉阳区西大街小学是王霜的足球梦起源地。在这里，6年的训练奠定了王霜的足球基础，她12岁便入选中国国家少年女子足球队。王霜六年级的班主任说："这个孩子非常有凝聚力，同学们在课间都喜欢找她玩，她会带着大家一起做体育运动游戏。"王霜小时候所在的足球运动小群体是怎样形成的？

生：志趣相投、个性相似，或者生活背景类似，往往会自觉不自觉地形成小群体。

师：这个足球运动小群体对王霜的成长带来了哪些影响？

生：王霜在这个足球运动小群体找到了归属感与安全感，她与足球运动小群体的成员彼此接纳、相互欣赏，在与同伴的互学共进中提高了足球本领，塑造了阳光向上、能吃苦的性格特点。

师（追问）：然而，我们身边经常有这样的现象，班上有几个同学每次都不愿意参加集体活动，其他同学对他们颇有微词，久而久之，越来越多学生不积极参加集体活动，班级凝聚力涣散……这样的小群体又会对集体产生哪些不良影响？

生：小群体成员之间的友谊如果沾染上江湖义气，这样的小群体往往会将自身利益置于集体利益之上。

┌─ **知识归纳** ─

在小群体中，成员相互接纳、相互欣赏，找到自己的位置，体会归属感和安全感；我们与同伴更容易相互理解、相互沟通，在与同伴的交往中学习交往，在与同伴的互学共进中增长才干。然而，小群体成员之间的友谊如果沾染上江湖义气，这样的小群体往往会将自身利益置于集体利益之上。

师：我们应如何看待小群体与集体的关系？

生：当小群体的节奏融入集体生活的旋律时，小群体成员就能感受到集体生活的美好，更愿意积极参与集体的建设。反之，则会损害集体的利益，破坏集体的和谐。

知识归纳

　　当小群体的节奏融入集体生活的旋律时，小群体成员就能感受到集体生活的美好，更愿意积极参与集体的建设。当小群体不能很好地融入集体生活时，其成员就会与小群体之外的同学产生矛盾和冲突，甚至与集体的共同要求产生矛盾和冲突。

　　师：小群体的形成决定了小群体可以培养团体意识，其成员对群体讲信用、重承诺、有归属感，这样的小群体可以表现出群体与个体之间的和谐，也就能更好地融入集体生活中，小群体成员在集体建设中也会表现出积极的状态。但如果为了小群体的利益，与小群体之外的同学不仅不合作，甚至是排斥，只讲友情，不讲纪律，只讲义气，不讲规则，干扰、抵制集体的学习和生活，对集体的发展就会存在极强的破坏性。我们应该如何正确面对这样的小群体？

　　生1：要坚持正确的行为，旗帜鲜明地坚持集体主义。

　　生2：增强是非观念，认识到这样做的危害，始终把道德规范、集体规则和要求、国家法律等作为评判是非的尺子，不为成见所扰，不为人言所惑。

　　师：在集体生活中，我们面对矛盾和冲突，解决问题的过程，是我们学习过集体生活的经历，也是促进集体和谐发展、健康成长的过程。我们要团结一切可以团结的力量，使小群体融入集体中，让集体更有凝聚力，奏出集体生活的和谐乐章。

知识归纳

　　在集体生活中，我们面对矛盾和冲突，解决问题的过程，是我们学习过集体生活的经历，也是促进集体和谐发展、健康成长的过程。面对集体生活中的矛盾和冲突，我们需要"心怀一把尺子"，不为成见所扰，不为人言所惑，明辨是非，坚持正确的行为，坚持集体主义。

◆ **课堂小结** ⋯⋯⋯⋯⋯⋯⋯

通过本框题的学习，我们知道个人节奏与集体旋律会有不一致的时候，在承担不同集体的多重责任时，会出现角色冲突现象，我们应该有大局观念，懂得如何取舍。同时我们也应认识到，集体中存在小群体的现象有其合理性，但要警惕极端利己的小群体。对此，我们心中应有是非观念，在小群体中也要坚持独立思考，坚持正确的行为，自觉落实"民主""和谐""友善"等社会主义核心价值观的要求。

◆ **知识整合** ⋯⋯⋯⋯⋯⋯⋯

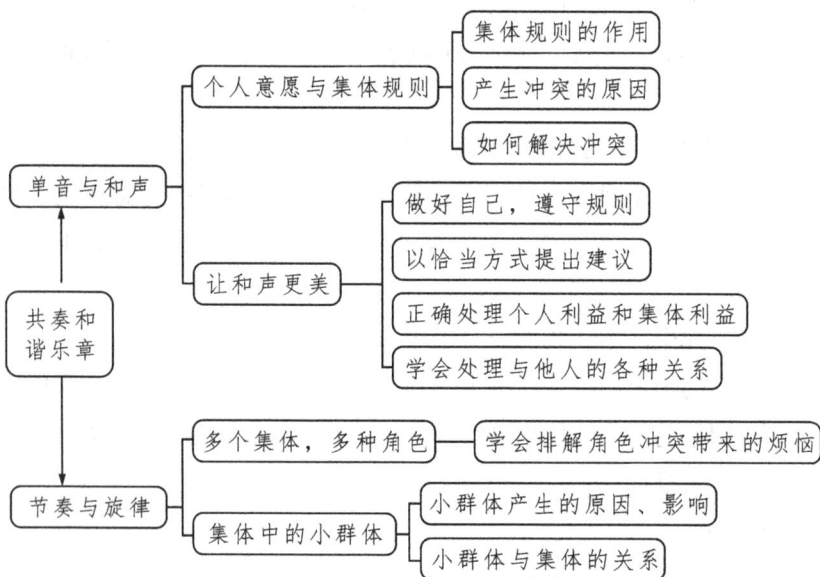

第八课　美好集体有我在

◆ **课标依据** ……………………

课程目标	第四学段目标	健全人格：正确认识自己，能够自我反思，不断完善自我，保持乐观的态度，学会合作，树立团队意识。
课程内容	第四学段	生命安全与健康教育：客观认识和对待自己，形成正确的自我认同，提高自我管理能力；理解不同的社会角色，形成亲社会行为；能正确认识和处理自己与同学、朋友的关系，个人和集体的关系，在团队活动中增强合作精神。

摘自《义务教育道德与法治课程标准（2022年版）》

◆ **学情分析** ……………………

　　集体可以给个人带来安全感、归属感、荣誉感，可以培养个体负责任的态度和能力。美好集体可以带给个人温暖，美好的集体生活积极向上，充满活力，在美好集体中，成员公平竞争、团结协作、愉快交往，彼此紧密地联结在一起，可以促进健康心理品质的发展，培养积极的生活态度和能力。认同集体建设的重要性，在集体生活中形成共同的理想和追求，为美好集体的建设添砖加瓦，是对每一个集体成员的要求。

　　七年级的学生对集体生活有着自己的感受和体验，能够初步体会到美好集体对个人成长的影响，认同美好集体的重要性，对美好集体也有自己的追求，有自己的标准，但对集体与个人辩证关系的认识仍不够全面深刻，对美好集体的标准也尚未达成共识，对于自己作为集体成员在集体建设中应承担怎样的责任缺乏深入的思考，比如，有的学生认为集体事务与自己没有太大关系，甚至错误地认为参与集体事务会占用个人的时间和精力，影响个人发展；有的学生对集体中其他成员要求较高，但对自己要求较低，没有充分认识到个人参与对集体建设的重要性。这些观点和行为既影响美好集体的建设，也不利于个人成长。

因此，需要引导学生对于美好集体的标准形成共识，认识到集体发展对个人完善的作用，以及个人对集体发展的作用，思考如何才能建设大家心目中的美好集体，积极参与美好集体创建，最终将此上升为一种自觉的行为。

◆ **核心概念** ·················

共同的愿景和良好的氛围是美好集体的两个基本特征。美好集体的建设和成长有赖于集体中的每一个人的尽责与担当。

◆ **学习目标** ·················

1. 结合中国女排的故事，概述美好集体的特征。赞同美好集体在个人成长过程中的重要作用。

2. 分析中国女排的事例，确证集体的力量来自团结，树立与集体中他人团结合作的意识。

3. 信奉美好集体的建设和维护离不开每个人的努力，在承担责任过程中的付出会促进个人成长，激发参与集体建设的积极性和主动性。

◈ 设计思路 ·················

```
                        ┌──────────────┐
                        │   一个情境    │
                        └──────────────┘
                     ┌───────────────────┐
                     │  中国女排为国著功成  │
                     └───────────────────┘
                        ┌──────────────┐
                        │   三条主线    │
                        └──────────────┘
```

知识主线	情境主线	育人主线
习得：结合中国女排的故事，概述美好集体的特征	共同的愿景	清晰描摹美好集体应具备的样态，总结概括美好集体的特征
应用：结合中国女排的故事，赞同美好集体在个人成长过程中的重要作用	良好的氛围	理解、认同参与集体建设对个人成长的重要性
拓展：分析中国女排的事例，确证集体的力量来自团结，树立与集体中他人团结合作的意识	在共建中尽责	掌握集体建设过程中与他人合作的技巧，形成团队合作能力
适应：信奉美好集体的建设和维护离不开每个人的努力，在承担责任过程中的付出会促进个人成长，激发参与集体建设的积极性和主动性	在担当中成长	增强集体观念，激发集体荣誉感，培养主人翁意识，感受尽责担当的快乐

```
                        ┌──────────────┐
                        │   四个环节    │
                        └──────────────┘
```

环节一 榜样故事 激发兴趣	环节二 观看视频 设置议题	环节三 小组合作 自主探究	环节四 师生分享 总结提升

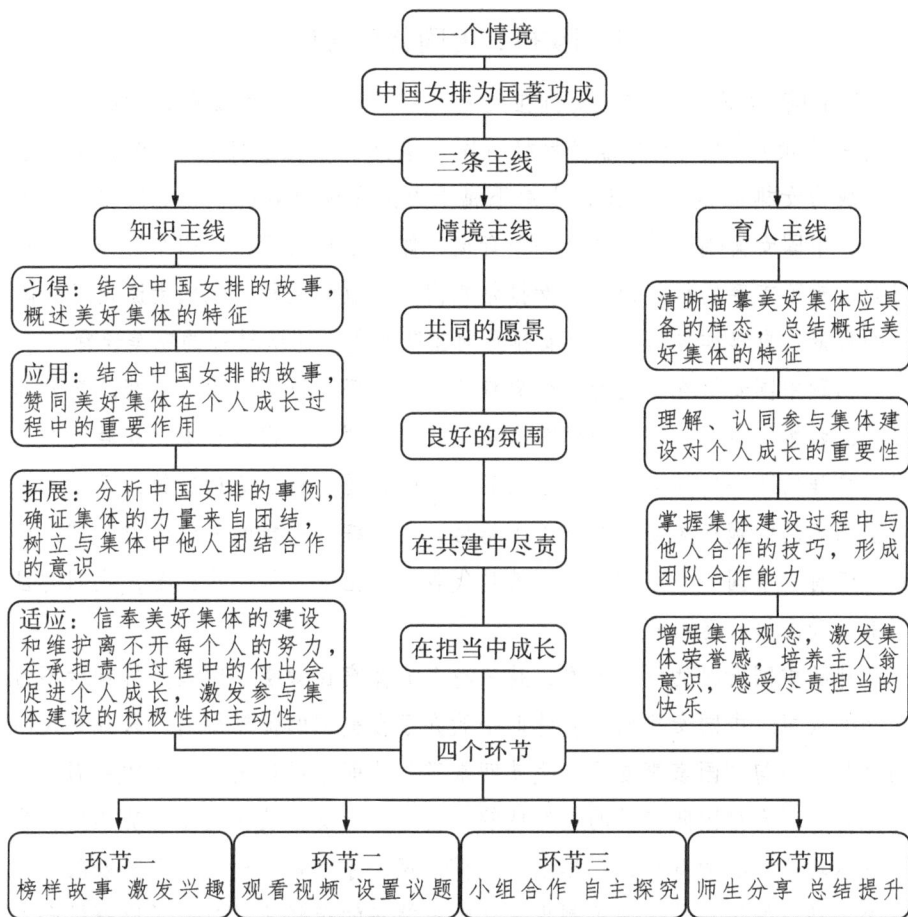

　　根据七年级学生身心发展特点以及教学目标要求，用四个环节完成本课教学。环节一：榜样故事 激发兴趣——教师首先邀请学生分享关于美好集体的观念，在此基础上引出本课榜样人物中国女排。环节二：观看视频 设置议题——播放关于中国女排的视频，学生边看边思考问题。环节三：小组合作 自主探究——学生看完视频后，以小组形式进行讨论，合作探究。环节四：师生分享 总结提升——学生分享，教师引导，生成本课知识，实现本课学习目标。

◈ **榜样故事** ·····················

中国女排，为国著功成！

2019年9月28日，中国女排在大阪以3∶0战胜塞尔维亚队，十战十胜，提前一轮锁定2019年女排世界杯冠军。最终，中国女排以11连胜获得冠军，成为女排世界杯5冠王，也拿下属于中国女排的第10个世界冠军。30多年来，中国女排创造了一个又一个奇迹，体现了祖国至上、团结协作、顽强拼搏、永不言弃的精神面貌。女排姑娘们的勇敢和坚毅，也极大激发了中国人的自豪、自尊和自信。中国女排是对团队之美和团队精神的完美诠释。

回顾中国女排在本次女排世界杯的比赛，每一场都很惊心动魄。自开赛以来，姑娘们力压韩国，完胜喀麦隆，险胜俄罗斯，击败日本，战胜巴西，零封最强的两个对手美国和塞尔维亚，一路过关斩将，势如破竹，无不彰显着强国大国的霸气风姿。在与美国赛后，主教练郎平接受采访时说："只要穿上带有'中国'二字的球衣，就是代表祖国出征。每一次比赛，我们的目标都是升国旗、奏国歌！"

伴随中国女排的凯歌高奏，越来越多的体育迷知晓了中国女排背后不为人知的故事。中国女排原主教练郎平放弃了在美国的优厚待遇，只身一人回国执教，一句"国家需要我，我就回来了"让郎平展现出她纯粹的一面，也是她对中国女排团队精神的最好理解。面临当时女排队伍人才青黄不接、球员基本功不扎实的窘境，女排团队积极挖掘人才力量，树立"大国家队"的理念，动态的运动员管理机制更是让越来越多的年轻运动员有了比赛机会。在比赛中，我们看到女排姑娘每一次得分、每一次协作回球后都会轻轻拥抱、绽放笑容、互相鼓励，这就是女排队员对团队精神的最好理解。把女排教练组、队员当作自己的家人，为了家人而战，为了梦想而战，这种对团队精神的深刻理解，让女排精神有了温暖的人性光芒。

排球是一个团队项目，主攻、副攻、接应、二传各司其职，分工明确，每个成员各有特点、不可或缺，在场上都充分发挥着自己的特长，没有完美的个人，却搭建出完美的团队。女排比赛的每一次主动得分都需要多名队员的团结协作，没有人可以以一己之力带领团队获得胜利，每个人都在尽自己的努力去拼搏。即便是其中一个人出现了问题，大家也都会为她加油鼓劲，并分担她的一部分工作，一起渡过难关，去完成比赛，取得最后的胜利。

我们可以看到，每场比赛开始、结束时，每个人之间都会相互一次转圈击掌；每次上场比赛、下场时，大家都要围成一圈以击掌形式加油鼓劲；每一次得分、每一次协作回球后，大家都会击掌、拥抱、互相鼓励。这样的团队氛围在其他运动项目中是看不到的。还有，比赛中可能会遇到有人发挥不佳，有些球迷更是在场下、网上发表各种不当言论，但这些从没有影响到女排姑娘们，她们在场上非常团结、相互协作，用女排精神去战胜所有对手。

中国女排之所以能够取得成功，是和一支专业精良的教练团队分不开的。郎平曾经介绍："球队后勤团队的工作也完成得非常出色，中国女排的保障工作，做得比美国女排还要好。在中国女排，我说要5个助理教练，要营养师、康复师，这些都能满足。"目前，中国女排阵容稳定，个人技术也发展得很全面，每个人身上都具有不同的优势，进攻、拦网和保障、二传方面都做得很好，这样才能成为一个完美的女子排球组合体。

郎平指导在比赛中战术清晰，指挥淡定从容。她能及时看到对方的弱点，在比赛中及时调整战术。现在的中国女排像是一台精密的仪器，整体高速运转，每一个零件都以最好的状态待在最适合自己的位置。遇到不同的对手变换出不同造型，郎平就是这个"仪器"最专业的"玩家"，最大程度地做到了利用自己的长处，抑制自己的短处。

——整理自中国新闻网《为国著功成！中国女排荣获感动中国2019年度人物》、
共产党员网《团结起来 振兴中华——女排精神述评》

◆ 学习过程 ……………

环节一：榜样故事 激发兴趣

师：从小到大，我们生活在不同的集体中，每个集体都有自己的特点，都在我们的成长中留下了色彩。请同学们选择自己曾生活过的某个集体，用一种颜色来形容这个集体带给自己的感受，并且说明理由

生1：我觉得集体是红色的，像一团火焰。因为集体有着共同的目标，

大家都干劲十足，为实现目标而努力。

生2：我觉得集体是绿色的，因为绿色代表和谐，在班集体中，大家相处得很和谐融洽。

生3：我眼中的集体是蓝色的，蓝色让人想起宽广的天空和海洋，班集体就像天空和海洋，能包容每一个人。

师：在我们心中，集体可能是热情的红色，可能是和谐的绿色，可能是温暖的黄色……不管选择哪一种颜色来形容自己曾生活过的集体，它都代表了这个集体的突出特点，友爱、包容、奋进……从中也可以发现我们对美好集体的期待和要求。无论我们对所在的集体是否满意，心中都充满对美好集体的向往。今天，我们一起走进中国女排这个为国著功成、充满传奇色彩的集体，看看她们眼中的美好集体应该是怎样的，她们在中国女排这个美好集体中又获得了哪些成长。

展示材料，榜样介绍：中国女排。2019年9月28日，中国女排在大阪以3：0战胜塞尔维亚队，十战十胜，提前一轮锁定2019年女排世界杯冠军。最终，中国女排以11连胜获得冠军，成为女排世界杯5冠王，也拿下属于中国女排的第10个世界冠军。改革开放以来，中国女排创造了一个又一个奇迹，体现了祖国至上、团结协作、顽强拼搏、永不言弃的精神面貌。女排姑娘们的勇敢和坚毅，也极大激发了中国人的自豪、自尊和自信。中国女排是对团队之美和团队精神的完美诠释。

【设计意图】

我们生活过的每一个集体都有自己的特点，都像画笔，为我们的成长过程增添了某种色彩。选择颜色来形容集体带给自己的感受，有助于学生从丰富多样的集体生活感受中提炼出自己最突出、最深刻的感受，既直观反映出以往集体生活带给学生的感受，又隐含着对未来建设美好集体的期待。同时，这种较为新颖活泼的活动形式也有助于调动学生的参与热情，从而营造良好的教学氛围。

环节二：观看视频　设置议题

师：请同学们带着对以下情境议题的思考去观看关于中国女排的视频，

结合视频信息进行自主探究学习。

情境议题1：中国女排原主教练郎平对中国女排的愿景是什么？这对中国女排发挥着怎样的作用？

情境议题2：中国女排这个团队有着怎样的良好氛围？在这个团队中，女排姑娘们得到了怎样的成长？

情境议题3：中国女排取得成功的原因有哪些？有谁在为此付出努力？这对我们建设美好集体有何启示？

【设计意图】

中国女排是我们中国人引以为豪的团队，学生比较熟悉，随着视频的观看，中国女排的故事更能激发学生的学习兴趣，便于学生感受美好集体的特征，理解美好集体在个人成长过程中的重要作用。通过探析中国女排的故事，可以让"美好集体的建设和维护离不开每个人的努力"的观点更具有说服力。将榜样人物引入教学，讲好爱国故事，可丰富教学内容，厚植爱国情怀，弘扬集体主义精神，使学生感受到思想洗礼，产生情感共鸣，达到知行合一。

环节三：小组合作　自主探究

学生分小组对三个情境议题进行讨论，自主、合作探究，配背景音乐，教师巡堂，适当指点。

【设计意图】

观看视频之后，基于结构化情境议题，小组合作讨论，自主探究，有利于培养学生的团结合作意识，提高其语言表达能力、理性思考能力，以及发现问题、分析问题和解决问题的能力。

环节四：师生分享　总结提升

【活动一】学生分享汇报合作学习成果：中国女排原主教练郎平对中国女排的愿景是什么？这对中国女排发挥着怎样的作用？

【设计意图】

基于对这一情境议题的学习探究，引导学生认知集体愿景的内涵及作用，从而发现美好集体的重要性，激发建设美好集体的热情和对美好集体的珍惜之情。

师：郎平对中国女排的愿景是什么？

生：郎平说："只要穿上带有'中国'二字的球衣，就是代表祖国出征。每一次比赛，我们的目标都是升国旗、奏国歌！"

师：为国出战，赢得胜利，"升国旗、奏国歌"，这既是郎平对中国女排的愿景，也是中国女排集体的愿景，是中国女排共同的使命、一致的目标和追求，更是全国人民共同的心愿。

知识归纳

拥有共同的梦想，向往美好的前景，承担共同的使命，认同正确的价值观，形成一致的目标和追求，指引个人成长的方向，这就是集体的愿景。

师：为国出战，赢得胜利，"升国旗、奏国歌"，这一集体愿景对中国女排发挥着怎样的作用？

生：激励着中国女排顶住千斤重压，再接再厉、不屈不挠、团结一致、开拓进取。

师：集体愿景是集体拥有的、共同向往的美好前景。大家共同承担使命，认同共同的价值观，形成一致的目标，集体愿景指引着集体中每个成员成长的方向，引导集体走向美好的未来。

知识归纳

愿景是集体的精神动力之源，是推动集体发展的内驱力。共同的愿景引领集体成员团结一致，开拓进取。

【活动二】学生分享汇报合作学习成果：中国女排这个团队有着怎样的

良好氛围？在这个团队中，女排姑娘们得到了怎样的成长？

【设计意图】

用真实生动的事例增强教学的感染力和说服力。中国女排的故事是很有代表性的，基于对这一真实情境的探究学习，引导学生概述美好集体的特征，体会美好集体对个人成长的意义和价值，从而增强集体观念，激发集体荣誉感，为下面探究如何建设美好集体奠定情感基础。

师：中国女排这个团队有着共同的愿景，这个团队还有着怎样的良好氛围？

生1：中国女排团队积极挖掘人才力量，树立"大国家队"理念，采用动态的运动员管理机制，让越来越多的年轻运动员有了比赛机会。由此可以看出中国女排这个团队充满活力，也是民主的、公正的。

生2：在比赛中，女排姑娘们每一次得分、每一次协作回球后都会轻轻拥抱、绽放笑容、互相鼓励。女排姑娘们把女排教练组、队员当作自己的家人，为了家人而战，为了梦想而战，诠释着对团队精神的最好理解。可见中国女排这个团队是善于合作的、充满关怀与友爱的。

师：良好的集体氛围是民主的、公正的，动态的运动员管理机制让集体中的每个成员都得到充分的尊重和接纳，更让整个团队充满生机与活力。美好集体也是充满关怀和友爱的，这份关怀和友爱需要建立在平等、尊重、团结、互助的基础上，把人文关怀放在第一位，最大程度地尊重人、爱护人、依靠人，促进集体的和谐发展。

知识归纳

美好集体是民主的、公正的，是充满关怀与友爱的，是善于合作的，是充满活力的。

师：在中国女排这个美好集体中，女排姑娘们得到了怎样的成长？

生1：不仅在个人竞技技术和体能上得到快速提高，还收获了集体荣誉，获得了荣誉感、安全感、归属感。

生2：锻造了"祖国至上、团结协作、顽强拼搏、永不言败"的美好精神品质，充实了自己的精神境界。

生3：秉持着共同的追求、相同的信念，分工协作，各司其职，将各自的优势发挥到了极致，在与团队成员密切合作的过程中，更加坚定了自己的奋斗方向。

师：良好的集体氛围促进了中国女排的成长，为女排姑娘们提供了和谐友好的发展环境，让她们获得了积极的情感支持，受到了更多同伴的接纳和集体的温暖，产生了对集体的认同感，成就了个人，也成就了集体。

知识归纳

美好集体是我们共同学习、共同生活的精神家园，引领我们成长。在美好集体中，每个人都能获得丰富的精神养料，拥有充实的精神生活，感受集体的关爱和吸引，凝聚拼搏向上的力量，坚定自己的生活信念。

【活动三】学生分享汇报合作学习成果：中国女排取得成功的原因有哪些？有谁在为此付出努力？这对我们建设美好集体有何启示？

【设计意图】

基于对这一情境议题的探究学习，引导学生知道自己可以在哪些方面如何为集体建设贡献力量，同时认识到自己在承担责任过程中的付出会促进个人成长，在探究学习的过程中产生参与集体建设的热情。

师：中国女排取得成功的原因有哪些？有谁在为此付出努力？

生1：中国女排取得成功首先得益于"祖国至上、团结协作、顽强拼搏、永不言败"的强大精神动力。

生2：将集体利益置于个人利益之上，每一名成员敢于直面挑战、争取胜利。女排姑娘们在场上非常团结、相互协作；专业精良的教练团队、后勤团队工作完成得非常出色；郎平指导在比赛中战术清晰，指挥淡定从容，能及时看到对方的弱点，在比赛中及时调整战术。

师：因此，美好集体的建设和维护离不开每个人的努力，需要集体中每个成员承担各自的责任，各尽其能，发挥所长。对于集体事务，无论大小都要认真对待，努力做好，悉心呵护集体共同的利益和荣誉，学会接纳他人、理解和包容他人、关爱他人、互相帮助。

师（追问）：中国女排的故事启示我们如何在共建美好集体中尽责？

生1：共同创造良好的集体氛围，确定愿景和目标，如中国女排在"升国旗、奏国歌"的集体愿景指引下，共同营造民主公正、关爱互助的集体氛围，团结协作，顽强拼搏，开拓进取，成就了个人，也成就了集体。

生2：共同商定集体的规则与制度内容，协商确定组织领导者，如中国女排在郎平指导的带领下，就像一台精密的仪器，整体高速运转，每一个零件都以最好的状态待在最适合自己的位置。集体中的每个成员自主建设、自我管理，主动参与集体建设，积极参加集体活动，自觉维护集体荣誉。

> **知识归纳**
>
> 集体建设需要自主建设、自我管理，在集体的共同经历中理解共同愿景，共同参与民主管理，培养自治精神，共创良好氛围。集体建设需要每个人的努力，我们对集体事务要各尽所能，悉心呵护集体荣誉，用担责促进个人成长。美好集体的建设离不开每个人的努力，个人只有在共建中尽责，才能在担当中获得与集体共成长的幸福体验。

◆ **课堂小结**

年轻充满朝气，青春孕育希望。无论过去、现在还是未来，中国青年始终是实现中华民族伟大复兴的先锋力量。青年的样子就是中国的样子，青年一代有理想、有本领、有担当，国家就有前途，民族就有希望。复兴梦想正在召唤，广阔舞台已经搭建，新时代中国青年挺膺担当，必定大有可为。让我们共同向女排姑娘学习，一起弘扬祖国至上、团结协作、顽强拼搏、永不言弃的女排精神，厚植家国情怀、涵养进取品格，以奋斗姿态激扬青春，不负时代、不负年华，在推进中国式现代化的新征程中续写更加辉煌的青春篇章。

◆ **知识整合** ·····················

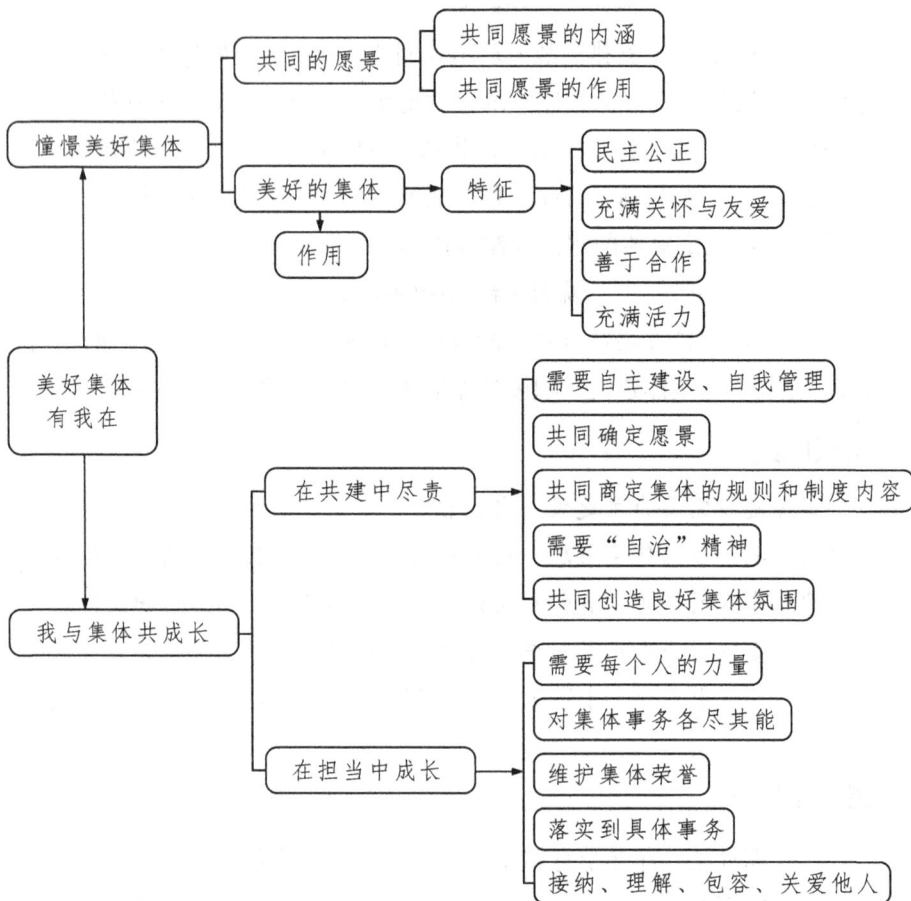

第四单元　走进法治天地

☀ 单元主题分析

习近平总书记在学校思想政治理论课教师座谈会上强调：
"青少年是祖国的未来、民族的希望。""青少年阶段是人生的
'拔节孕穗期'……最需要精心引导和栽培。"未成年人处于人格
成长的关键时期，他们的世界观和人生观尚未形成，由于受生理发
育、心理发展状况的限制，思维水平和社会经验有限，辨别是非的
能力不强，法治观念淡薄，容易受到不良因素的影响，甚至走上违
法犯罪的道路。因此，对未成年人进行法治教育，增强其法治观
念，引导他们自觉守法，遇事找法，解决问题靠法，让他们感受到
法治让生活更美好，帮助他们"扣好人生的第一粒扣子"，是提升
未成年人法治素养的必然要求。

本单元以法治教育为主题，重点讲述法治对于生活的意义和
价值，以及法律是怎样保护未成年人健康成长的。本单元从学校生
活领域过渡到社会生活领域，着力体现学生生命成长的连续性与教
育内容的衔接，既是本册教材最后一个单元，也是整套教材法律
部分的起始单元。本单元统领整个法律部分的学习，展现了法律
包含的公正、自由、和谐等因素，为后面继续学习法律知识奠定了
基础。

☀ 单元大目标

本单元聚焦知识的学习，强调法治思想、法治精神的渗透，
着力从学生的生活经验入手，帮助学生了解法治的进程，了解法律
的特征和作用，初步感受法律与生活密不可分，理解法律对生活的

保障作用，感受法律对青少年的关爱，引导学生自觉尊法学法守法用法，学会依法办事，树立法治意识，努力成为社会主义法治的忠实崇尚者、自觉遵守者、坚定捍卫者以及法治中国建设的参与者和推动者。

☀ **单元大概念**

法律在我们身边，生活需要法律，法律保障生活。法律伴我们成长，法律为我们护航，我们与法律同行。

第九课　法律在我们身边

◆ 课标依据 ·················

课程目标	第四学段目标	法治观念：了解法律对个人生活、社会秩序和国家发展的作用，理解法治的本质及特征。了解以民法典为代表的、与日常生活相关的法律，理解法律是实现和维护公平正义的基本途径。
课程内容	第四学段	法治教育：初步认识法治的内涵，理解法治是治国理政的基本方式。

摘自《义务教育道德与法治课程标准（2022年版）》

◆ 学情分析 ·················

　　法律是治国之重器，法律与我们的生活息息相关。法治是国家治理体系和治理能力的重要依托。我国进行社会主义法治建设，目的是更好地增进人民福祉，充分保障人民群众合法权益。党的十八大以来，党中央对全面推进依法治国作出重要部署，对法治宣传教育提出新的更高要求。建设社会主义法治国家，需要高度重视树立青少年的法治意识。

　　随着年龄和阅历的增长，七年级学生的生活经验、社会见闻不断丰富，他们初步感受到法律与自己的生活息息相关，通过新闻媒体等渠道，对我国不断推进法治建设有一定的了解。但他们的生理发育、心理发展还不成熟，思维水平和社会经验有限，对法律的认识还比较片面。一提起法律，他们可能会更多地联想到强制性和震慑力，很少能想到法律的保障作用；也有的学生违法犯罪却浑然不知，缺乏法律意识。他们对法律缺乏系统的认识，对于什么是法律、法律与其他行为规范有什么不同、法律与个人的生活有什么关系、法律有怎样的保护作用等一知半解。

　　因此，抓好青少年的法治宣传教育工作，用法律温暖、守护青少年，用法律照亮青少年成长之路，帮助青少年树立社会主义法治理念和法治意识，提升法治素养，养成遵纪守法的行为习惯，对于青少年的健康成长和国家的长治久安都具有重要意义。

◈ **核心概念** ·····················

　　生活需要法律，法律与生活息息相关。法治是治国理政的基本方式。法律的特征。法律的作用。

◈ **学习目标** ·····················

　　1. 赞同法律与生活息息相关，确认自己一生都享有法律规定的各项权利，同时必须履行法律规定的各项义务，树立尊重法律、敬畏法律、遵守法律的意识。

　　2. 回顾法律的产生过程和我国法治建设的发展历程，概述法治的重要意义，以实际行动支持社会主义法治建设。

　　3. 解释法律是一种特殊的行为规范，理解法律的特征，自觉按照法律规范自己的行为，树立"公民在法律面前一律平等"的观念。

　　4. 理解法律的作用，信奉"法律让我们的生活更美好"，热爱法律、学习法律。

◈ 设计思路 ·················

```
                    一个情境
                  刑法修正案的故事
                     三条主线
        ┌─────────────┼─────────────┐
      知识主线        情境主线        育人主线
```

知识主线

习得：回顾法律的产生过程和我国法治建设的发展历程，确认法治的重要意义

应用：举例说明法律与生活息息相关，确认法律规定的各项权利和义务

拓展：确证法律是一种特殊的行为规范，倾向于自觉按照法律规范自己的行为

适应：信奉法律规范着全体社会成员的行为，又保护着人们的生活，法律让我们的生活更美好，热爱法律、学习法律

情境主线

刑法修订　回应关切

亮点纷呈　防治犯罪

学法守法　法治意识

育人主线

初步形成用历史的、发展的观点认识法治建设进程的能力，培养法治意识

激发热爱法律、学习法律的情感，初步梳理尊重法律、敬畏法律、遵守法律的意识

初步形成自觉按照法律规范自己行为的能力，树立"公民在法律面前一律平等"的观念

认同法律为我们创造安全健康有序的社会环境，激发热爱法律的情感，自觉走进法治天地

四个环节

环节一	环节二	环节三	环节四
法治故事　激发兴趣	观看视频　设置议题	小组合作　自主探究	师生分享　总结提升

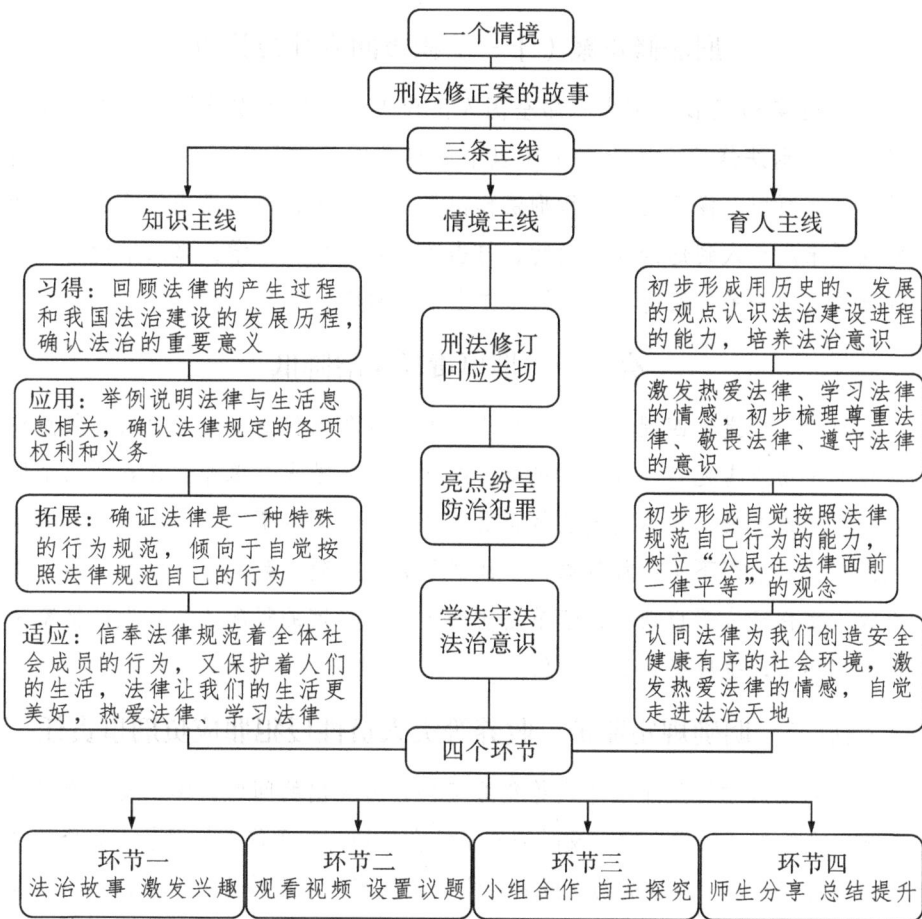

　　根据七年级学生身心发展特点以及教学目标要求，用四个环节完成本课教学。环节一：法治故事　激发兴趣——教师首先邀请学生分享关于法律的认识，在此基础上引出本课法治故事《刑法修正案（十一）积极回应社会关切》。环节二：观看视频　设置议题——播放关于刑法修正案（十一）的视频，学生边看边思考问题。环节三：小组合作　自主探究——学生看完视频后，以小组形式进行讨论，合作探究。环节四：师生分享　总结提升——学生分享，教师引导，生成本课知识，实现本课学习目标。

◆ **法治故事** ⋯⋯⋯⋯⋯⋯⋯⋯⋯

刑法修正案（十一）积极回应社会关切

2021年3月1日，第十三届全国人民代表大会常务委员会第二十四次会议通过的刑法修正案（十一）（以下简称"修正案"）正式实施。民有所呼，法有所应。修正案对现行刑法作出了多处修改，新增设多项罪名，从严惩性侵未成年人到惩治高空抛物、打击冒名顶替他人上学，修正案针对社会普遍关心的一系列新情况、新问题作出直接回应。

亮点一：刑事责任年龄降低

过去，已满十四周岁不满十六周岁的未成年人仅需对故意杀人、故意伤害致人重伤或者死亡、强奸、抢劫、贩卖毒品、放火、爆炸、投毒罪八个罪名承担刑事责任。而本次刑法修正后，已满十二周岁不满十四周岁的未成年人，在特定情形下（犯故意杀人、故意伤害罪，致人死亡或者以特别残忍手段致人重伤造成严重残疾，情节恶劣的），经特定的程序（最高人民检察院核准追诉），也应当负刑事责任。

亮点二：明确规定监护、收养等类人员性侵犯罪应负刑事责任

针对实践中性侵未成年人等犯罪案件较为突出的问题，修正案加大了对未成年人的刑法保护力度，及时回应了社会关切。一是修改奸淫幼女犯罪的规定，对奸淫不满十周岁的幼女或者造成幼女伤害等严重情形处十年以上有期徒刑、无期徒刑或者死刑。二是增加特殊职责人员性侵犯罪的规定，对负有监护、收养、看护、教育、医疗等特殊职责人员，与已满十四周岁不满十六周岁未成年女性发生性关系的，不论未成年人是否同意，都应追究刑事责任。三是修改猥亵儿童罪的规定，进一步明确对猥亵儿童罪适用更重刑罚的具体情形，包括：猥亵儿童多人或者多次的；聚众或者在公共场所猥亵儿童的；造成儿童伤害或者其他严重后果的；猥亵手段恶劣或者有其他恶劣情节的。

亮点三：高空抛物、抢夺公交车方向盘入刑

高空抛物、抢夺公交车方向盘是近年来社会各界普遍关注的问题。继民

法典完善高空抛物坠物治理规则，并针对严重干扰运输秩序和危害运输安全相关问题作出规定后，刑法也对此作出修改。

亮点四：将侮辱、诽谤英雄烈士行为规定为犯罪

修正案维护社会主义核心价值观，保护英雄烈士名誉，与《中华人民共和国英雄烈士保护法》相衔接，将侮辱、诽谤英雄烈士的行为明确规定为犯罪。修正案规定，侮辱、诽谤英雄烈士，损害社会公共利益，情节严重的，处三年以下有期徒刑、拘役、管制或者剥夺政治权利。

亮点五：增设冒名顶替罪

社会上发生冒名顶替上大学等事件严重损害他人利益，迫害教育公平和社会公平正义，对此，修正案增设冒名顶替罪，规定：盗用、冒用他人身份，顶替他人取得的高等学历教育入学资格、公务员录用资格、就业安置待遇的，处三年以下有期徒刑、拘役或者管制，并处罚金。

亮点六：强化公共卫生刑事保障

修改妨害传染病防治罪的规定，进一步明确新冠肺炎等依法确定的采取甲类传染病管理措施的传染病，属于本罪调整范围，补充完善构成犯罪的情形，增加拒绝执行人民政府、疾病预防控制机构依法提出的预防控制措施等犯罪行为。在维护国家安全和生物安全方面，防范生物威胁，与生物安全法相衔接，增加三类犯罪，即非法从事人类基因编辑、克隆胚胎犯罪，严重危害国家人类遗传资源安全犯罪和非法处置外来入侵物种犯罪。此外，与全国人大常委会关于全面禁食野生动物的决定相衔接，将以食用为目的非法猎捕、收购、运输、出售除珍贵、濒危野生动物以外的在野外环境自然生长繁殖的陆生野生动物，情节严重的行为增加规定为犯罪，从源头上控制重大公共卫生风险的发生。

——整理自人民网

◆ **学习过程** ·····················

环节一：法治故事　激发兴趣

师： 2021年3月1日，一批与我们生活息息相关的新规正式实施。其中，最引人关注的是第十三届全国人民代表大会常务委员会第二十四次会议通过的刑法修正案（十一）正式实施。修正案对现行刑法作出了多处修改，大家了解到有哪些方面作出修改？

生： 降低刑事责任年龄、惩治高空抛物、打击冒名顶替他人上学……

师： 本课让我们通过对刑法修正案（十一）的学习，走进法治天地。

展示材料，介绍新规：2021年3月1日，第十三届全国人民代表大会常务委员会第二十四次会议通过的刑法修正案（十一）正式实施。刑法修正案（十一）对刑法作出了多处修改，新增设多项罪名，从严惩性侵未成年人到惩治高空抛物、打击冒名顶替他人上学，刑法修正案（十一）针对社会普遍关心的一系列新情况、新问题作出直接回应。

【设计意图】

开门见山，简要介绍本课法律文件——刑法修正案（十一），让学生感受在现实生活中法律实实在在规范着我们的行为，又保障着我们的生活，为我们创造了安全健康有序的社会环境，提升学生对法律的认同感，激发学生对法律的热爱之情，增强学生对法律的崇敬，提升他们的法治意识。

环节二：观看视频　设置议题

师： 请同学们带着对以下情境议题的思考去观看有关刑法修正案（十一）的视频，结合视频信息进行自主探究学习。

情境议题1：刑法修正案（十一）回应了哪些社会关切？这给我们的日常生活带来了哪些积极影响？

情境议题2：刑法自颁布实施以来共进行了十一次修改，这对推进我国的法治建设有什么重要意义？

情境议题3：有人认为"有了刑法等法律就能建设好法治国家"。对此，你怎么看？

【设计意图】

选取刑法修正案（十一）创设情境，设置情境议题，组织议学活动，培育学科核心素养。学生在观看视频了解刑法修正案（十一）的同时，感受法律与生活息息相关，引发学生思考法律如何在国家治理中发挥效用，为培养法治意识奠定基础，有利于坚持显性教育与隐性教育相统一。

环节三：小组合作　自主探究

学生分小组对三个情境议题进行讨论，自主、合作探究，配背景音乐，教师巡堂，适当指点。

【设计意图】

观看视频之后，基于结构化情境议题，小组合作讨论，自主探究，有利于培养学生的团结合作意识，提高其语言表达能力、理性思考能力，以及发现问题、分析问题和解决问题的能力。

环节四：师生分享　总结提升

【活动一】学生分享汇报合作学习成果：刑法修正案（十一）回应了哪些社会关切？这给我们的日常生活带来了哪些积极影响？

【设计意图】

刑法修正案（十一）从不同的生活领域回应了社会关切，与学生的生活和实际情况有较高的贴合度。通过探究刑法修正案（十一）给日常生活带来的积极影响，引出其他不同的法律，引导学生明确各个生活领域都有相关的法律予以保障，法律就在自己身边，法律与生活息息相关，法律作为一种行为规范已经深深嵌入我们的生活，应该把法律规范逐渐转化成自觉行为。

师：刑法修正案（十一）回应了哪些社会关切？这给我们的日常生活带来了哪些积极影响？

生：严惩性侵未成年人，惩治高空抛物，打击冒名顶替他人上学，降低刑事责任年龄，将侮辱、诽谤英雄烈士行为规定为犯罪，等等。民有所呼，法有所应。刑法修正案（十一）作出的这一系列修订，都与我们的生活息息相关，有利于更好地维护人民群众的合法权益，为惩治犯罪行为提供坚实的法律依据，促进社会公平正义的实现，推进国家法治建设。

师：刑法修正案（十一）有六大亮点，一是刑事责任年龄降低，二是明确规定监护、收养等类人员性侵犯罪应负刑事责任，三是高空抛物、抢夺公交车方向盘入刑，四是将侮辱、诽谤英雄烈士行为规定为犯罪，五是增设冒名顶替罪，六是强化公共卫生刑事保障。这些内容与我们的日常生活息息相关，关系到生活的各个方面。每一部法律都是应生活的需要而制定和颁布的，又对生活加以规范和调整。

师（追问）：请列举一些你所知道的与我们的生活息息相关的法律以及其发挥的作用。

生1：宪法是党的主张和人民意志的统一，是国家的根本法，是治国安邦的总章程，是公民权利的保障书；民法典是"社会生活的百科全书"，是"新时代人民权利宣言书"。

生2：义务教育法保障适龄儿童、少年接受义务教育的权利，规定履行受教育的义务。

生3：未成年人保护法的作用是保护未成年人的身心健康，保障未成年人的合法权益，促进未成年人德智体美劳全面发展，培养有理想、有道德、有文化、有纪律的社会主义建设者和接班人，培养担当民族复兴大任的时代新人。

生4：预防未成年人犯罪法的作用是保障未成年人身心健康，培养未成年人良好品行，有效预防未成年人违法犯罪。

师：生活需要法律，法律与生活息息相关。法律保障生活，生活需要法律来调整。

知识归纳

生活需要法律来调整。每一部法律都是应生活的需要而制定和颁布的，又对生活加以规范和调整。法律已经深深嵌入我们的生活之中，渗透到社会的方方面面。法律通过调整社会关系，不仅服务于人们当下的生活，也指导着人们未来的生活。法律与我们每个人如影随形，相伴一生。我们的一生都享有法律规定的各项权利，同时履行法律规定的各项义务。法律规定的权利和义务为我们每个人提供了自由生存和发展的空间。

【活动二】学生分享汇报合作学习成果：刑法自颁布实施以来共进行了十一次修改，这对推进我国的法治建设有什么重要意义？

【设计意图】

基于对这一情境议题的探讨和进一步思考，让学生明白法治的重要意义，帮助学生进一步明确法治是必然选择，法治是众望所归，引发学生的共鸣。在此基础上，引导学生思考自己能为中国法治建设做些什么，这有利于促进学生关注社会发展，树立建设法治中国的坚定信念，强化政治认同，坚定制度自信。

师：刑法自颁布实施以来共进行了十一次修改，这对推进我国的法治建设有什么重要意义？

生：刑法是治国理政的重器，不仅是调整人际关系、社会关系，判断是非曲直，处理矛盾和纷争的标尺，更是国家惩治和预防犯罪、保卫国家安全、维护社会秩序和保护公民权益不可缺少、不可替代的强大法律武器。刑法自颁布实施以来，不断就经济社会发展中出现的新问题、新情况进行修改完善，充分体现了我国法律与时俱进，有利于完善中国特色社会主义法律体系，推动全面依法治国。

师：纵观人类社会历史，我们清晰地认识到，法律条文以其强制性、客观性成为调整社会关系、判断是非曲直、处理矛盾和纷争的标尺。法律是社会生产力水平发展到一定阶段的产物，法律制度是人类文明的重要成果，是几千年文明沉淀的精华。

出示材料一："法治"文化渊源

国无常强，无常弱。奉法者强则国强，奉法者弱则国弱。

——〔战国〕韩非《韩非子·有度》

为了保障人民民主，必须加强法制。必须使民主制度化、法律化，使这种制度和法律不因领导人的改变而改变，不因领导人的看法和注意力的改变而改变。

——邓小平

全面依法治国是国家治理的一场深刻革命，关系党执政兴国，关系人民幸福安康，关系党和国家长治久安。必须更好发挥法治固根本、稳预期、利长远的保障作用，在法治轨道上全面建设社会主义现代化国家。

我们要坚持走中国特色社会主义法治道路，建设中国特色社会主义法治体系、建设社会主义法治国家，围绕保障和促进社会公平正义，坚持依法治国、依法执政、依法行政共同推进，坚持法治国家、法治政府、法治社会一体建设，全面推进科学立法、严格执法、公正司法、全民守法，全面推进国家各方面工作法治化。

——党的二十大报告（节选）

师（追问）：从"法治"文化渊源中概括法律的本质是什么，什么是法治。

生1：法律是统治阶级意志的体现，是用来统治国家、管理社会的工具，是调整社会关系、判断是非曲直、处理矛盾和纠纷的标尺。法律调整人际关系，维护社会秩序，保障公平正义，为生活保驾护航。

生2：法治是依法对国家和社会事务进行治理，强调依法治国、法律至上。法治是人们共同的生活愿景，也是国家治理现代化的重要标志。

出示材料二：新中国成立以来的法治建设历程

1954年：制定新中国第一部社会主义类型宪法。

1978年：党的十一届三中全会明确提出"有法可依、有法必依、执法必严、违法必究"的要求。

1982年：五届全国人大五次会议通过了我国现行宪法。

1997年：党的十五大把依法治国确定为党领导人民治理国家的基本方略。

2010年：形成中国特色社会主义法律体系。

2014年：党的十八届四中全会提出全面推进依法治国总目标。

2017年：党的十九大把坚持全面依法治国确立为新时代坚持和发展中国

特色社会主义的基本方略之一。

2019年：党的十九届四中全会提出坚持和完善中国特色社会主义法治体系。

2020年：中央全面依法治国工作会议明确习近平法治思想是全面依法治国的根本遵循和行动指南。

师： "奉法者强则国强，奉法者弱则国弱。"我国社会主义法治建设历程告诉我们，法治已经成为我国国家制度和国家治理体系的显著优势之一。法治助推中国梦的实现，是实现政治清明、社会公平、民心稳定、国家长治久安的必由之路。建设法治中国的新时代已经开启，每一个公民都要树立法治意识，培养法治思维，做到全民尊法学法守法用法，信仰法律，敬畏法律，让依法治国、公平正义的阳光普照中国大地。

知识归纳

法治是治国理政的基本方式。法治是人们共同的生活愿景，也是国家治理现代化的重要标志。坚持全面依法治国，建设社会主义法治国家，切实保障社会公平正义和人民权利，已经成为我国国家制度和国家治理体系的显著优势之一。法治助推中国梦的实现，是实现政治清明、社会公平、民心稳定、国家长治久安的必由之路。

【活动三】学生分享汇报合作学习成果：有人认为"有了刑法等法律就能建设好法治国家"。对此，你怎么看？

【设计意图】

理性思辨，拓展深度。基于对这一情境议题的辩证分析，学生深刻体会到国家法治建设的重要性，激发对法律的热爱之情。至此，课堂的教学立意得到了应有的适度的升华，学生的比较、分析、概括能力得到提升，深度学习活动得到生动体现。通过进一步思考，学生加深了对法律特征和作用的理解，从而懂得法律是一种特殊的行为规范，认同"法律让我们的生活更美好"，树立法治意识。

师： 有人认为"有了刑法等法律就能建设好法治国家"。对此，你怎么看？

生：这一观点是不对的。科学完备的法律体系是实行法治的前提，因此推动国家法治建设需要科学立法，不断完善法律体系。除了立法，还需要执法、司法和守法全面发力。作为法治建设的参与者和生力军，我们要善于用法治方式和法治思维解决问题，特别是要提高自身的道德修养。道德水平越高，就越容易加强自律自控，远离违法犯罪。

师：法律与道德等其他行为规范有什么联系？

生：法律、道德等都是人们生活中的行为规范，它们共同约束人们的行为，调整社会关系，维护社会秩序。

知识归纳

法律与道德等其他行为规范是相互联系的。法律、道德等都是人们生活中的行为规范。它们共同约束人们的行为，调整社会关系，维护社会秩序。

师：从产生方式、实施手段、调整对象和范围等方面，谈谈法律与道德、纪律的区别。

生1：法律是由国家制定或认可的，靠国家强制力保证实施，普遍适用。

生2：道德是自然形成的，依靠社会舆论、信念、习惯等，普遍适用。

生3：纪律是本单位、本团体制定的，依靠团体约束力，局部适用。

师：通过对比，我们知道法律是一种特殊的行为规范。从内容制定方面来看，法律是由国家制定或认可的；从保障机制方面来看，法律是靠国家强制力，如军队、警察、法庭、监狱等保障实施的；从适用范围来看，法律对全体社会成员具有普遍的约束力。

知识归纳

法律是由国家制定或认可的。法律是由国家强制力保证实施的。这是法律区别于道德等行为规范的最主要特征。法律对全体社会成员具有普遍约束力。公民在法律面前一律平等，任何人都没有超越法律的特权。

　　师：法律是由国家制定或认可的。经过一定的法律程序制定或认可，是国家创制法律的两种基本形式。制定，指特定国家机关按照法定程序，制定法律、修改或废止现有法律的活动。认可，指特定国家机关根据实际需要，以一定形式赋予在社会上已经存在的某些习惯、道德规范等以法律效力的活动，如2020年12月26日，第十三届全国人民代表大会常务委员会第二十四次会议通过刑法修正案（十一）；民法典第七条规定：民事主体从事民事活动，应当遵循诚信原则，秉持诚实，恪守承诺。

　　法律是由国家强制力保证实施的。这是法律区别于道德等行为规范的最主要特征。国家强制力主要包括军队、警察、法庭、监狱等。它的运用必须以合法为前提。2021年3月8日，最高人民检察院检察长在十三届全国人大四次会议上作最高人民检察院工作报告。报告指出，网络大V"辣笔小球"恶意诋毁贬损卫国戍边英雄官兵，江苏检察机关迅速介入，依法适用2021年3月1日起施行的刑法修正案（十一），首次以涉嫌侵害英雄烈士名誉、荣誉罪批准逮捕。

　　法律对全体社会成员具有普遍约束力。公民在法律面前一律平等：所有公民都平等地享有宪法和法律规定的权利；所有公民都平等地履行宪法和法律规定的义务；国家执法机关对于公民适用法律上一律平等。对所有公民的合法权益，都平等地予以保护，对所有公民违法和犯罪的行为，都平等地追究法律责任；任何公民个人或者组织都不得享有超越宪法和法律的特权。

　　2020年7月31日，天津市第一中级人民法院公开宣判陕西省委原书记赵正永受贿案，对被告人赵正永以受贿罪判处死刑，缓期二年执行，剥夺政治权利终身，并处没收个人全部财产，在其死刑缓期执行二年期满依法减为无期徒刑后，终身监禁，不得减刑、假释。经最高人民法院核准，2021年1月29日，天津市第二中级人民法院依照法定程序对中国华融资产管理股份有限公司原董事长赖小民执行死刑。

　　师（追问）：通过刚才的学习，概括出法律有什么作用。

　　生：法律具有规范作用以及保护作用。

　　师：规范作用体现在法律通过规定人的权利和义务，以及违反法律的惩罚、应承担的责任，调整人们的行为。法律告诉人们在社会生活中可以做什么，应当做什么，不应当做什么，这阐释的是法律的规范作用。

保护作用体现在法律通过解决纠纷和制裁违法犯罪来维护我们的合法权益。法律是解决纠纷的"天平"。

知识归纳

法律具有规范作用和保护作用。法律既规范着全体社会成员的行为，又保护着人们的生活，为人们创造安全健康有序的社会环境。法律让我们的生活更美好。

◆ **课堂小结**

生活需要法律，法律与生活息息相关。法律深深嵌入我们的生活，与我们相伴一生。我们要明确法律规定的各项权利和义务，认识到法律是一种特殊的行为规范，理解法律的特征和作用，认同"法律让我们的生活更加美好"，激发热爱法律、学习法律的情感，树立尊重法律、敬畏法律、遵守法律的意识。

◆ **知识整合**

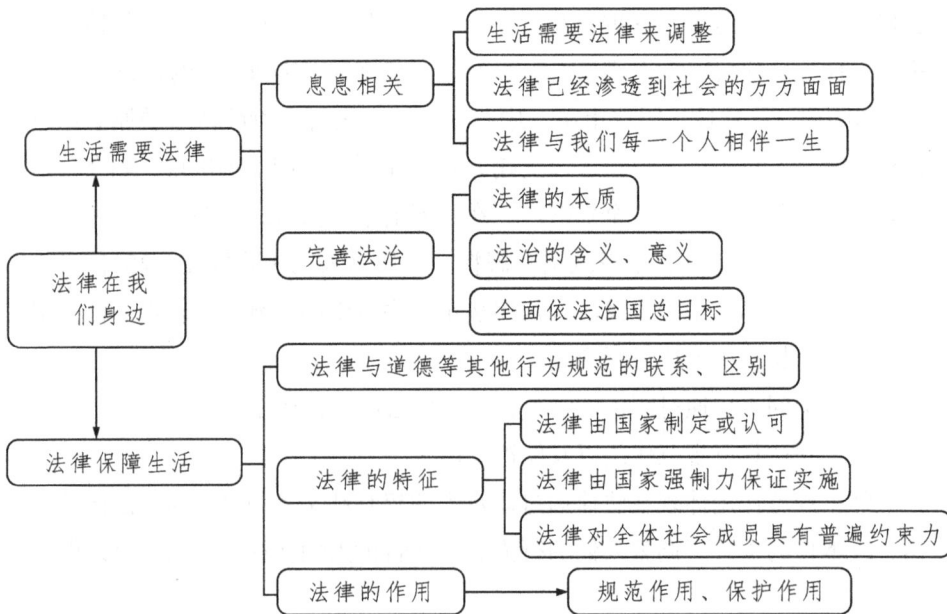

第十课　第一框　法律为我们护航

◆ **课标依据** ·······

课程目标	第四学段目标	法治观念：知道民法典，了解未成年人的权利，树立用法律保护个人生命安全的意识。
课程内容	第四学段	法治教育：认识未成年人违法犯罪行为的危害，培育和提高自我保护的意识和能力，自觉抵制校园欺凌和违法犯罪行为。

摘自《义务教育道德与法治课程标准（2022年版）》

◆ **学情分析** ·······

　　国家和民族的未来，寄望于未成年人的健康成长。当前，我国已开启全面依法治国新时代。青少年是法治建设的重要参与者和生力军，其法治素质如何，直接关系到青少年的健康成长，关系到法治建设的未来。

　　初中学生处在人格成长的关键时期，思维活跃，求知欲强，对自己生活的世界充满好奇。但是，他们的生理发育、心理发展尚未成熟，世界观和人生观尚未形成，分辨是非的能力较差，自我控制能力不强，容易受到不良因素的影响，出现一些不良行为，有的甚至走上违法犯罪的道路，影响自身的成长。我国虽然采取了一系列保护未成年人健康成长的措施，但社会生活中侵犯未成年人合法权益的现象依然存在。因此，需要引导未成年人学习相关的法律知识，感受法律保护带来的美好生活，自觉接受来自各方面的保护，珍惜自己的合法权利，学会运用法律武器维护自身的合法权益，为过健康安全的生活奠定良好的情感、能力基础。

◆ **核心概念** ·······

　　法律为我们护航、构筑六道防线、学会珍惜权利。

◈ **学习目标** ··

　　1. 说明未成年人需要特殊保护的原因，逐步提高对法律给予未成年人特殊保护的重要性的认识，支持法律对未成年人特殊的关爱和保护。

　　2. 收集保护或侵害未成年人的具体案例，理解家庭保护、学校保护、社会保护、网络保护、政府保护、司法保护的基本内容，自觉接受来自各方面的保护，学会依法行使自己的权利，尊重和维护他人的权利，逐步树立法治意识。

◈ **设计思路** ··

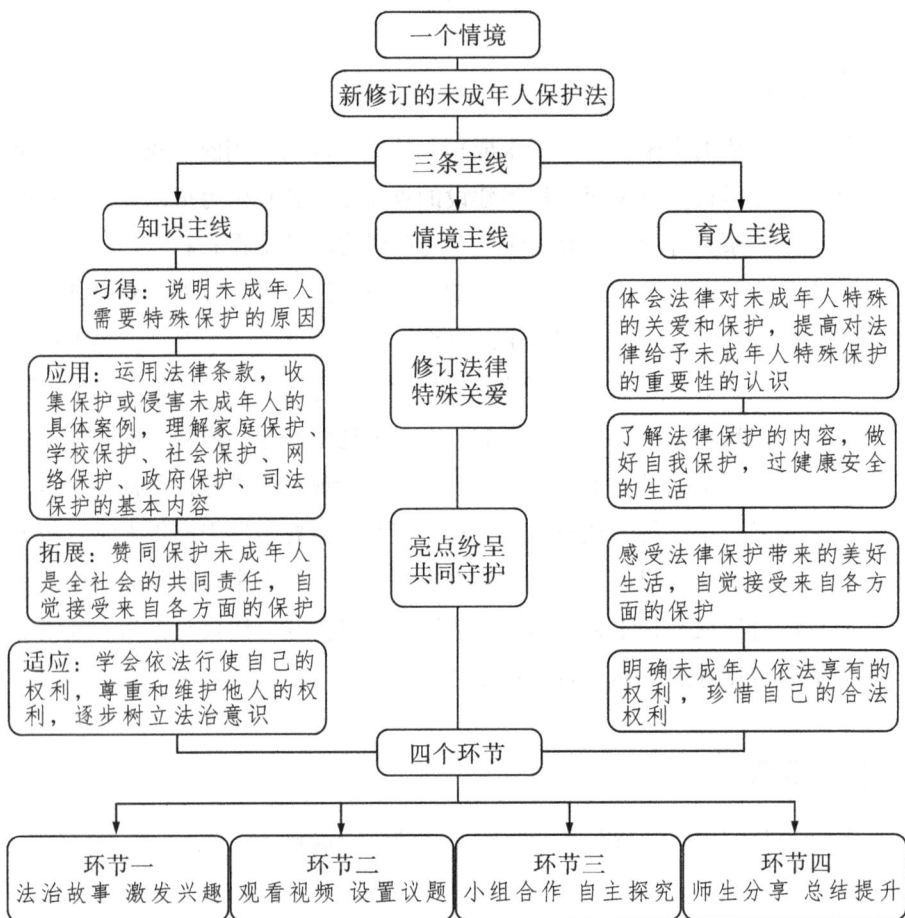

　　根据七年级学生身心发展特点以及教学目标要求，本框题以《为"少年的你"撑好法律"保护伞"——聚焦新修订的未成年人保护法》为情境载体，结合具体的生活情境和新修订的未成年人保护法的相关法律条款，引导学生感受我国通过法律的手段对未成年人给予特殊的保护和关爱。通过对保护或侵害未成年人的具体案例的分析探究，帮助学生了解家庭保护、学校保护、社会保护、网络保护、政府保护、司法保护的基本内容，引导学生明确未成年人依法享有的权利，懂得珍惜自己的权利。

　　具体用四个环节完成本框题教学。环节一：法治故事　激发兴趣——教师首先邀请学生分享自己对未成年人保护法的认识，在此基础上引出本框题法治故事。环节二：观看视频　议题设置——播放与《为"少年的你"撑好法律"保护伞"——聚焦新修订的未成年人保护法》相关的视频，学生结合情境议题自主探究学习。环节三：小组合作　自主探究——学生看完视频后，以小组形式进行讨论，自主、合作探究。环节四：师生分享　总结提升——学生分享，教师引导，生成本框题知识，实现本框题学习目标。

◆ **法治故事** ·················

为"少年的你"撑好法律"保护伞"——聚焦新修订的未成年人保护法

　　《中华人民共和国未成年人保护法》是为保护未成年人身心健康，保障未成年人合法权益，促进未成年人德智体美劳全面发展，培养有理想、有道德、有文化、有纪律的社会主义建设者和接班人，培养担当民族复兴大任的时代新人，根据宪法制定的法律。

　　为孩子们撑好法律"保护伞"，给他们一个更安全、更温馨的成长环境，是全社会的共同心愿。2021年6月1日，新修订的《中华人民共和国未成年人保护法》（以下简称"未成年人保护法"）正式施行。修订后的未成年人保护法条文从72条增至132条，新增并完善了多项规定，吸纳了近年来国家发布的一系列未成年人保护司法新规定的理念与制度探索，有效地回应了社会关切和未成年人保护工作的迫切需求，进一步织密法治之网、筑牢法律基石，提升未成年人保护法治化水平。

亮点一：关爱呵护"留守儿童"　细化监护人监护职责

随着人口流动速度的加快，"留守儿童"群体规模也在不断加大。新修订的未成年人保护法对父母或者其他监护人因外出务工等在一定期限内不能完全履行监护职责的，要求其委托具有照护能力的完全民事行为能力人代为照护；无正当理由的，不得委托他人代为照护。新修订的未成年人保护法明确，确定被委托人时要"听取有表达意愿能力未成年人的意见"，并规定未成年人的父母或其他监护人要与未成年人、被委托人至少每周联系和交流一次，了解未成年人的生活、学习、心理等情况，并给予未成年人亲情关爱。

亮点二：筑牢网络安全"防火墙"　加强监管防止沉迷

新修订的未成年人保护法专门增设"网络保护"一章。针对未成年人沉迷于网络等问题，新修订的未成年人保护法作出规定：网络产品和服务提供者不得向未成年人提供诱导其沉迷的产品和服务。网络游戏、网络直播、网络音视频、网络社交等网络服务提供者应当针对未成年人使用其服务设置相应的时间管理、权限管理、消费管理等功能。新修订的未成年人保护法从政府、学校、家庭、网络产品和服务提供者不同主体出发，对网络素养教育、网络信息内容管理、个人信息保护、网络沉迷预防和网络欺凌防治等内容作了规定，力图实现对未成年人的线上线下全方位保护。

亮点三：不做"沉默的羔羊"　强化各方报告义务

新修订的未成年人保护法明确了相关组织和个人的报告义务，规定任何组织或者个人发现不利于未成年人身心健康或者侵犯未成年人合法权益的情形，都有权劝阻、制止或者向公安、民政、教育等有关部门提出检举、控告。

新修订的未成年人保护法在社会保护方面的另一大亮点，是强化了住宿经营者保护未成年人的责任，要求旅馆、宾馆、酒店等住宿经营者接待未成年人入住，或者接待未成年人和成年人共同入住时，应当询问其父母或者其他监护人的联系方式、入住人员的身份关系等有关情况；发现有违法犯罪嫌疑的，应当立即向公安机关报告，并及时联系未成年人的父母或者其他监护人。

亮点四：强化学校"防线"　向性侵和欺凌说不

针对未成年人性侵害及性骚扰案件，新修订的未成年人保护法明确，对性侵害、性骚扰未成年人等违法犯罪行为，学校、幼儿园不得隐瞒，应当及时向公安机关、教育行政部门报告，并配合相关部门依法处理。在防治校园欺凌问题上，新修订的未成年人保护法明确，学校应当建立学生欺凌防控工作制度，对教职员工、学生等开展防治学生欺凌的教育和培训。学校对学生欺凌行为应当立即制止，通知实施欺凌和被欺凌未成年学生的父母或者其他监护人参与欺凌行为的认定和处理。

——摘编自新华网《为"少年的你"撑好法律"保护伞"——聚焦
新修订的未成年人保护法》

◆ 学习过程 ·················

环节一：法治故事　激发兴趣

师： 2021年6月1日，新修订的未成年人保护法正式施行，作为未成年人的你们对新修订的未成年人保护法了解多少？

生： 新修订的未成年人保护法增加、完善了多项规定，比如增加了关于网络保护、政府保护的规定。

师： 法律为我们护航。未成年人保护法从立法到实施，再到修订，都凝聚了国家立法工作者的心血，表现出党和政府对未成年人保护的拳拳爱心。本框题我们一起学习新修订的未成年人保护法，看看它有哪些突出的亮点、它如何保障青少年健康成长，以及未成年人应该怎么做。

展示材料，介绍新规：2020年10月17日，新修订的未成年人保护法经第十三届全国人大常委会第二十二次会议表决通过，该法自2021年6月1日起施行。新修订的未成年人保护法增加、完善了多项规定，着力解决社会关注的涉及未成年人侵害问题，包括监护人监护不力、学生欺凌、性侵害未成年人、未成年人沉迷于网络等问题，为"少年的你"撑好法律"保护伞"。

【设计意图】

　　开门见山，简要介绍新修订的未成年人保护法，让学生感受在现实生活中法律实实在在地为未成年人的成长护航，提升学生对未成年人保护法给予他们保障的认同感，增强学生对法律的崇敬，提升他们的法治意识。

环节二：观看视频　设置议题

　　师：请同学们带着对以下情境议题的思考去观看有关新修订的未成年人保护法的视频，结合视频信息进行自主探究学习。

　　情境议题1：未成年人是指哪些人？为什么要为"少年的你"撑好法律"保护伞"？

　　情境议题2：结合视频，讨论未成年人受到哪些方面的保护。请举例说明。

　　情境议题3：未成年人受到法律的特殊保护，是不是可以"倚小卖小"，违背"公民在法律面前一律平等"的原则？

【设计意图】

　　坚持问题牵引，激发学习动力。将思政小课堂与社会大课堂相结合，引导学生从不同的社会主体角度感受法律是如何具体地为保障未成年人的健康成长实施特殊保护的，感受、体会法律对未成年人的关爱，为学生思考个人在民族、国家、人类社会中的重要地位奠定情感基础。

环节三：小组合作　自主探究

　　学生分小组对三个情境议题进行讨论，自主、合作探究，配背景音乐，教师巡堂，适当指点。

【设计意图】

　　观看视频之后，基于结构化情境议题，小组合作讨论，自主探究，有利于培养学生的团结合作意识，提高其语言表达能力、理性思考能力，以及发现问题、分析问题和解决问题的能力。

环节四：师生分享　总结提升

【活动一】学生分享汇报合作学习成果：未成年人是指哪些人？为什么要为"少年的你"撑好法律"保护伞"？

【设计意图】

基于对这一情境议题的探讨，引导学生关注其背后有许多不同的组织、主体在保障其合法权益，让学生在真实的生活经历中理解未成年人的健康成长需要特殊的保护和关爱，为其感受法律的特殊关爱奠定认知基础。

师：未成年人是指哪些人？

生：在我国，未成年人是指未满十八周岁的公民。

师：为什么要为"少年的你"撑好法律"保护伞"？

生：首先，从未成年人的身心发育角度来看，未成年人身心发育尚不成熟，自我保护能力较弱，辨别是非能力和自我控制能力不强，容易受到不良因素的影响和不法侵害。其次，从未成年人对人类社会发展作用的角度来看，未成年人的生存和发展事关人类的未来，保护未成年人的合法权益，对未成年人给予特殊的关爱和保护已成为人类的共识，是人类文明和社会进步的应有之义。

师：为保护未成年人的健康成长，联合国颁布了《儿童权利公约》，规定了世界上所有儿童应该享有的数十种权利。截至目前，该公约已获得包括中国在内的190多个国家的批准，是世界上最广为接受的公约之一。除了上述两点原因外，还有没有其他的原因，要求我们必须对未成年人给予特殊的关爱和保护？

生：现实社会生活中侵犯未成年人合法权益的现象依然存在，随着经济社会的发展，侵害未成年人合法权益的手段和形式层出不穷，如歧视女性未成年人或者残疾的未成年人，强迫未成年人劳动等。

师：因此，结合时代的发展和遇到的新问题新情况，有必要对未成年人保护法进行修订。新修订的未成年人保护法的施行又有着怎样的意义？

生：新修订的未成年人保护法有效地回应了社会关切和未成年人保护工

作的迫切需求，进一步织密法治之网、筑牢法律基石，提升未成年人保护法治化水平，有利于促进未成年人的健康成长，为维护未成年人合法权益提供法律依据，推进全面依法治国……

知识归纳

未成年人身心发育尚不成熟，自我保护能力较弱，辨别是非能力和自我控制能力不强，容易受到不良因素的影响和不法侵害，需要给予特殊的保护。未成年人的生存和发展事关人类的未来，对未成年人给予特殊关爱和保护，已经成为人类的共识。保护未成年人的合法权益，是人类文明和社会进步的应有之义。

【活动二】学生分享汇报合作学习成果：结合视频，讨论未成年人受到哪些方面的保护。请举例说明。

【设计意图】

通过实例分析和法律条文分析，引导学生理解家庭保护、学校保护、社会保护、网络保护、政府保护、司法保护的基本内容，自觉接受来自各方面的保护，增强课堂教学的趣味性、针对性和开放性，激发学生学习未成年人保护法相关内容的积极性。

师： 在新修订的未成年人保护法中，未成年人受到的保护有哪些？

生： 有家庭保护、学校保护、社会保护、网络保护、政府保护和司法保护，其中网络保护和政府保护是新增加的。

师： 什么是家庭保护、学校保护、社会保护、网络保护、政府保护和司法保护？请举例说明。

生： 家庭是未成年人保护的第一个阵地，家庭保护是未成年人保护的基础。如新修订的未成年人保护法的第一个亮点——关爱呵护"留守儿童"细化监护人监护职责，要求未成年人的父母或者其他监护人因外出务工等在一定期限内不能完全履行监护职责的，应当委托具有照护能力的完全民事行为能力人代为照护；无正当理由的，不得委托他人代为照护。这体现的就是家庭保护。

师：在保护未成年人的过程中，学校保护起着重要的作用。有哪些情况体现的是学校保护？

生：如针对未成年人性侵害及性骚扰案件，新修订的未成年人保护法明确，对性侵害、性骚扰未成年人等违法犯罪行为，学校、幼儿园不得隐瞒，应当及时向公安机关、教育行政部门报告，并配合相关部门依法处理。这体现的就是学校保护。

师：社会保护创造有利于未成年人健康成长的社会环境，是未成年人保护中必不可少的组成部分。新修订的未成年人保护法关于社会保护又是如何规定的？

生：新修订的未成年人保护法规定，旅馆、宾馆、酒店等住宿经营者接待未成年人入住时，发现有异常情况或违法犯罪嫌疑的，应立即与其监护人取得联系或向公安机关报告。

师：网络保护和政府保护是本次未成年人保护法修订的新增内容。对此，新修订的未成年人保护法作出了怎样的规定？

生：网络保护有利于保障未成年人在网络空间的合法权益，力图实现对未成年人的线上线下全方位保护，如新修订的未成年人保护法明确规定，国家、社会、学校和家庭应当加强未成年人网络素养宣传教育，培养和提高未成年人的网络素养。政府在未成年人保护工作中承担着主体责任。新修订的未成年人保护法明确规定，监护人被宣告失踪且无其他人可以担任监护人等七种情形下，民政部门应依法对未成年人进行临时监护。

师：司法保护是维护未成年人合法权益的重要保障。对此，新修订的未成年人保护法是如何规定的？

生：如对违法犯罪的未成年人，实行教育、感化、挽救的方针，坚持教育为主、惩罚为辅的原则；对违法犯罪的未成年人依法处罚后，在升学、就业等方面不得歧视……这些都属于司法保护的内容。

师：家庭保护、学校保护、社会保护、网络保护、政府保护和司法保护，共同构筑起全方位保障未成年人合法权益的防线。你认为还需要什么其他保护吗？

生：必须增强自我保护意识和能力。正如上一情境议题中说到的，现实生活中，不尊重未成年人、侵犯未成年人合法权益的现象时有发生。当自身合法权益受到侵害时，我们必须拿起法律武器，依法维护自身合法权益。

师： 除了未成年人保护法，还有哪些法律为未成年人的健康成长护航？

生： 宪法、民法典、义务教育法、劳动法、预防未成年人犯罪法等。

知识归纳

> 我国通过法律手段对未成年人给予特殊的保护和关爱。关心保护未成年人是全社会的共同责任。家庭保护、学校保护、社会保护、网络保护、政府保护和司法保护，共同构筑起全方位保障未成年人合法权益的防线，形成全社会关心、保护未成年人的有效机制和良好风尚。作为未成年人，我们也应该增强自我保护意识和能力。

【活动三】学生分享汇报合作学习成果：未成年人受到法律的特殊保护，是不是可以"倚小卖小"，违背"公民在法律面前一律平等"的原则？

【设计意图】

> 通过观点分析、思维碰撞，组织学生参与深层次逻辑思维分析，引导学生在认同法律给予未成年人特殊保护的基础上，加深理解未成年人需要特殊保护的原因，并自觉树立法治意识，在被动接受保护中转向主动认同、践行社会主义核心价值观，自觉尊法学法守法用法，依法行使权利、履行义务。

师： 未成年人受到法律的特殊保护，是不是可以"倚小卖小"，违背"公民在法律面前一律平等"的原则？

生： 当然不可以。上述议题中讲到，鉴于未成年人的特殊性，国家以法律手段对未成年人给予特殊的保护和关爱，并构筑起全方位保障未成年人合法权益的防线。但是作为未成年人，不能只是享受国家给予特殊保护的权利，也应当依法履行相应的义务，比如遵守宪法和其他法律、自觉接受教育的义务等。法律对全体社会成员具有普遍约束力，公民在法律面前一律平等，任何人违法犯罪都要承担相应的法律责任，任何人都没有超越宪法和其他法律的特权。

师：公民在法律面前一律平等，没有法外之人。刑法修正案（十一）规定：已满十二周岁不满十四周岁的人，犯故意杀人、故意伤害罪，致人死亡或者以特别残忍手段致人重伤造成严重残疾，情节恶劣，经最高人民检察院核准追诉的，应当负刑事责任。因此，我们应当明确权利与义务是相伴而行、相辅相成的，要树立正确的权利义务观。珍惜宪法和其他法律赋予我们的权利，依法行使权利，行使权利时不得损害集体的、国家的利益，尊重和维护他人的利益，自觉履行公民应尽的义务。

> **知识归纳**
>
> 未成年人依法行使自己的权利，同时要尊重和维护他人的权利，自觉履行公民应尽的义务。

◆ **课堂小结**

保护未成年人健康成长，是全社会的共同责任，也是未成年人自身的责任。作为未成年人的我们，在自觉接受来自各方面保护的同时，要增强自我保护意识，提升自我保护能力。未成年人要珍惜自己的权利，依法行使自己的权利，同时要尊重和维护他人的权利，自觉履行公民应尽的义务，过健康安全的生活。

第十课 第二框 我们与法律同行

◈ **课标依据** ·············

课程目标	第四学段目标	法治观念：知道民法典，了解未成年人的权利，树立用法律保护个人生命安全的意识。
课程内容	第四学段	法治教育：认识未成年人违法犯罪行为的危害，培育和提高自我保护的意识和能力，自觉抵制校园欺凌和违法犯罪行为。

摘自《义务教育道德与法治课程标准（2022年版）》

◈ **学情分析** ·············

　　法治是国家治理体系和治理能力的重要依托，法治兴则国兴。党的十八大以来，以习近平同志为核心的党中央把全面依法治国纳入"四个全面"战略布局，坚持全面依法治国基本方略，扎实推进科学立法、严格执法、公正司法、全民守法，不断加快建设社会主义法治国家进程，推动全面依法治国取得了一系列重大历史性成就。党的十八届四中全会明确提出全面推进依法治国总目标是建设中国特色社会主义法治体系，建设社会主义法治国家。道德与法治课是法治教育的主渠道。对青少年进行法治教育，提升青少年的法治意识和法治素养，是青少年适应现代社会、承担建设社会主义法治国家历史重任的需要。

　　法治意识是人们对法律发自内心的认可、崇尚、遵守和服从。通过本单元的学习，学生对法治有了初步的认识和感知，但还不能真正认识到法治的重要性，做到将法治意识内化于心、外化于行，遇到问题，还不能完全用法治的方式表达自身合法诉求，不能时时处处做到依法办事、遇事找法，尚未养成依法办事的习惯。因此，加强青少年法治教育，使广大青少年从小树立法治意识，形成自觉守法、遇事找法、解决问题靠法的思维习惯和行为方式，是深入开展社会主义核心价值观教育的重要途径，也是全面贯彻党的教育方针、促进青少年健康成长和全面发展、培养社会主义合格公民的客观要求。

◆ **核心概念** ·················

我们与法律同行，树立法治意识，学会依法办事。

◆ **学习目标** ·················

1. 信奉树立法治意识的重要性，从而自觉树立法治意识，提升法治素养，努力成为法治中国建设的参与者和推动者。

2. 坚持依法办事的要求，学会依法办事，增强尊法学法守法用法的自觉性。

◆ **设计思路** ·················

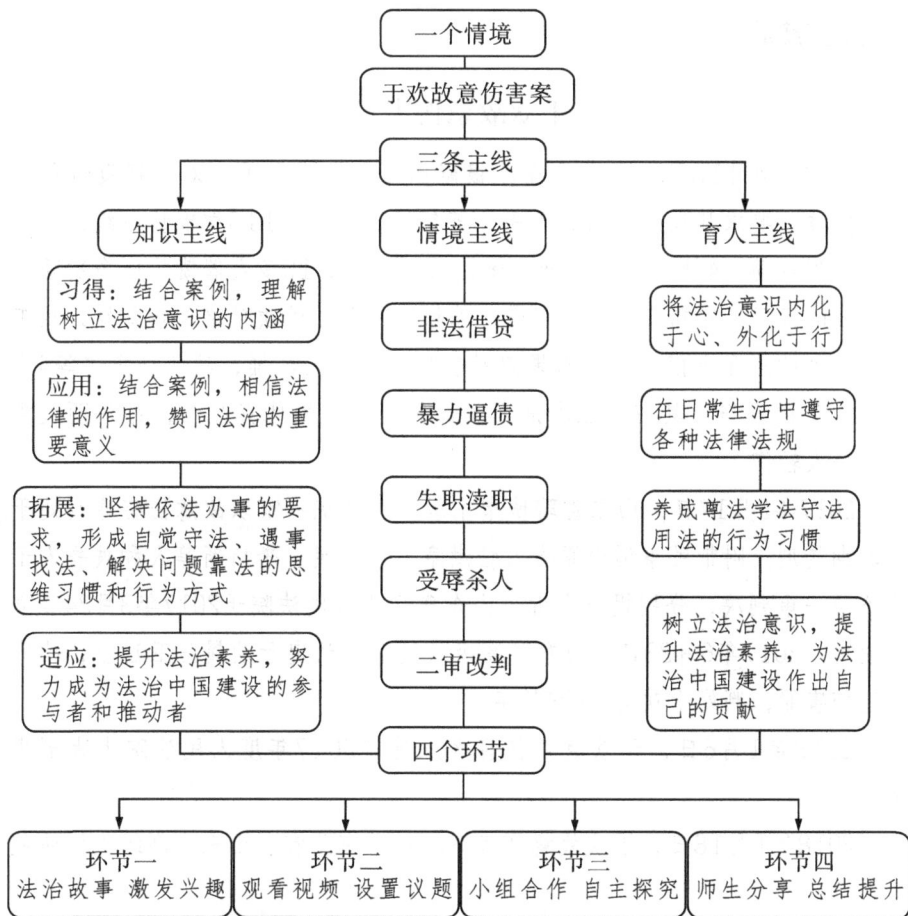

根据七年级学生身心发展特点以及教学目标要求，本框题以典型法治案例——于欢故意伤害案为情境载体，引导学生在日常生活中遵守各种法律法规，养成尊法学法守法用法的行为习惯，树立遇事找法、解决问题靠法的法治意识，自觉依法办事。

具体用四个环节完成本框题教学。环节一：法治故事　激发兴趣——教师开门见山地介绍本框题法治故事，激发学生的学习兴趣。环节二：观看视频　设置议题——播放法治案例于欢故意伤害案的相关视频，学生结合情境议题自主探究学习。环节三：小组合作　自主探究——学生看完视频后，以小组形式进行讨论，自主、合作探究。环节四：师生分享　总结提升——学生分享，教师引导，生成本框题知识，实现本框题学习目标。

◆ **法治故事** ·······················

于欢故意伤害案

2016年4月13日，吴学占在苏银霞已抵押的房子里，对苏银霞进行责骂、侮辱，要求其还钱。当日下午，苏银霞四次拨打110和市长热线，但并没有得到帮助。4月14日，由社会闲散人员组成的10多人催债队伍多次骚扰苏银霞的工厂，辱骂、殴打苏银霞。苏银霞的儿子于欢目睹母亲受辱，从工厂接待室的桌子上摸到一把水果刀对着杜志浩等人乱捅，致使杜志浩等4名催债人员被捅伤。其中，杜志浩因腹部损伤失血性休克死亡，另外两人重伤，一人轻伤。

2017年2月17日，山东省聊城市中级人民法院一审以故意伤害罪判处于欢无期徒刑。附带民事诉讼原告人杜洪章、许喜灵、李新新等人和被告人于欢不服一审判决，分别提出上诉，山东省高级人民法院于2017年3月24日立案受理。2017年6月23日，山东省高级人民法院认定于欢属防卫过当，构成故意伤害罪，判处于欢有期徒刑5年。

2018年1月6日，于欢故意伤害案入选"2017年度人民法院十大刑事案件"。

2018年1月18日，于欢故意伤害案二审主审法官、山东省高级人民法院吴靖在北京表示，通过二审开庭审理，最大限度地还原整个案件的事实情节，并在此基础上通盘考虑国法、人情，最终依法作出裁判。

2018年2月1日，该案件入选"2017年推动法治进程十大案件"，于欢故意伤害案成为评判正当防卫制度的标杆性案件。2018年全国两会上，于欢故意伤害案被写入最高人民法院和最高人民检察院的工作报告。

于欢故意伤害案的二审审理无疑是近年来具有重要标志意义的法治事件，其意义在于通过公开、透明的审理方式，让公众充分感受到司法的严谨、公开、公正，有力增强了法治信仰、树立了司法权威。对正当防卫的公开讨论，有效提升了公民的权利意识和守法意识，这在大力倡导民主和法治建设的今天尤为重要，切实体现了司法注重指引、规范人民生活的重要功能价值。

2020年11月18日，于欢减刑出狱。

——整理自澎湃新闻、中华人民共和国最高人民法院网站等

◆ **学习过程** ·················

环节一：法治故事　激发兴趣

师：今天我们一起来探讨一个真实的案件——于欢故意伤害案，该案件入选"2017年度人民法院十大刑事案件"，被写入2018年全国两会最高人民法院和最高人民检察院的工作报告，大家了解这个案件吗？为什么这个案件会引发这么大的社会关注？

生：我知道，对于这个案件，山东省聊城市中级人民法院一审以故意伤害罪判处于欢无期徒刑，而二审时山东省高级人民法院认定于欢属防卫过当，构成故意伤害罪，判处于欢有期徒刑5年。如今，于欢已经刑满释放。

师：是的。于欢母亲苏银霞及其父亲借款135万元，月息10%，陆续还款约184万元并以一套价值70万元的房屋抵债，剩余约17万元未还。杜志浩等人暴力催债，多次骚扰、侮辱苏银霞……警察说了一句"要账可以，但是不能动手打人"，随即离开。于欢看到警察要走，情绪崩溃，混乱中，他从桌子上摸到一把水果刀对着杜志浩等人乱捅，致使杜志浩死亡，另两人重伤，一人轻伤。

下面让我们一起来观看于欢故意伤害案的动画模拟过程。

请用一句话概述还原案件。

生1：于欢母亲苏银霞及其父亲借款135万，月息10%，还款约184万并以一套价值70万元的房屋抵债，剩余约17万元未还。

导致后果：因非法吸收公众存款罪，苏银霞被判处有期徒刑3年。

生2：杜志浩等人暴力催债，多次骚扰、侮辱苏银霞。

导致后果：杜志浩因失血过多，抢救无效死亡。死者本身涉嫌非法拘禁罪、侮辱罪、强制猥亵罪。

生3：警察说了一句"要账可以，但是不能动手打人"，随即离开。

导致后果：给予相关干警党内严重警告、通报批评、行政降级处分；对辅警予以辞退。

生4：于欢看到警察要走，情绪崩溃，混乱中，他从桌子上摸到一把水果刀对着杜志浩等人乱捅，致使杜志浩死亡，另两人重伤，一人轻伤。

导致后果：于欢因故意伤害罪，一审被判处无期徒刑。

【设计意图】

　　教学情境真实生动，学生情感体验真切。选取于欢故意伤害案这一典型法治案例，激发学生课堂参与的积极性和热情，有利于学生更好地在课堂互动中深化对知识的理解，懂得在现实生活中通过多种法律途径维护自身合法权益并尊重他人的合法权益，培育法治观念和法治思维。

环节二：观看视频　设置议题

师：整个案件揭示出公民法治意识淡薄，最终酿成无法挽回的悲剧。今天，大家用我们学过的道德与法治知识，再来审视于欢故意伤害案，思考如何避免类似案件的发生。请同学们带着对以下情境议题的思考，结合视频信息进行自主探究学习。

情境议题1：假如我是苏银霞，我会怎么做？说明理由。

情境议题2：假如我是杜志浩，我会怎么做？说明理由。

情境议题3：假如我是警察，我会怎么做？说明理由。

情境议题4：假如我是于欢，我会怎么做？说明理由。

落实主导性和主体性相统一的要求，为学生创设学习的情境，提供思考的议题，搭建沟通和交流的平台，很好地引发学生思考，使学生有话想说、有话可说、有话能说。

环节三：小组合作　自主探究

学生分小组对四个情境议题进行讨论，自主、合作探究，配背景音乐，教师巡堂，适当指点。

【设计意图】

观看视频之后，基于结构化情境议题，小组合作讨论，自主探究，有利于培养学生的团结合作意识，提高其语言表达能力、理性思考能力，以及发现问题、分析问题和解决问题的能力。

环节四：师生分享　总结提升

【活动一】学生分享汇报合作学习成果：假如我是苏银霞，我会怎么做？说明理由。

【设计意图】

基于对这一情境议题的探讨，帮助学生拓展相关知识，了解遇到需要解决的问题时获得合法帮助的渠道和形式，使学生在实际生活中一旦遇到有关问题，就"求助有门"，更好地提升其学习法律知识的兴趣，激发其探究法律问题的热情。

生：如果我是苏银霞，我肯定不会去借高利贷，因为高利贷本身是违法行为，且会索取特别高额的利息，很可能会带来更重的经济负担。

师：不借高利贷，苏银霞的工厂要怎么渡过难关？

生：要积极寻求政府帮助，比如了解政府对中小企业的扶持政策，或者向正规银行申请贷款等。

师：苏银霞正是因为缺乏法治意识，求助于高利贷，致使个人和工厂的合法权益受到损害，最终因非法吸收公众存款罪被判处有期徒刑3年。我们掌握的法律知识越多，越有可能在遇到问题时更加有效地通过法治方式，表达自身合法的诉求和愿望，获得更多的帮助，更好地维护自身的合法权益。

【活动二】学生分享汇报合作学习成果：假如我是杜志浩，我会怎么做？说明理由。

【设计意图】

    基于对这一情境议题的探讨，让学生在对"法律保障人们的生活"的真实感受中，一步步提炼出"法律保障人们的幸福生活""法律让生活更美好"等观点，进而得出"法律保障功能的实现是靠我们每个人对法律的尊崇和遵守"的结论，增强对法律作用的认同感，强化法治意识。

生：如果我是杜志浩，我首先要认识到以不正当方式催还高利贷是违法行为，辱骂、殴打苏银霞等行为，构成了非法拘禁罪、侮辱罪、强制猥亵罪。法律保障我们的生活，但我们也应该自发地学习法律、运用法律、遵守法律。

师：杜志浩虽然被于欢刺伤，最终因失血过多、抢救无效死亡，但是他采用暴力手段催债，辱骂、殴打苏银霞等种种行为本身就已经构成了犯罪，也难逃法律的制裁。法律让生活更加美好，法律保障功能的实现是靠我们每个人对法律的尊崇和遵守。因此，我们每个人在日常生活中都要经常想一想，什么可以做，什么不可以做，违背了法律会有什么后果，自觉遵纪守法。

【活动三】学生分享汇报合作学习成果：假如我是警察，我会怎么做？说明理由。

【设计意图】

    基于对这一情境议题的探讨，通过对警察没有依法履职导致后续案件发生这一事实进行讨论交流，帮助学生由国家公职人员依法履职来思考法律的权威来自何处，从而进一步体会法治意识的内涵，思考树立法治意识的重要性，为下一层次的学习奠定基础。

生：如果我是警察，不能只说"要账可以，但是不能动手打人"，随即离开。警察这种行为是没有做到依法履职。

师：那警察应该怎么做才是依法履职？

生：作为警察，要做到公正执法，保护公民合法权益，维护社会公平正义。警察应该认真了解相关情况，特别是要将于欢和苏银霞带离现场，避免案件发生；或者是把所有当事人带回派出所，详细了解相关情况并加以调解，维护双方的合法权益或追究相关违法犯罪人员的法律责任。

师：因为警察对现场局势控制不力，没有依照法律规定，履行法定职责，涉嫌渎职，导致后来发生悲剧。因此，作为国家机关工作人员，更应该增强宪法和法律意识，在内心深处尊崇宪法和法律、敬畏宪法和法律，强化对自己的行为约束，依法履职，全心全意为人民服务。

【活动四】学生分享汇报合作学习成果：假如我是于欢，我会怎么做？说明理由。

【设计意图】

> 通过案例中于欢的行为，给学生创设情与法的两难困境：在情感上，百善孝为先，作为儿子，面对母亲被侮辱，应该维护母亲的尊严和合法权益；在法律上，于欢实施暴力行为，防卫过当，犯了故意伤害罪。通过对这一两难情境的分析，引导学生懂得，当家人遇到困难时，我们要给予关怀和帮助，但要寻找维护合法权益的正确途径和方法，通过法治方式，表达自身合法的诉求和愿望，维护自己和他人的合法权益。

生：假如我是于欢，在警察来到现场后，要千方百计地留住警察或者跟警察离开现场。更重要的是要保持理性、冷静，控制情绪，正是因为情绪崩溃，最终致使行为失控，因防卫过当构成故意伤害罪，一审被判处无期徒刑。

师：我们能理解于欢在现场的情绪，面对母亲被侮辱，作为儿子，应该挺身而出，维护母亲的尊严和合法权益。但一定要用法治思维和法治方式解决问题，不能以暴制暴，否则不但不能维护自身合法权益，也会损害自己和他人的合法权益，于人于己都是不利的。

通过对案件中人物的分析，我们发现于欢故意伤害案中的每一个人都缺乏法治意识，最终引发了悲剧。到底什么是法治意识？

知识归纳

法治意识是人们对法律发自内心的认可、崇尚、遵守和服从。

师（追问）：我们再来看于欢故意伤害案的后续报道，2020年11月18日，于欢因在服刑期间积极参加各项学习，完成劳动任务，受到表扬、奖励6次，减刑出狱。全社会广泛关注的于欢故意伤害案终于尘埃落定。全社会广泛关注并探讨于欢故意伤害案有何重要意义呢？

生1：对于个人来说，这一案件让全体社会成员明白要树立法治意识，自觉依法办事，做到自觉守法、遇事找法、解决问题靠法的思维习惯和行为方式。

生2：对于国家来说，这一案件是推动中国法治化进程的典型案例，有利于推动国家的法治建设，推进全面依法治国，维护宪法和法律的权威。

生3：对于社会来说，这一案件的审理有效地维护了社会的公平正义，全社会广泛关注并探讨这一案件有利于营造良好的法治氛围，弘扬法治精神。

师：于欢故意伤害案的二审审理无疑是近年来具有重要标志意义的法治事件，其意义在于通过公开、透明的审理方式，让公众充分感受到司法的严谨、公开、公正，有力增强了法治信仰、树立了司法权威。

对正当防卫的公开讨论，有效提升了公民的权利意识和守法意识，这在大力倡导民主和法治建设的今天尤为重要，切实体现了司法注重指引、规范人民生活的重要功能价值。

造成于欢故意伤害案的根源是，他们缺少根植于心的坚定的法治信仰。卢梭说："一切法律中最重要的法律既不是铭刻在大理石上，也不是铭刻在铜表上，而是铭刻在公民们的内心里。"因此，我们要充分认识到树立法治意识的重要性，并积极在日常生活中去践行法治。

知识归纳

　　建设法治中国是中国人民的共同事业，人民既是法治的践行者，又是法治的受益者。人民权益要靠法律保障，法律权威要靠人民维护。推动全社会树立法治意识，增强全社会厉行法治的积极性和主动性，对于全面推进依法治国、建设社会主义法治国家具有重要意义。当法律真正铭刻在我们的内心时，才会充分体现其自身的价值，发挥应有的功能。树立法治意识，是青少年健康成长的基本要求。青少年不仅是法治中国建设的受益者，更应该成为参与者和推动者。

　　师（追问）：在现实生活中，缺乏法治意识，没有依法办事的现象屡见不鲜。大家能列举一些吗？

　　生：不遵守交通规则、偷税漏税、偷排废水或随意倾倒垃圾等。

　　师：当法律铭刻于心的时候，法律的价值才会凸显，否则法律不过是一纸空文。我们要努力地将法律观念融入头脑之中，体现在日常行为之中，将遵守法律成为一种内心的需要，变成一种自觉行为。一定要引导全社会树立法治意识，使人发自内心地崇尚宪法和法律，将法律规定内化为行为准则，积极主动地遵守宪法和法律。

　　推动全社会树立法治意识，形成守法光荣、违法可耻的社会氛围。只有全社会不断提高和坚定法治意识，增强尊法学法守法用法的意识，学会依法办事，才能真正地推进全面依法治国。请同学们结合于欢故意伤害案和上面的探讨，总结自觉依法办事的要求。

　　生：于欢故意伤害案中的当事人缺乏法治意识，没有自觉依法办事，最终导致了悲剧的发生，因此自觉依法办事首先就是要树立法治意识，遵守各种法律法规，养成尊法学法守法用法的习惯。其次，不能像于欢那样采用暴力手段维权，而是要通过合法的途径或方式，也就是遇到问题需要解决，应当通过法治方式，表达自身合法的诉求和愿望，在实现自身利益的过程中，还要自觉维护他人和集体的合法权益。最后，青少年作为法治建设的参与者和生力军，要提高法治素养，养成尊法学法守法用法的习惯，逐步成长为社会主义法治的忠实崇尚者、自觉遵守者、坚定捍卫者。

师：法律保障人们的幸福生活。法律保障功能的实现，要靠我们每一个人对法律的尊崇和遵守。因此，每个人都要学会依法办事，自觉地学习运用法律，自觉地遵纪守法，养成尊法学法守法用法的习惯。一时一事依照法律不难，难的是时时事事依法，难的是养成依法办事的习惯。只有每个人都自觉遵守法律，用法治思维去想问题、办事情，用法治方式解决问题、处理矛盾，才有可能建成法治社会。

> **知识归纳**
>
> 依法办事就是要树立法治意识，遵守各种法律法规，养成尊法学法守法用法的习惯。遇到问题需要解决，应当通过法治方式，表达自身合法的诉求和愿望。在实现自身利益的过程中，还要自觉维护他人和集体的合法权益。养成尊法学法守法用法的习惯，逐步成长为社会主义法治的忠实崇尚者、自觉遵守者、坚定捍卫者。

◆ **课堂小结**

作为新时代的青少年，我们需要理解法治的道德意蕴，遵从公序良俗，牢固树立法治意识，培养规则意识和契约精神，这是青少年适应现代社会，承担建设社会主义法治国家历史重任的需要。让我们共同树立法治意识，学会依法办事，为推进法治中国建设贡献自己的一份力量。

◆ 知识整合 ··························

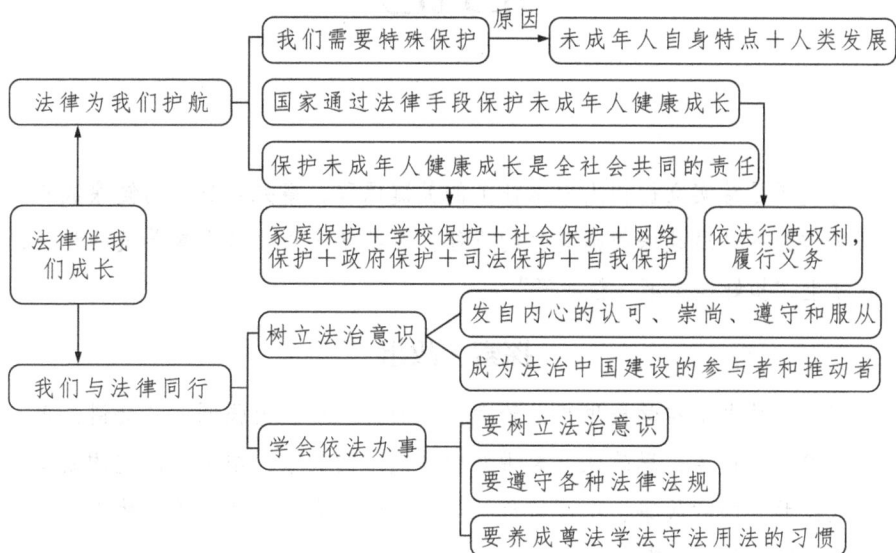

后记

思政课是落实立德树人根本任务的关键课程，事关青少年的健康成长。我深知作为一名思政课教师肩负的责任，要给学生心灵埋下真善美的种子，引导学生"扣好人生第一粒扣子"。

探索·故事

习近平总书记在学校思想政治理论课教师座谈会上强调："会讲故事、讲好故事十分重要，思政课就要讲好中华民族的故事、中国共产党的故事、中华人民共和国的故事、中国特色社会主义的故事、改革开放的故事，特别是要讲好新时代的故事。"

一个声音在我脑海里面不断呼唤，我要给孩子们讲中国故事。一堂课讲述一个故事，一个故事领悟一个道理。七年级讲好中国榜样的故事，我们要明白应该追怎样的明星；八年级讲好中国法律故事，我们要成为有道德修养和法治意识的公民；九年级讲好中国新时代的故事，我们要树立中国自信，走好中国道路。

去哪里找好故事？

"学习强国"《故事里的中国》《开讲啦》《感动中国》等媒体、节目提供了丰富的故事素材，精美的视频制作极大地激发了学生的学习兴趣。

怎么讲好中国故事？

学生观看故事微课激发学习兴趣，运用任务驱动小组合作探究故事，教师引导把中国故事与教材内容深度融合，达成教学目标，提升育人效果。

作为一名思政课教师，每一次的备课和授课都是一场心灵的对话，一场场心灵对话也激励我"从业—敬业—乐业"。每一次的备课是艰难的，但每一次课前，孩子们问"老师，今天我们看谁的故事"，每一次课堂中，孩子们看故事微课的专注眼神，让我坚定要讲好中国故事的决心。三年来，我们一起学习钟南山、张桂梅、黄旭华等榜样人物的故事，明白这些才是我们应该追的明星；一起了解孟晚舟的故事，懂得要坚持国家利益至上；一起了解悬崖村的故事，懂得全面脱贫攻坚的意义；一起看北斗卫星的故事，懂得科技自立自强的重要性；一起讲述广东实验中学圆点志愿者的故事，懂得我们要积极奉献社会……用中国故事感染学生，用信仰力量吸引学生，引领他们"扣好人生第一粒扣子"。

凝练·成果

在坚持探索的过程当中，我收获了丰富的教育教学成果，主持广东省中小学教师培训中心科研课题"讲好中国故事视域下初中道法教学资源的研发与应用"；主持广东省教育科学"十三五"规划课题"红色文化研学旅行课程的构建与实践"；同时被评选为"广东省中小学名教师工作室主持人"。课题"初中道德与法治混合式教学改革实践与探索"荣获广东基础教育教学成果二等奖，发表的论文被全国人大复印资料全文转载；执教的《走向共同富裕》荣获"广东省大中小学思政课一体化教学展示课"一等奖；执教的广州市公开课《坚持国家利益至上》，在中国教研网全程直播，获得非常好的效果，并作为广州市探索基于新结构教学评框架下的"四维一体"教学范式过程中涌现出的优秀课例推广，教学设计在全国中文核心期刊《思想政治课教学》发表。在贵州三都水族自治县第三中学开设示范课，被聘为当地工作室的主讲老师。为延安市宝塔区教育研究室开设教学观摩课《我与法律同行》和《中学教师如何做科研》讲座，荣获延安市宝塔区教育研究室"支教专家"称号。

感恩·致谢

从2013年到现在，在信息化的大环境下，我一直不断地改革创新我的课堂教学方式，现将自己这几年的探索结集出版，初期的成果呈现在教育同行面前，我忐忑不安。如果把这本书看作成果，那么这一成果中包含着无数的感谢。

首先，感谢广东实验中学2020级1班、2班、3班、5班的学生们，感谢你们积极参与我的课堂，让我有坚持讲好中国故事的信心。感谢参与这两个课题研究的伙伴们，感谢备课组和科组同事们的支持，是我们的共同努力，让省实初中部的思政课堂充满生命力。同时，我也感谢坚持的自己，能够坚持用公开课的态度去设计每一堂常态课，坚持每一堂课给学生讲好一个中国故事。

其次，在本书的撰写过程中，得到了多位专家的指导，如广东实验中学全汉炎校长，他鼓励我"用你的课堂说好省实故事，讲好中国故事"，还有广东省教育研究院耿景海副院长、广东省教育研究院陈式华老师、广州市教育研究院陈坪副院长、广州市教育研究院张云平主任、《中小学德育》杂志社主编王清平书记等，以及广东实验中学罗易老师、曹燕博士、胡正勇主任等，是你们一直关心、指导我开展研究并总结提炼，才有了今天这本书的面世。同时，特别感谢家人的理解、支持与包容。

本书的撰写借鉴了众多专家的研究成果，引用了国内外许多的学术资料，在此表示衷心感谢！由于本人水平所限，研究和探索还不够深入，必有很多不足之处，敬请大家批评指正！

石晓芸

2023年11月